Inhalt

Vorwort

Dieses Buch habe ich vor allem für drei Lesergruppen geschrieben: für vollzeitliche Kindermitarbeiter(innen) in Gemeinden, Gemeindeverbänden und freien Werken; für Leute wie mich, die ehrenamtlich in Kinderlagern, Gemeindekinderwochen oder z.B. in Kinderbibelkreisen mitarbeiten; und schließlich für alle, die im weitesten Sinne unter Kindern arbeiten – in der Sonntagschule und im Kindergottesdienst, bei Familiengottesdiensten und nicht zuletzt in der Familie selbst, nämlich als Eltern.

Unter und mit Kindern zu arbeiten, ist ein großes Vorrecht und eine große Verantwortung. Kindern in den Entwicklungsjahren in ihrer Beziehung zu Christus weiterzuhelfen, kann entscheidend für ihr ganzes Leben sein. Wir müssen deshalb, um mit Jesus zu sprechen, »klug wie die Schlangen, und doch ohne Hinterlist wie die Tauben« sein (Mt 10,16). Kinderarbeit setzt besondere Fähigkeiten und besonders viel Fingerspitzengefühl voraus. Ein Erwachsener kann einen enormen Einfluß auf ein Kind ausüben.

Deshalb habe ich versucht, zwei wichtige Aspekte guter Kinderarbeit gemeinsam zu behandeln. Im ersten Teil wollen wir uns mit entwicklungspsychologischen Modellen beschäftigen, die uns helfen können, die Entwicklungsphasen und Glaubensschritte im Leben von Kindern zu verfolgen. Zwei fiktive Kinder und ihre Geschichten sollen die Theorien in die Praxis übertragen.

Damit tauchen aber unweigerlich theologische Fragen auf. Manche davon beschäftigen nicht nur Kinderevangelisten und kirchliche Kindermitarbeiter (und werden unter ihnen zum Teil heftig diskutiert), sondern auch Eltern. Wenn wir diese Fragen im Lichte der entwicklungspsychologischen Erkenntnisse durchdenken, ergeben sich daraus unter Umständen wieder neue Fragen. Damit beschäftigen wir uns im zweiten Teil, wobei wir wieder versuchen werden, von der Theorie zur Praxis vorzustoßen.

Manche Dinge kann man sicher unterschiedlich sehen, über viele Fragen geteilter Meinung sein. Je nach kirchlicher Herkunft und theologischer Prägung wird der eine oder andere Leser vielleicht zu heftigem Widerspruch provoziert werden. Ich behaupte nicht, alle Antworten zu haben. Ich hoffe vielmehr, daß der Leser beim Lesen Neues entdeckt, neue Gedanken denkt und neue Einsichten in die Arbeit unter Kindern erhält. Wenn das Buch den Leser dazu herausfordert, selbst darüber nachzudenken, wie Kinder glauben und wie wir ihnen helfen können, in ihrem Glauben zu wachsen, hat es seinen Zweck erfüllt.

Francis Bridger
St. John's College, Nottingham

Anmerkung des Übersetzers

Ich habe mich bemüht, das Buch nicht nur zu übersetzen, sondern es auch soweit wie möglich in die Situation im deutschsprachigen Raum zu übertragen. Der englische Hintergrund bleibt natürlich dennoch spürbar.

Das englische Wort »church« ist meistens mit »Gemeinde« wiedergegeben, was nicht in irgendeinem konfessionellen Sinne zu verstehen ist, sondern alle Landes- und Freikirchen einschließen soll. Entsprechendes gilt für Begriffe wie »Sonntagschule« oder »Kinderlager« usw., die je nach kirchlichem und geographischem Kontext durch »Kindergottesdienst«, »Kinderfreizeit« usw. ersetzt werden müßten.

Daß in der deutschen Übersetzung ständig von (männlichen) Mitarbeitern, Pfarrern, Evangelisten usw. gesprochen wird, ist mir schmerzlich bewußt. Aus stilistischen Gründen habe ich auf die entsprechenden weiblichen Begriffsformen verzichtet, was angesichts der vielen Frauen, die gerade die Kinder- und Jugendarbeit maßgeblich prägen, ein besonderes Manko ist. Ich bitte die Kindermitarbeiterinnen in Gemeinden und freien Werken dafür herzlich um Verzeihung!

Wolfgang Steinseifer
Bibellesebund, Winterthur

ERSTER TEIL

Wie Kinder glauben

Entwicklungsphasen und Glaubensschritte
im Leben eines Kindes

Der Säugling

1. Tag bis 12. Monat

Die Anfänge des Glaubens in den ersten Lebensmonaten
Die Erfahrungen von Michael und Elisabeth

Das Wesen des Glaubens
  1. *Glauben als Fürwahrhalten*
  2. *Glauben als Vertrauen*
  3. *Glauben als Tun*

Michael

In seinem ersten Lebensjahr wird der kleine Michael von einer Fülle von Eindrücken überflutet. Ohne daß er es weiß, werden in diesen frühen Monaten seine zukünftigen grundlegenden Verhaltensmuster geprägt. Vor allem entwickelt er ein Urvertrauen, das ihm später helfen wird, glauben zu können. Wie so vieles, hat auch diese Erfahrung mit der Geburt begonnen.

Michael wird sich nicht an seine Geburt erinnern; und doch hat sich jenes erste Trennungserlebnis unauslöschlich in sein Unbewußtes eingegraben. Zum erstenmal war er nicht mehr körperlich mit seiner Mutter verbunden, nicht mehr von ihrem warmen, weichen, schützenden Leib umgeben. Er war nun ein Wesen für sich. Mit der Geburt wurde Michael von der Mutter getrennt, blieb aber von ihr abhängig. In späteren Jahren wird man ihm sagen, wenn er sich im warmen Bett zusammenrollt, die Knie bis ans Kinn heraufgezogen (»Fötusstellung«), er sehne sich unbewußt nach der Geborgenheit im Mutterleib zurück. Aber davon weiß Michael jetzt natürlich noch nichts. Er holt sich in den ersten Wochen alles, was er körperlich und emotional braucht, instinktiv von seiner Mutter. Er ist zwar nicht mehr eins mit ihr, aber er ist nicht von ihr unabhängig.

Glücklicherweise lieben Mutter und Vater ihren Michael. Er ist nicht ihr erstes Kind und wird nicht ihr letztes sein; aber er ist und bleibt ihr einziger Sohn. Das wissen sie noch nicht (das ist auch gut so), und sie lieben ihn zwar anders als seine älteren Schwestern, aber deshalb nicht mehr und nicht weniger. So lernt Michael – noch ganz auf seinen Instinkt angewiesen – in seinem ersten Lebensjahr in seiner kleinen Welt die Bedeutung von Liebe und Vertrauen kennen.

Dieses Vertrauen hat sich auf *Personen* gerichtet, und zwar, da der Vater wegen seiner Berufstätigkeit weniger in seiner Nähe ist, vor allem auf eine Person, seine Mutter. Wenn er sie gebraucht hat, ist sie für ihn dagewesen. In ihren Armen hat er Nahrung, Wärme und Geborgenheit gefunden. Im Laufe der Zeit hat Michael gemerkt, daß all das regelmäßig und verläßlich für ihn da ist. Zuerst hat er sich gefürchtet, wenn er erwacht ist und seine Mutter nicht da war. Das waren entsetzliche Augenblicke für ihn. Doch er lernte bald, daß der Mensch, der für ihn Liebe verkörperte, nie weit weg war. Berühren und berührt werden, liebkosen und liebkost werden, halten und gehalten werden – all das hat Michael konstant erlebt, von Mutter und Vater, und hat auf diese Weise die Welt als geordnet, freundlich und vertrauenswürdig erfahren. Diese Erfahrungen haben Michael mehr von Liebe und Vertrauen begreifen lassen, als es Worte später je zu vermitteln vermögen.

Michael hat die sinnliche Erfahrung dessen gemacht,

was »Glauben« ist. Natürlich hat er keine Ahnung, was das Wort bedeutet – Wörter bedeuten ihm überhaupt noch nichts –, aber er weiß, was es heißt, zu vertrauen und sich auf Treue verlassen zu können.

Daneben hat Michael noch anderes gelernt. In den ersten Monaten hat für ihn die Welt aus lauter Sinneseindrücken bestanden. Farben, Geräusche, Formen, Gerüche . . . er hat sich darüber gefreut, und sie haben ihn ganz gefangengenommen. All das war seine Welt, und es gab für ihn nur diese Welt – und er selbst befand sich mittendrin.

Allmählich begann Michael dann zu differenzieren, einen Gegenstand vom anderen zu unterscheiden. Er merkte, daß sein Tier, das er später »Hase« nennen würde, anders war als seine Ente und sein Teddy.

Und plötzlich noch etwas: Im Alter von etwa 9 Monaten merkte Michael, daß diese Gegenstände bestehen blieben, auch wenn sie versteckt wurden; und er begann nach ihnen zu suchen. Bis dahin war »aus den Augen aus dem Sinn« gewesen. Was er nicht mehr sah, das gab es nicht mehr. Doch nun blieben – welch ein Wunder! – der Teddy, der Ball und all das andere in seinem Kopf gespeichert. Wenn die Mutter etwas forträumte, kroch Michael bald umher und suchte danach. Seine Welt war von nun an mit bleibenden Gegenständen, Personen und Orten erfüllt.

Parallel dazu begann Michael auch zu lernen, seinen Körper zu beherrschen. Er fing allmählich an, innerhalb der Fülle von Eindrücken und Gegenständen einzelne Dinge und Erfahrungen zu unterscheiden. Und er merkte nach und nach, daß er darauf reagieren und sie sogar beeinflussen konnte. Er stellte z.B. fest: Wenn ich meinen Arm nach meinem Teddy ausstrecke und dann meine Finger krümme, kann ich Teddys Pfote ergreifen und ihn zu mir herüberziehen! Solche Bewegungsabläufe wiederholte Michael immer wieder, bis er sie ganz beherrschte.

Nicht immer ging jedoch alles so glatt, und Michael

mußte auch unangenehme Erfahrungen machen. Als er z.B. hartnäckig immer wieder seinen Essensteller von der Platte seines Hochstuhls hinunterstieß, wurde ihm bald einmal schmerzlich bewußtgemacht, daß gewisse Handlungen eindeutig unerwünscht waren!

... und Elisabeth

Wenden wir uns nun Elisabeth zu. Sie ist auf derselben Station geboren wie Michael, wird es aber in ihren ersten Lebensmonaten und -jahren weit weniger gut antreffen als er. Elisabeth ist nämlich nicht gerade ein Wunschkind, sondern ihre Eltern betrachten sie als »Betriebsunfall«. Ihre Mutter ist verheiratet, »leider«, wie sie immer wieder betont. Als jüngstes von sechs Kindern war sie immer die Letzte gewesen. Doch sie hatte sich eine anständige Ausbildung als Sekretärin erkämpft und dann eine gute Stelle bei einer Metallverarbeitungsfirma bekommen.

Schon bald verliebte sie sich in einen jungen Arbeitskollegen, und sie heirateten schnell. An Kinder dachten sie beide nicht im Traum. Aber die Natur machte ihnen einen Strich durch die Rechnung, und schon nach einem Jahr kam Elisabeth zur Welt.

Elisabeths Mutter, gerade achtzehn Jahre alt, ist wütend und frustriert. Ihre Berufskarriere ist zu Ende, noch ehe sie recht begonnen hat, und sie hat das Gefühl, sie habe sich »ihr ganzes Leben versaut«. Elisabeths Vater tut fast so, als ginge ihn das Ganze nichts an. Er hat seinen Job – für »zu Hause« ist seine Frau zuständig. Die kleine Elisabeth kann zwar nichts dafür, aber sie ist und bleibt für ihre Mutter die lebendige Erinnerung daran, daß sie in einer Falle sitzt.

So ist es kaum verwunderlich, daß Elisabeth keine Liebe und Wärme bekommt, mit der Michael so reichlich bedacht wird. Sie erlebt wenig konstante Zuwendung durch

Worte und Körperkontakt. Sie wird regelmäßig gefüttert, gewiß, aber die Mutter strahlt dabei nichts als Abweisung aus. Der Vater kommt in ihrem Leben praktisch nicht vor. Von Anfang an spürt Elisabeth das Bitterste, was ein Mensch empfinden kann: daß sie unerwünscht ist. Im Laufe der Jahre wird sie den Schmerz kennenlernen, den nur die, die selbst von Geburt an abgelehnt worden sind, nachempfinden können. Zu gegebener Zeit wird sie dann die Worte sagen, die ihre Mutter nie *ausgesprochen* hat, die aber stets unausgesprochen im Raum gestanden haben: »Ich wünschte, Elisabeth wäre nie geboren!«

Aber zurück zur Gegenwart. Elisabeth lernt wie Michael ihren Körper gebrauchen. Sie lernt, daß die Gegenstände permanent da sind, ob sie sie sieht oder nicht. Eines aber lernt sie nicht kennen: Eltern, die verläßlich für sie da sind. Ihre Mutter hat nämlich einen Ausweg aus ihren Schwierigkeiten gefunden: Elisabeth wird tagsüber »in Pflege gegeben«, so daß die Mutter wieder ihrem Beruf nachgehen kann. Der Vater hat nichts dagegen einzuwenden: Seine unzufriedene Frau war unerträglich geworden, findet er, und das Zweiteinkommen hilft, die Hypothek abzuzahlen.

Das allein muß sich natürlich überhaupt nicht negativ auswirken. Viele berufstätige Mütter haben genug wertvolle Zeit für ihre Kinder. Voraussetzung ist allerdings, daß in der Familie echte Liebe, Zuneigung und Vertrauen herrschen. Auch kann ein Kind bei einer Pflegemutter durchaus Wärme und herzliche Zuwendung erfahren. Nur fehlte leider bei Elisabeth – wie bei so vielen anderen Kindern – beides an beiden Orten. Und so würde sie noch viele Jahre lang unter dem Gefühl des Abgelehntseins leiden.

Die beiden Kinder machen also in ihrem ersten Lebensjahr völlig unterschiedliche Erfahrungen: Michael erlebt Liebe und Wertschätzung, Elisabeth Lieblosigkeit und Ablehnung. Der eine macht die menschliche Grunderfahrung der Liebe und Zuwendung von Eltern, die ihr Kind als Geschenk und Schatz betrachten. Die andere weiß nicht, wie (oder wem) sie vertrauen kann in einer Welt, in der die Erwachsenen sich offenbar nur um sich selbst kümmern.

Wenn Michael und Elisabeth später einmal von Gott hören, der sie angeblich wie ein Vater liebt, werden ihre unterschiedlichen frühkindlichen Erfahrungen mit ihren Eltern ihre Persönlichkeit unbewußt so geprägt haben, daß sich das auf ihre Glaubensfähigkeit auswirken kann – beim einen positiv, bei der anderen negativ.

Was ist Glauben?

Die Geschichten von Michael und Elisabeth sind nicht ungewöhnlich. Sie sind zwar fiktiv, spiegeln aber wirkliche Erfahrungen und Erinnerungen ungezählter Menschen wider, die von Entwicklungspsychologen untersucht worden sind. Wir müssen aber gar keine Psychologen sein, um die Michaels und Elisabeths unseres Lebens zu erkennen. Die meisten von uns werden sich zumindest teilweise in Michael oder Elisabeth wiederfinden – manche vielleicht nur allzu schmerzlich.

Was uns im Zusammenhang unseres Themas besonders wichtig ist, ist die Tatsache, daß der Säugling in seiner Beziehung zu seinen Eltern, vor allem zur Mutter, unbewußt seine Vertrauensfähigkeit entwickelt. Dieser Anteil des Glaubens wird schon in sehr frühem Stadium angelegt. Ein Kind, das jetzt nicht lernt, daß es Erwachsenen vertrauen kann, wird es später sehr schwer haben, irgend jemand mehr als nur oberflächlich zu vertrauen bzw. wird solches Vertrauen mühsam »nachlernen« müssen.

Das gilt dann auch für das Vertrauen Gott gegenüber. Fragen Sie einmal in einer x-beliebigen Gemeinde, wie viele Erwachsene, die einmal an Jesus zu glauben bekannten, dann aber von ihm abgefallen sind, in ihren ersten Lebensmonaten und -jahren gestörte Vertrauensbeziehungen erlebt haben! Sie sollten sich nicht wundern, wenn ein hoher

Prozentsatz von Jugendlichen und Erwachsenen mit emotionalen Problemen, die auf die Kindheit zurückgehen, auch Schwierigkeiten in ihrer Beziehung zu Christus haben. Ihr Wunsch, ihm nachzufolgen, mag ganz echt sein, und sie mögen sich danach sehnen, Gott und ihre Mitchristen zu lieben und von ihnen geliebt zu werden. Aber in den wichtigen ersten Lebensmonaten haben ihnen die fundamentalen vertrauensbildenden Erfahrungen gefehlt. Infolge dessen können sie tiefinnerlich schwerer als andere vertrauen und glauben, daß andere ihnen vertrauen. Vor allem können sie gefühlsmäßig kaum annehmen, daß Gott sie liebt oder ihnen vertraut. Wenn nicht einmal diejenigen, von denen sie in die Welt gesetzt worden sind, sie akzeptieren, warum sollte Gott es tun?

In dieser Situation muß sich der Pfarrer, Evangelist oder Jugendleiter klarmachen, daß die wichtige Phase der Vertrauensbildung, die im frühen Kindesalter ausgefallen ist, nun im Leben des bekehrten Jugendlichen oder Erwachsenen nachgeholt werden muß. Die in der frühen Kindheit erlebte Ablehnung bzw. die fehlende Annahme muß nun durch das *Erfahren* konstanter, geduldiger Liebe ausgeglichen werden. Da reichen Worte nicht aus. Der Satz: »Wir vertrauen dir, bitte vertraue uns!« mag noch so gut gemeint sein, genügt aber nicht, denn die Wunde, die geheilt werden muß, sitzt viel tiefer. Die schmerzhafte Zurückweisung, die der Jugendliche bzw. Erwachsene erlitten hat, kann er nur nach und nach verlernen, wenn er sich darauf verlassen kann, daß wir *annehmen*, was er uns anzubieten hat – wie unregelmäßig und unvollkommen es auch sein mag. In mancher Hinsicht tritt uns in dieser Situation nicht der redende und handelnde Erwachsene bzw. Jugendliche gegenüber, sondern das kleine Kind in seinem Inneren, das nie Annahme und Vertrauen erfahren hat. Gottes Wort an uns wird folglich lauten: »Seid geduldig und freundlich, wie ich geduldig und freundlich bin«, und nicht: »Züchtige und bedrohe diesen Sünder, weil er von mir abgefallen ist!«

Wir müssen also unbedingt begreifen, wie wichtig die ersten Lebensmonate sind und welche geistlichen Auswirkungen die menschlichen Beziehungen in dieser Lebensphase haben. Die Fähigkeit zu glauben ist etwas Wunderbares – aber sie ist sehr zerbrechlich. Allerdings soll noch einmal betont werden, daß das fehlende Vertrauen »nachgelernt« werden kann, wenn die Eltern die Vertrauensbildung versäumt haben.

Nun hängt allerdings der Glaube nicht einfach von menschlichen Entwicklungsfaktoren ab. Wir stoßen hier auch auf *theologische* Fragen: Was ist Glauben? Wie läßt sich die Entwicklung der Vertrauensfähigkeit mit der biblischen Lehre über das Wesen des Glaubens an Gott in Einklang bringen? Wir wollen im zweiten Teil dieses Kapitels Glauben im theologischen Sinne im Lichte dessen betrachten, was wir bisher über die Entwicklung eines Kindes gesagt haben.

Bis hierher ist die Geschichte von Michael und Elisabeth die Geschichte der *menschlichen* Dimension des Glaubens gewesen. Sie steht allerdings nicht im Widerspruch oder in Konkurrenz zu seiner göttlichen Dimension. Gott ist ja sowohl der Schöpfer als auch der Erlöser der Welt, und die natürlichen menschlichen Entwicklungsprozesse gehören zu der Art, wie er die Welt eingerichtet hat. Die menschlichen und die göttlichen Aspekte des Glaubens sind miteinander untrennbar verwachsen. Deshalb müssen wir, bevor wir uns weiter damit beschäftigen, wie sich der Glaube im Verlauf eines Menschenlebens entwickeln kann, definieren, was wir mit »Glauben« meinen – so definieren, daß wir damit sowohl der christlichen Theologie als auch der Entwicklungspsychologie gerecht werden.

Nach Aussage der Bibel ist der Glaube ein Geschenk Gottes. Man kann es sich nicht erarbeiten oder verdienen – Gott schenkt aus reiner Gnade (Phil 1,29; 1Kor 2,5). Wie aber läßt sich das mit der Vorstellung einer Entwicklung des Glaubens vereinbaren, besonders im Leben von Kindern, die sich vielleicht gar nicht bewußt sind, Glauben empfangen zu haben?

Nun, wir müssen uns klarmachen, daß der Glaube ein Geschenk Gottes ist, das sowohl in den Bereich der Schöpfung als auch in den der Erlösung hinein gegeben wird. Beide Bereiche gehören ganz eng zusammen, ist Gott doch der Herr über beide, wie er in seiner Menschwerdung demonstriert hat. Wenn wir also Kindern eine irgendwie »natürliche« Glaubensfähigkeit zugestehen, meinen wir mit »natürlich« nicht »von Gott unabhängig«! Gott ist der Schöpfer dieser Kinder von Anbeginn, und nur weil er sie in seiner Gnade so geschaffen hat, können sie (und wir) anderen Menschen und Gott selbst vertrauen und so auf ihre Treue antworten.

So ist der Glaube von A bis Z ein Geschenk, wie das ganze Leben ein Geschenk ist. Er beginnt nicht in dem Augenblick, in dem wir Christus als Erlöser annehmen; allerdings nimmt Gott bei seinem Erlösungshandeln den Glauben, den er uns als Teil seiner Schöpfung geschenkt hat, und verwandelt ihn in seiner Gnade in den rettenden Glauben an seinen Sohn. Der rettende Glaube entwickelt sich aus der Glaubensfähigkeit, die Gott uns bei der Schöpfung mitgegeben hat: Beides läßt sich nicht voneinander trennen und hat Geschenkcharakter.

Die Fähigkeit zu glauben, die Gott uns als seinen Geschöpfen geschenkt hat, ist allerdings eine von uns Menschen auszuübende Kapazität. Mit anderen Worten: Gott schenkt uns zwar den Glauben, aber wir sind es, die glauben müssen. Dieses menschliche Glauben hat der Psychologe James Fowler als die Fähigkeit beschrieben, die es uns ermöglicht, unserem Leben einen Sinn zu geben. Glauben, sagt er, sei »unsere Möglichkeit, in der Vielfalt von Kräften und Beziehungen, die unser Leben bestimmen, einen Zusammenhang und Sinn zu finden«[1].

Wir müssen also beides ernst nehmen: Glauben als Geschenk Gottes und als Aktivität des Menschen. Aber es kommt noch etwas dazu. Entscheidend ist nämlich nicht allein, *daß* wir glauben, sondern für unsere Beziehung zu Gott ebenso wichtig ist, *was* bzw. *an wen* wir glauben. Der Hindu, der Buddhist, der Moslem und der Humanist, sie alle glauben auf ihre Weise. Erlösung aber finden wir nur durch den Glauben an den auferstandenen Christus. Die von Geburt an in uns angelegte Glaubensfähigkeit findet ihr eigentliches Ziel nur im Glauben an Jesus Christus.

Der christliche Glaube hat drei Dimensionen – Fürwahrhalten, Vertrauen, Tun – und richtet sich dabei ganz auf Christus aus. Erst wo dies alles zusammenkommt, können wir von Glauben im biblischen Sinne sprechen.

1. Glauben als Fürwahrhalten

Im Sonntagsgottesdienst vieler Kirchen hat das gemeinsame Sprechen des Glaubensbekenntnisses einen festen Platz. Auf diese Weise wird Woche um Woche der Eindruck verstärkt, daß »glauben« bedeutet: gewisse theologische Aussagen für wahr halten. Selbst der unintellektuelle Gläubige kommt nicht um den Schluß herum, daß Glauben zuerst und vor allem ein Denkakt ist. »Ich glaube an (Gott ... Jesus ... den Heiligen Geist ...)« wird fast unweigerlich verstanden als: »Ich glaube folgendes über (Gott ... Jesus ... den Heiligen Geist ...)«. Oft ist überbetont worden, daß der Glaube eine intellektuelle Aktivität ist. Anderseits darf aber auch nicht heruntergespielt werden, daß »Glauben« immer auch die Zustimmung zu bestimmten Lehren bedeutet. Im Laufe seiner Geschichte hat das Christentum immer wieder darauf hingewiesen, daß Christsein keine reine Gefühlssache sein kann. Es muß einen Kern von Glaubenslehren geben, die sich in vernünftigen Sätzen formulieren lassen und zu denen der Gläubige ja sagen muß, wenn man ihn als wirklichen Jünger Christi anerkennen soll.

Dafür gibt es einen einleuchtenden Grund. Schon in den ersten vier Jahrhunderten ihres Bestehens merkte die Kirche, daß alle möglichen Gruppen, angeblich im Namen Christi, die verschiedensten Lehren (bzw. Irrlehren) verbreiteten. Vor allem um die Person Jesu kam es zu heftigen Auseinandersetzungen. Seither mußte die Kirche stets aufs neue formulieren, was sie glaubte, um die dogmatischen Schafe von den Böcken zu trennen. Ein Blick in die Geschichte der Häresien zeigt, wie nötig dieser Prozeß war. Und er ist heute angesichts des Wachstums und der Ausbreitung von Sekten und Kulten wie den Zeugen Jehovas, den Mormonen, der Scientology-»Kirche«, der Moonies usw. nicht weniger wichtig. Ohne klare Vorstellung vom Inhalt ihres Glaubens über Gott, Christus und den Heiligen Geist wären die Christen eine leichte Beute für alle möglichen Sekten. Zum Glauben als *Aktivität* des Christen gehört also unter anderem unbedingt ein festes *Überzeugtsein* von gewissen wesentlichen Wahrheiten des christlichen Glaubens.

Wenn wir den Glauben im Bild eines Dreibeinstativs zeichnen, so ist das Fürwahrhalten von Glaubensinhalten oder dogmatischen Sätzen ein wichtiges Bein, aber eben nur eins. Die beiden anderen sind Vertrauen und Tun, und alle drei Beine gehören unbedingt dazu. Leider haben als Spätfolge der Aufklärung manche Christen den Eindruck, sie müßten sich entweder für den Glauben als intellektuelle Zustimmung oder den Glauben als innere, emotionale Hingabe entscheiden. Glauben im Sinne der Bibel ist aber beides: Fürwahrhalten von Aussagen über und Hingabe an den Einen, der die Wahrheit ist und der Herr über Herz und Verstand.

2. Glauben als Vertrauen

Betrachten Sie die beiden folgenden Sätze:

a) »Ich nehme keinen Schirm mit, denn ich glaube, daß das Wetter schön bleibt.«

b) »Glaube an den Herrn Jesus Christus, so wirst du gerettet werden, du und dein Haus.«

In beiden Aussagen kommt das Wort »glauben« vor, aber in unterschiedlicher Bedeutung. In Aussage (a) verlasse ich mich auf einen Sachverhalt. Ich vertraue darauf, *daß* das Wetter nicht plötzlich Kapriolen schlägt. In (b) hingegen wird jemand zum Glauben/Vertrauen *an* eine Person – Jesus – aufgefordert. Die Rettung wird von einer persönlichen Beziehung des Glaubens und Gehorsams abhängig gemacht.

Beide Bedeutungsebenen kommen gemeinsam ins Spiel, wenn wir auf einen bestimmten Sachverhalt vertrauen können, weil wir der Person vertrauen, von der dieser Sachverhalt abhängt:

»Ich glaube, dieser Kuchen wird Ihnen schmecken. Meine Frau hat ihn heute morgen gebacken, und ihr ist noch nie ein Kuchen mißraten, das können Sie mir glauben!«

Wenn wir vom Glauben an Gott als »Vertrauen« sprechen, haben wir genau diese zweifache Bedeutung im Sinn. Wir vertrauen nicht nur dem, was Gott sagt oder tut, sondern wir vertrauen *ihm* als Person. Damit ist »Glauben« nun nicht mehr rein intellektuell, als Zustimmung zu Glaubenssätzen, definiert. Ein Christ glaubt nicht nur eine Reihe von *Aussagen über* Gott, sondern er tritt in eine persönliche *Beziehung zu* Gott ein.

Dies hat James Fowler in hilfreicher Weise als *Bundesglauben* (»covenantal faith«) charakterisiert.[2] Ein Bund ist eine Übereinkunft oder Verbindung zwischen zwei Personen(gruppen). Beide Parteien geloben einander Treue, und entsprechend vertraut man sich auch gegenseitig. Jeder glaubt dem anderen, daß er hält, was er verspricht. Der Bundesglaube wurzelt in einer vertrauenswürdigen und zuverlässigen Beziehung.

Das herausragende Beispiel, das in der Bibel selbst immer wieder angeführt wird, ist der Bund zwischen Gott und Abraham. (An dieser Stelle muß darauf hingewiesen werden, daß ein Bundesverhältnis nicht unbedingt ebenbürtige Partner voraussetzt. Es genügt, daß eine Beziehung gegenseitiger Treue und Vertrauens da ist.) In 1. Mose 12-17 (ergänzt durch Paulus in Römer 4) lesen wir, daß Gott die Initiative ergriff und einen Bund mit Abraham schloß und daß Abraham im Glauben darauf antwortete.

Zu diesem Bund gehörte gegenseitiges Vertrauen. Abraham mußte Gottes Versprechen glauben, daß er, Abraham, trotz seines Alters und trotz der Unfruchtbarkeit seiner Frau Sara der Vater vieler Völker werden würde. Dann mußte er Gott vertrauen, als dieser ihm befahl, seine Heimat zu verlassen und in ein unbekanntes Land zu ziehen, in dem er keine Verwandten hatte, keinen Besitz und keine Sicherheit. Gott hätte kein größeres Vertrauen von ihm fordern können: »Verlaß deine Heimat, deine Sippe und die Familie deines Vaters . . .« (1. Mose 12,1). Wer von uns würde wohl der unerwarteten Aufforderung eines unbekannten Gottes Folge leisten, alle Sicherheiten aufzugeben und in ein fremdes Land zu ziehen, um dort Segnungen zu empfangen, die nach menschlichem Ermessen völlig unmöglich sind?

Abraham aber, so sagt Paulus, »hoffte, obwohl es keinen Grund zur Hoffnung gab, und vertraute darauf, daß Gott ihn zum Vater vieler Völker machen werde, weil Gott es ihm gesagt hatte . . .« (Römer 4,18). Wegen seines Bundesglaubens wurde Abraham gesegnet und gerecht. Gott wiederum vertraute Abraham. Zwar war Abraham ein schwacher und ängstlicher Mensch, so unvollkommen wie wir alle; das wird besonders deutlich an der Art, wie er in Ägypten mit seiner Frau umging. Doch er ließ sich von Gott zurechtbringen, hielt durch und erreichte schließlich das versprochene Land. So rechtfertigte er das Vertrauen, das Gott in ihn gesetzt hatte.

Die Geschichte Abrahams illustriert übrigens einen entscheidenden Aspekt des Bundesglaubens an Gott. Paulus erinnert daran, daß menschlich gesehen die Erfüllung der Verheißung Gottes völlig unmöglich war; Abraham aber »zweifelte nicht durch Unglauben an der Verheißung Gottes, sondern *wurde gestärkt im Glauben,* weil er Gott die Ehre gab« (Römer 4,20 nach der besonders genauen Elberfelder Übersetzung; Hervorhebung von mir). Als schwacher Mensch stellte Abraham fest, daß Gott ihn wegen dieser Schwäche nicht etwa fallen ließ, sondern seinen Glauben festigte und dadurch das Bundesverhältnis zementierte. Gott überließ Abraham nicht sich selbst, denn dann wäre er sicher gescheitert. Im Rahmen des göttlichen Bundes ist also das Glaubenkönnen und am Vertrauen Festhaltenkönnen ganz und gar auf Gottes Gnade zurückzuführen. Wieder zeigt sich, daß der Glaube ein Geschenk Gottes ist.

Der Bund zwischen Gott und dem Menschen ist das Vorbild für alle Formen des Bundesglaubens. Er weist die wesentlichen Merkmale auf, die jedes Treueverhältnis zwischen Personen kennzeichnen: Er ist personal, gegenseitig und auf Güte gegründet. All diese Merkmale werden auch eine gesunde Beziehung zwischen Eltern und Kindern in den ersten Lebensmonaten kennzeichnen. Und wie wir bereits gesehen haben, werden in dieser Zeit die menschlichen Grundlagen des Glaubens gelegt.

3. Glauben als Tun

Luther bezeichnete den Jakobusbrief als »strohern Epistel«. Er war der Meinung, seine Betonung guter Werke unterminiere die reformatorische Wiederentdeckung der Lehre von Paulus über Gnade und Glauben. Da die mittelalterliche Kirche immer ausschließlicher eine Philosophie der Erlösung aufgrund von guten Werken verkündet hatte, brachte für Luther die Wiederentdeckung der Rechtfertigung aus Gnade durch den Glauben Befreiung und Hoffnung.

Doch so verständlich Luthers Reaktion in seiner Zeit

auch sein mag, läßt sich doch nicht leugnen, daß für die Autoren des Neuen Testaments Glauben und Werke untrennbar zusammengehören. Das bloße Bekenntnis des Glaubens an Gott muß durch die Anzeichen eines neuen Lebensstils – des Lebensstils des Reiches Gottes – bestätigt werden. »Nicht jeder, der ständig ›Herr‹ zu mir sagt, wird in Gottes neue Welt kommen, sondern der, der auch tut, was mein Vater im Himmel will« (Matthäus 7,21). Ähnlich schließt sich auch an Paulus' Lehre über die Erlösung aufgrund des Glaubens in den ersten sieben Kapiteln des Römerbriefs sofort die Mahnung zu einem erlösungsgemäßen Leben im Alltag und in den zwischenmenschlichen Beziehungen an (Kapitel 12 – 15).

Glauben bedeutet nicht, sich Gott gegenüber in Ordnung zu *fühlen*. Glauben heißt: Das Geschenk der Erlösung dankbar annehmen und bereit sein, nun auch erlöst zu leben. Ich sage gewissermaßen: »Ich bin durch Gottes Gnade gerettet. Was muß ich jetzt tun, damit sich das neue Leben, das in mir begonnen hat, auch entfalten kann?« Jakobus 2,14-17 antwortet darauf:

»Meine Brüder! Was hat es für einen Wert, wenn jemand behauptet: ›Ich vertraue auf Gott, ich habe Glauben!‹, aber er hat keine guten Taten vorzuweisen? Kann der bloße Glaube ihn retten? Das wäre gerade so, wie wenn es da Brüder und Schwestern bei euch gäbe, die nichts anzuziehen hätten und hungern müßten. Und dann sagte einer von euch zu ihnen: ›Ich wünsche euch das beste; ich hoffe, daß ihr euch warm anziehen und satt essen könnt!‹ –, er gibt ihnen aber nichts, was sie zum Leben brauchen. Was nützt ihnen der bloße Wunsch und die freundliche Gesinnung? Genauso ist es auch mit dem Glauben: Wenn aus ihm keine Taten hervorgehen, ist er tot.«

Weil viele Christen meinen, sie müßten sich entweder für den Glauben als intellektuelle Zustimmung oder für den Glauben als emotionale Hingabe entscheiden und sich dann als Gegenbewegung zu Aufklärung und Rationalismus für einen »Herzensglauben« entschieden haben, nehmen sie diese biblische Aufforderung vielfach nicht ernst. Die Furcht vor einem Abgleiten in »Werkgerechtigkeit« oder einer »Vergötzung der menschlichen Vernunft« ist so groß, daß wir den Tatcharakter des Glaubens vernachlässigt haben.

Natürlich besteht die große Gefahr, den lebendigen Glauben an die unverdiente Gnade Gottes durch eine auf Werke gegründete Religiosität zu ersetzen. Aber dagegen schützen wir uns nicht, indem wir leugnen, daß Glauben auch etwas mit unserem Handeln zu tun hat, sondern indem wir uns einprägen, daß die Beziehung, die wir durch Christus mit Gott *haben*, uns dann zu Tätern des Wortes macht und uns nicht bloße Hörer des Wortes bleiben läßt (Jakobus 1,22). Wenn wir im biblischen Sinne Jünger Jesu Christi sein wollen, haben wir gar keine andere Wahl.

Der Glaube hat also drei Dimensionen: Fürwahrhalten, Vertrauen und Tun. Ein Evangelist mag die Aufgabe haben, das Evangelium so zu verkündigen, daß Leute zum Glauben *kommen*. Doch unsere evangelistische Strategie muß insgesamt umfassender sein und den zum Glauben Gekommenen helfen, in diesem Glauben zu *wachsen*. Evangelistische Arbeit, die sich ausschließlich auf eine Dimension des Glaubens konzentriert und die anderen beiden unterschlägt oder vernachlässigt, verdient ihren Namen nicht und widerspricht Gott.

FOLGERUNG

Von diesen drei Dimensionen des Glaubens ist die zweite – Vertrauen – der Schwerpunkt im Erfahrungshorizont kleiner Kinder. Die beiden anderen Dimensionen, das Fürwahrhalten und das Tun, haben auf dieser Entwicklungsstufe noch wenig Bedeutung, denn sie erfordern Fähigkeiten, die Kleinkinder noch nicht haben.

Merken wir, wie wichtig die ersten Lebensmonate, die ersten eineinhalb bis zwei Lebensjahre sind? In dieser Phase wird das erste der drei »Standbeine« des Glaubens geformt, das Vertrauen. Wenn wir dann später einmal von Gott als unserem himmlischen Vater sprechen und Kinder (bzw. Erwachsene) ermutigen, ihm zu vertrauen, rühren wir an tiefe Schichten kindlichen Vertrauens. Bei Kindern wie Michael wird unser Aufruf wahrscheinlich positive Erinnerungen auslösen und ein entsprechendes Echo hervorrufen. Sie werden zumindest wissen, was es bedeutet, bei Bezugspersonen Vertrauen und Treue, Annahme und Geborgenheit, Zuwendung und Liebe zu erfahren. Kinder wie Elisabeth werden es in dieser Hinsicht viel schwerer haben. Das soll nicht heißen, daß die Elisabeths dieser Welt das Evangelium nicht annehmen können. Durch Gottes Gnade sind auch sie dazu in der Lage. Aber ihre Antwort auf Gottes Angebot ist mühsamer, und ihr Glaube wächst auf kargem emotionalem Boden. Zuweilen wird hinter ihrer Antwort der Wunsch stehen, Erwachsenen zu gefallen und von ihnen angenommen zu werden. Unter solchen Umständen ist das Vertrauen außerordentlich zerbrechlich und gefährdet. Wir werden dieses wertvolle Gut sorgsam hegen und pflegen müssen, »klug wie die Schlangen, und doch ohne Hinterlist wie die Tauben«.

Gibt es also eine angemessene Art, Kinder schon im 1. Lebensjahr zu »evangelisieren«? Die – vielleicht überraschende – Antwort lautet: Ja. Diese »Evangelisation« besteht allerdings ausschließlich in einer Liebesbeziehung. Sie wird weder eine intellektuelle Botschaft vermitteln, noch wird sie eine Antwort erwarten (abgesehen vom Echo des Vertrauens zu dem Menschen, der dem Kind Liebe erweist). Das verkündigte »Evangelium« wird ein Evangelium der Liebkosungen und der liebevollen Worte sein. Und aus diesen Samenkörnern kann sich später Glauben im umfassenderen Sinne entwickeln.

ANMERKUNGEN ZU KAPITEL 1

1 James Fowler, *Stages of Faith*, New York (Harper & Row) 1981, S. 4
2 Entfaltet wird dieser Gedanke in Fowler, *a.a.O.*, S. 16-23.

Das Kleinkind

Zweites bis sechstes Lebensjahr

Die Entwicklung des Glaubens im Kleinkindalter und das Verhältnis von Erfahrung und Glaubensinhalt

Wachstum
Michael: Geborgenheit und Vertrauen
Elisabeth: Angst und Verwirrung
Strukturen der Glaubensentwicklung
Vertrauensfähigkeit
Kontakte außerhalb der Familie
Das Evangelium und die kindlichen Denkstrukturen
Geschichten
Erfahren und verstehen
Sprunghaftes Denken

Wachstum

Michael: Geborgenheit und Vertrauen

Aus dem Säugling wurde allmählich ein Kleinkind. Damit verbunden war eine Fülle neuer Erfahrungen – zum Beispiel das erste gesprochene Wort im Alter von etwa fünfzehn Monaten. Dieses Wort lautete, wie nicht anders erwartet,

»Mama«. Dabei fiel Michaels Eltern aber auf, daß er alle Menschen »Mama« nannte.

Kommunikation

Das sollte sich bald ändern. In dem Maße, in dem Michael seinen Wortschatz vergrößerte (auch wenn er die Bedeutung der Wörter nicht immer verstand), entdeckte er, daß er mit Hilfe der Sprache seine Welt beeinflussen, ja, ein Stück weit beherrschen konnte. Aus dem Einwortsatz wurden im Laufe der Monate Mehrwortsätze, und bald konnte er seinen Eltern seine Wünsche und Bedürfnisse mitteilen. Wenn er krank war, konnte er ausdrücken, was ihm wo wehtat. Und vor allem konnte er mit seinen Freunden sprachlich kommunizieren. Die Sprache war das Mittel, mit der Gesellschaft in Beziehung zu treten und sich einen Platz darin zu sichern.

Unabhängigkeit

Die nächste wichtige Station auf dem Weg zur Selbständigkeit bildeten die ersten Schritte ohne fremde Hilfe. Michael kam zwar noch nicht sehr weit, aber damit begann das Abenteuer der Mobilität und Autonomie. Zwischen vier und fünf lernte er, seinen Körper ganz zu beherrschen. Er fing an, sich als eigenständige Person zu behaupten.

Dann kam der Kindergarten. Michael machte begeistert mit und vollzog dabei wieder einen wichtigen Lernschritt: Zum erstenmal wurde ihm richtig bewußt, daß die Welt größer war, d.h. aus mehr als seiner Familie und dem unmittelbaren Bekannten- und Freundeskreis bestand. Auch dämmerte ihm, daß er mit vielem, was er zu Hause angestellt hatte, nun nicht mehr durchkam. Die Kindergärtnerinnen ließen sich nicht so leicht um den Finger wickeln wie seine Eltern und seine Schwestern. Er mußte feststellen, daß ein Wutanfall nicht mit einem Riegel Schokolade und einem Glas Milch belohnt wurde, sondern mit ein paar strengen (wenn auch liebevollen) Worten, während die übrigen Kinder sich weiter mit ihren Fingerfarben vergnügten. Michael merkte, daß er auf andere Menschen Rücksicht nehmen mußte.

Natürlich *versuchte* Michael, seinen Willen durchzusetzen. Auch wenn die Welt nun größer war als die Welt seiner frühen Kindheit und er nicht mehr ständig in ihrem Mittelpunkt stand, konnte er doch wenigstens so tun, als habe sich alles um ihn zu drehen!

Identität und Wille

Wie weit er seinen Willen durchsetzen könnte, das probierte Michael ganz besonders im Sommer des Jahres aus, in dem er eingeschult werden sollte. Inzwischen hatte er auch ein Gefühl der Identität entwickelt und einen eigenen Willen. Das bekam sogar sein Lieblingsbär Teddy zu spüren. Die beiden hockten jeden Nachmittag zusammen und unterhielten sich über den Tag im Kindergarten und andere wichtige Angelegenheiten, z.B. was es zum Abendessen geben sollte. Aber erst am Tag vor dem Ausflug ans Meer merkten Michaels Eltern so richtig, was für eine eigenständige Persönlichkeit ihr Sohn geworden war.

Es begann damit, daß die Familie überlegte, was sie an den Strand mitnehmen sollten. Michael mußte gar nicht lange überlegen: sein Fahrrad! Der Vater wies darauf hin, daß dafür kein Platz im Auto war; Michael war sicher, daß es noch in den Kofferraum paßte. Ein Wort gab das andere. Schon bald ging es auf beiden Seiten hoch her. Michael war wild entschlossen, sein Fahrrad mitzunehmen, und der Vater war ebenso entschlossen, es zu Hause zu lassen. Am Ende warf, wie so oft, der Vater seine Autorität in die Waagschale, und das ganze endete in Tränen und vorzeitiger Bett»ruhe«. Das Fahrrad blieb am nächsten Tag zu Hause, aber Michaels Eltern hatten eine eindrückliche Kostprobe vom eigenständigen Bewußtsein ihres Sohnes bekommen und kalkulierten es in Zukunft weise ein.

Michaels nächste wichtige Erfahrung war die Schule. Er lebte sich dort schnell ein und erwarb sich bald den Ruf, ein Junge zu sein, »der genau weiß, was er will, und sich durchsetzt« – so der Kommentar der Lehrerin, weil er schon am zweiten Tag darauf bestand, er könne allein zur Toilette gehen, »ist doch babyleicht!«.

Phantasie

Im Jahr vor dem Schulanfang und während des ersten Schuljahrs entwickelte Michael eine besondere Liebe zu Geschichten. Zwar sah er auch gern fern, aber fast noch lieber ließ er sich Geschichten vorlesen oder erzählen. Durch Bücher zu Hause und in der Schule betrat er fremde Welten der Märchen und Abenteuer. Er lernte schlaue Schweinchen und böse Wölfe kennen, kleine alte Frauen, die in Essigflaschen wohnten, Hexen und Zauberer, Märchenprinzen und -prinzessinnen. Seine Phantasie blühte auf.

Zur gleichen Zeit lernte Michael – und das war nicht weniger wichtig – das ehrfurchtsvolle Staunen und die Freude an Schönheit. Mit seiner Vorstellungskraft wuchsen auch diese Fähigkeiten. Damit begann er, ohne es zu wissen, das Vermögen zu entwickeln, sich nach Gott auszustrecken.

Michael hörte auch von Jesus.

Alle diese Geschichten konnte er jedoch nicht auseinanderhalten. Zuerst warf er sie so sehr durcheinander, daß er nicht mehr genau wußte, ob die schlauen Schweinchen nun in der Essigflasche wohnten und ob Rotkäppchen von der bösen Hexe gefressen worden war oder ob Schneewittchen die sieben Geisslein verzaubert hatte. Und wo wohnten Jesus und Gott? Ach ja, hinter den Bergen bei den sieben Zwergen – oder nicht?

Erst nach und nach brachte Michael Ordnung in seine Geschichtenwelt. Aber noch im ersten Schuljahr war er nicht sicher, wie Jesus das gezaubert hatte, daß so viele Leute satt und so viele Frauen und Männer von ihren Krankheiten geheilt worden waren. Und wie war das noch mit dem Himmel, in dem Jesus und Gott wohnten? Papa war doch im Himmel gewesen, als er mit dem Flugzeug Tante Jane in Amerika besucht hatte! War er unterwegs Jesus begegnet? Mußte er ja wohl, vermutete Michael; aber Papa hatte nie etwas davon erzählt.

Nach und nach wurden die Bausteine von Michaels Persönlichkeit zusammengefügt. Es würde noch Jahre dauern, bis die Struktur auch nur annähernd fertig sein würde; aber die Fundamente waren nun gelegt. Das darauf errichtete Gebäude konnte noch um- und ausgebaut werden; aber am Grundriß würde sich nie mehr etwas ändern.

Elisabeth: Angst und Verwirrung

Demütigung

Im Gegensatz zu Michael erlebte Elisabeth ganz und gar keine glückliche Kindheit. Von ihrer Mutter bekam sie nach wie vor kaum Liebe und Zuwendung, vom Vater ganz zu schweigen. Und dann wurde der Kinderhütedienst auch noch nach einem Rotationsschema organisiert, so daß Elisabeth jeden Tag eine andere erwachsene Bezugsperson hatte. Als sei das noch nicht genug, wurde sie manchmal der Obhut einer mürrischen Tante anvertraut, der Elisabeth ebenso lästig war wie ihren Eltern. Bei ihr erlebte Elisabeth ihre erste schlimme Demütigung.

Der Anlaß war eher lächerlich: Elisabeth (sie war gerade drei Jahre als geworden) vergaß sich beim Spielen und machte in die Hose. Ein Mißgeschick. Doch die Tante bauschte das zu einer Tragödie auf, gab Elisabeth eine Tracht Prügel und steckte sie für den Rest des Nachmittags ins Bett. Von da an entwickelte Elisabeth einen regelrechten

»Reinlichkeitstick«, wie ihre Umwelt es nannte. Auch hatte sie eine Heidenangst vor ihrer Tante und wurde krank, sobald sie einen Tag bei ihr verbringen sollte.

Im Alter von vier Jahren hatte Elisabeth noch keinen einzigen Erwachsenen gefunden, dem sie sich frei und ganz anvertrauen konnte. Die Welt der Erwachsenen bot ihr keine Sicherheit, Bestätigung und Zuversicht, sondern nur Abweisung, Demütigung, Angst und Unsicherheit.

Spielen

Das änderte sich erstmals im Kindergarten. Die Eltern schickten Elisabeth zwar mit ziemlicher Verspätung, aber die neun Monate, die das kleine Mädchen dort verbrachte, waren die schönsten ihres bisherigen Lebens. Zum erstenmal kam sie in Kontakt mit gleichaltrigen Kindern. Es gab soviel Interessantes zu tun ... und es gab *Spielzeug!*

Elisabeth hatte nie viele Spielsachen gehabt. Ihre Mutter fand die überflüssig und vor allem lästig (»Wer darf nachher alles aufräumen? Natürlich ich!«). Da war der Fernseher doch viel praktischer! Nun, im Kindergarten, kam Elisabeth gar nicht aus dem Staunen heraus. Daß es so etwas gab! Sie konnte stundenlang ein Spielzeug nach dem anderen ausprobieren. Puppen, Bären, Esel, Ponys, Telefone, Dreiräder, Häuser: sie konnte sich für alles begeistern. Am Ende fast jedes Tages gab es Tränen. Durfte sie auch ganz bestimmt morgen wiederkommen?

Ein anderes Leben

Während dieser Zeit lernte Elisabeth den ersten Erwachsenen kennen, der anscheinend wirklich Anteil an ihr nahm. Es war die Mutter ihrer Kindergartenfreundin Karin. Im Gegensatz zu Elisabeth war Karin kein Einzelkind. Sie hatte einen zwei Jahre älteren Bruder und eine ein Jahr jüngere Schwester. Sie und Elisabeth waren bald unzertrennlich.

31

Eines Tages lud sie Elisabeth zu sich nach Hause ein. Die Mutter ließ ihre Tochter nur zu gerne ziehen, und so machten sich die beiden Mädchen in Begleitung von Karins Mutter aufgeregt auf den Weg zu Karin.

Was Elisabeth dort erlebte, stellte alles Bisherige in den Schatten. Da freuten sich Leute, daß sie kam! Und zum Tee gab es leckere Sachen; und Karins Mutter und Vater waren so freundlich zu ihr, wie sie es noch nie erlebt hatte. Elisabeth hatte keine Ahnung, ob diese Erwachsenen immer so waren; sie genoß einfach ihre Herzlichkeit, wie sie ihr im Augenblick entgegengebracht wurde. Am allermeisten beeindruckte sie aber ein Zwischenfall mit Karins Bruder Rolf, weil ihr so etwas in ihrem ganzen Leben noch nicht begegnet war.

Rolf war sehr lebhaft. Ständig rannte er herum, machte ziemlichen Lärm und erinnerte jeden an seine Gegenwart. Dabei schaffte er es gewöhnlich, alle um den Finger zu wikkeln. Mit Mädchen spielen, fand Rolf allerdings »doof«, und mit seiner jüngeren Schwester »oberdoof«. Als Karin also mit einer Freundin heimkam, wollte Rolf gleich von Anfang an klarstellen, was er davon hielt. Das geeignete Mittel war eine Spinne, die er Karin in den Kragen stopfte (Elisabeth ließ er in Ruhe) und die ein Entsetzens- und Wutgebrüll auslöste.

Mehr noch als diese aufregende Szene prägte sich Elisabeth ein, was dann geschah: wie Rolfs Mutter sich seiner annahm. Jawohl, Rolf bekam einen Klaps und Schimpfe, aber die Strafe hatte nichts Demütigendes an sich. Vor allem: anschließend war die Sache erledigt. Der Junge hatte einen Blödsinn gemacht, dafür war er zur Rechenschaft gezogen worden, und nun war wieder alles gut! Karin blieb zwar noch eine Weile auf Abstand, aber mehr aus Vorsicht und nicht weil sie beleidigt war.

In den nächsten Monaten lernte Elisabeth Karins Familie noch besser kennen und machte dabei die Erfahrung, daß Strafe mit Fairneß und Liebe kombiniert sein konnte; daß

sie nicht unbedingt von willkürlichen und unvorherseh-
baren Wutausbrüchen begleitet sein mußte; und daß sie
selbst, Elisabeth, vielleicht doch nicht so hoffnungslos
verdorben war, wie es ihr die Erwachsenen bisher immer
zu verstehen gegeben hatten.

Elisabeth wußte es natürlich nicht – aber sie begann jetzt
erstmals, positive Bilder zu entwerfen von sich selbst, von
Elternschaft und Familienleben. Und sie bekam eine erste
Ahnung von Vertrauen.

Was gilt?

Am Ende des ersten Schuljahrs lebte Elisabeth in vier verschiedenen Welten: zu Hause, wo sie sich fürchtete und am
liebsten ausgerissen wäre; in der Schule, wo es ihr gefiel, wo
sie sich selbst aber nichts zutraute; bei Karin, wo sie Liebe
fand und am liebsten immer geblieben wäre; in ihrer inneren Welt der Phantasien und Träume, in die sie sich aus der
harten Wirklichkeit daheim flüchtete. Wie Michael konnte
auch Elisabeth sich für Geschichten begeistern. Doch anders
als bei Michael wurden die Geschichten für Elisabeth zu
Auslösern für Tagträume, in die sie sich jederzeit zurückzie-
hen konnte, ganz gleich, was um sie herum vorging. So
mußte ihre Lehrerin sie immer häufiger aus ihrer magischen Welt herausrufen, einer Welt, in der alle Erwachsenen lieb und freundlich waren (außer der bösen Hexe) und
Kinder immer nur spielen durften. Mit sieben Jahren war
Elisabeth völlig verunsichert und verwirrt.

Strukturen der Glaubensentwicklung

Welche Strukturen der Glaubensentwicklung können wir
bis jetzt in den unterschiedlichen Lebensgeschichten von
Michael und Elisabeth erkennen? Und welche Konsequenzen ergeben sich daraus für unsere Arbeit unter Kindern?

Vertrauensfähigkeit

Wir haben gesehen, wie wichtig auch weiterhin die Beziehung zu den Eltern für die emotionale Entwicklung des Kindes ist und damit auch für die Entfaltung seiner Vertrauensfähigkeit. Die Liebe und Zuwendung, die Michael von Geburt an umgeben hatten, begleiteten ihn auch im Kleinkindalter. Er fühlte sich (im Gegensatz zu Elisabeth) von Erwachsenen weder abgelehnt noch bedroht. Er wuchs in einer Atmosphäre des Vertrauens auf, in der er Annahme und Liebe fand.

Für Michaels Persönlichkeitsentwicklung war das eine solide Grundlage. Am Ende des Kleinkindalters hatte er begriffen, daß die Welt nicht nur für ihn und seine Wünsche da war; daß es da noch andere »Ichs« gab, die auch leben wollten und Wünsche und Bedürfnisse hatten. Die Liebe seiner Familie ermöglichte es ihm, seine eigene Identität zu finden und zu entfalten, ohne dabei Angst haben zu müssen, gedemütigt oder geduckt zu werden.

Elisabeth lernte etwas völlig anderes in der Schule des Lebens. Sie erlebte in ihrer frühen Kindheit von allen Erwachsenen, die ihr wichtig und für sie verantwortlich waren, nichts als Ablehnung; und so entwickelte sie ein tiefes Mißtrauen gegenüber der Welt der Erwachsenen. Die Erwachsenen, die ihre Kindheit dominierten, ließen sie entweder im Stich oder verweigerten ihr Liebe und Annahme; und die im Turnus wechselnden desinteressierten »Pflegetanten« mußten ihr zwangsläufig das Gefühl vermitteln, sie sei nichts wert. Hätte Elisabeth von der Liebe Gottes gehört oder hätte ihr jemand erzählt, Gott sei ihr Vater im Himmel, so hätte das bei ihr ganz sicher nur negative Gefühlsreaktionen ausgelöst.

Der wichtigste Faktor für die Entwicklung des Glaubens/Vertrauens ist also die primäre Erfahrung der Kind-Eltern-Beziehung. Wie wichtig diese ist, vor allem in den ersten Lebensmonaten, läßt sich gar nicht genug betonen.

Kontakte außerhalb der Familie

Im Verlauf des Kleinkindalters beginnen Kinder auch Beziehungen zu Menschen außerhalb der Familie aufzubauen. Damit kommen ganz neue Faktoren ins Spiel. Die Wirklichkeit besteht nun nicht mehr nur aus den wenigen Leuten, die das Kind von Geburt an umgeben haben. Es muß sich mit einem weiteren Ausschnitt der Gesellschaft auseinandersetzen. Für Michael wie für Elisabeth bildete der Kindergarten die Brücke zu einem sozialen Umfeld, das größer war als die Familie. Doch während Michael (zumindest in gewissem Maße) bereit war, sich mit anderen Kindern auseinanderzusetzen und mit ihnen zu kooperieren, mußte Elisabeth die Defizite ihrer frühen Kindheit ausgleichen. Da ihr Spielsachen und -möglichkeiten weitgehend vorenthalten worden waren, mußte sie sich diese im Kindergarten unbedingt erobern und sichern. Infolge dessen blieben ihre Bereitschaft und Fähigkeit, Beziehungen zu anderen Kindern anzuknüpfen, begrenzt. Mehr als die meisten anderen Kinder ihres Alters blieb sie noch ganz auf sich selbst konzentriert. (Das ist zwar typisch für alle Kleinkinder, aber bei Kindern wie Elisabeth besonders stark ausgeprägt.)

Wie wir gesehen haben, entwickelt sich in diesem Lebensabschnitt auch der erste Schritt zur Identität. Michaels Streit mit den Eltern vor dem Ausflug ans Meer war ja keineswegs ein Zeichen dafür, daß der Junge böse und trotzköpfig war (auch wenn die Erwachsenen das vielleicht so empfanden). Nein, das Kind behauptete sich hier einfach als eigenständige Person! Dies ist wichtig und notwendig, sonst kann es später keine gesunde Entscheidungs- und Urteilsfähigkeit entwickeln. Kinder, die sich kritiklos dem Urteil anderer unterwerfen oder sich der Meinung ihrer Altersgenossen anpassen, haben es nicht geschafft, eine eigene Identität zu entfalten. Die Wurzeln dafür liegen oft in der frühen Kindheit. Eine solche Ichschwäche kann manchmal dazu führen, daß erwachsene Christen nur zu einem schwachen, oberflächlichen Glauben fähig sind, der Schwierigkeiten und Probleme nicht standzuhalten vermag.

Wichtig in der Erziehung ist ferner die Kombination von Festigkeit und Fairneß, wie Karins Mutter sie in ihrem Umgang mit Rolf zeigte. Besonders eindrucksvoll war diese Erfahrung für Elisabeth, weil sie selbst Strafen stets als willkürlich und erniedrigend erlebt hatte. So konnte sie nicht ahnen, daß die Erziehungsmaßnahmen der Erwachsenen eigentlich in einen Rahmen von Gerechtigkeit und Liebe eingebettet sein sollten. Das aber wird Auswirkungen haben auf ihr Verständnis der christlichen Lehre über Gott, Jesus und die Erlösung – und auf ihre Reaktion darauf.

All diese Faktoren spielen eine wichtige Rolle, wenn Kinder Jesus kennenlernen. Sie bilden gewissermaßen den Boden, auf dem der Same des Evangeliums ausgestreut wird. Doch welche »Samenarten« sind der Entwicklungsstufe von Kindern in diesem Alter angemessen?

Das Evangelium und die kindlichen Denkstrukturen

Geschichten

Was immer das Kleinkind an christlichen *Inhalten* lernen soll, lernt es am besten in *Form* von Geschichten. Wir haben gesehen, wie Michael und Elisabeth Geschichten geradezu verschlungen haben. Geschichten sind *das* Medium, durch das Kinder in diesem Alter lernen. Dabei müssen wir allerdings bedenken, daß das Kind auf dieser Entwicklungsstufe verschiedene Arten von Geschichten nicht auseinanderhalten kann. Jesus, Gott und gute Feen gehören untrennbar zusammen. Sie bevölkern alle ein und dieselbe Welt. Es gibt keinen Unterschied zwischen Wundern und Zauberei.

Daraus ergibt sich als wichtige Konsequenz für den

Evangelisten oder Kindermitarbeiter, daß das Erzählen von Wundergeschichten auf dieser Entwicklungsstufe unweigerlich Mißverständnisse auslöst. Weil die Kinder noch nicht zwischen Magischem und Wunderbarem unterscheiden können, werfen sie wahrscheinlich beides in einen Topf, und Jesus wird zu einer Art Zauberer. Man kann dem Kind noch so oft sagen, Jesus betreibe keine Zauberei – es wird das nicht wirklich begreifen. Aufgrund seiner Denkstruktur wird es trotz allem Wunder in die Kategorie des Magischen einordnen. Es ist nicht in der Lage, anders zu denken. Selbst wenn wir das Kind dahin bringen, daß es mit Worten einen Unterschied macht, wird es das nicht im eigentlichen Sinne des Wortes glauben, sondern wird lediglich nachplappern, was ihm der Erwachsene vorgesagt hat. Es wird das ebensowenig begreifen wie Einsteins Relativitätstheorie.

Nun muß allerdings etwas Wichtiges hinzugefügt werden. Je älter das Kind wird, desto klarer lernt es unterscheiden zwischen dem, was die in seinem Leben bedeutsamen Erwachsenen für wahr und wirklich halten, und dem, was für sie in den Bereich der »Erfindung« gehört. D.h. ein Kind, dessen Eltern an die Wirklichkeit von Wundern Gottes glauben und die für das Kind einen Unterschied zwischen Zauberei und der Macht Gottes machen können, wird die biblischen Wunder mit großer Wahrscheinlichkeit viel besser einordnen können als ein Kind, dessen Eltern selbst nicht an Wunder glauben oder selbst nicht über die magische Stufe hinausgekommen sind. Hier zeigt sich wieder, was wir schon vorhin festgestellt haben: Entscheidend für das Verständnis eines Kindes ist das *Umfeld*, in dem ihm Lehrinhalte vermittelt werden.

Erfahren und verstehen

Noch etwas kennzeichnet die kindlichen Denkstrukturen und -möglichkeiten in dieser Entwicklungsphase: Das Kind interpretiert alles im Rahmen seiner alltäglichen Erfahrungen. Carol Mumford hat die Reaktion eines Sechsjährigen auf das Wunder der Sonne festgehalten. Beachten Sie, wie das Kind das Neue nur im Sinne von bereits Bekanntem begreifen kann:

> »Ich meine, das ist toll, daß die Sonne da oben am Himmel bleibt. Die muß an einer Schnur hängen. Warum fällt sie nicht runter?«

Oder da ist die Fünfjährige, die ihrer Mutter beim Kochen des Mittagessens zuschaute und auf einmal fragte, was Gott denn zu Mittag esse. Daran schloß sich folgender Dialog an:

»Mama: Gott ißt nicht zu Mittag.

Maria: Wenn er nicht zu Mittag ißt, kriegt er dann am Abend ein Ei?

Mama: (überlegt, wie sie das erklären soll)
Also, Maria, Gott ißt auch nichts zu Abend. Er braucht nichts zu essen, weil er keinen Körper hat.

Maria: (denkt einen Augenblick angestrengt nach)
Aha! Jetzt weiß ich's. Seine Beine sind direkt am Hals angewachsen!«[2]

Es geht in unserem Zusammenhang nicht nur darum, daß wir sehr sorgfältig darauf achten müssen, in welchen Bildern wir von Gott sprechen. Vor allem müssen wir wissen, daß das Kind sich unweigerlich ein Bild von Gott macht, das auf seinen eigenen Erfahrungen in und mit seiner Umwelt beruht. Aussagen der Bibel oder eines Erwachsenen wird das Kind automatisch so übersetzen, daß sie in den Rahmen seiner kindlichen Welt hineinpassen bzw. in das Denkgebäude, das es sich aus Geschichten, dem Fernsehen und anderen Bausteinen selbst errichtet hat. Selbst wenn es dieselben *Wörter* benutzt wie die Erwachsenen (z.B. das Wort »Gott«), verbindet es damit ganz andere Bilder und Bedeutungen.

Sprunghaftes Denken

Schließlich – und das hängt mit dem eben Gesagten zusammen – müssen wir uns klarmachen, daß Kinder auf dieser Entwicklungsstufe eine eigenständige, von Erwachsenen unterschiedliche, Denkstruktur haben. Was beim kindlichen Denken und Ausdrucksvermögen in dieser Entwicklungsphase besonders auffällt, ist, daß alles im Fluß und offenbar unverbunden ist. Das Kind denkt sprunghaft, ohne erkennbaren roten Faden. Alles geht wild durcheinander. Der Erwachsene sucht oft vergebens nach einer für ihn logischen Verknüpfung der einzelnen Aussagen des Kindes. Gott wird z.B. mit allen möglichen Naturerscheinungen und geschichtlichen Ereignissen in einen Topf geworfen. James Fowler liefert dafür ein gutes Beispiel. In seinem Buch *Stages of Faith* (Stufen des Glaubens) gibt er das Gespräch mit dem sechsjährigen Freddy wieder, der erzählen soll, was eine Familie tief im Wald alles sehen könnte. Der Gesprächsverlauf illustriert gut, was wir gesagt haben:[3]

»Freddy: Sie sehen – man kann Rehe sehen. Und die Sonne. Man sieht schöne Bäume. Man sieht Seen und klare Bäche.

Frage: Sag mal, wie sind denn all die Bäume und Tiere und Seen dahingekommen?

Freddy: Vom Regen . . . Die Mütter kriegen die Babys. Die Sonne scheint durch die Wolken, das macht Spaß! Ja, die Bäche und die Wasserseen. Die Seen – die Seen kriegen – hm – mehr – der Wald – da ist ein tiefes Loch und dann regnet's und dann, wenn es ganz voll ist, dann ist es ein See. Aber wenn er stinkt, kannst du nicht drin schwimmen.

Frage: Aha. Und woher, meinst du, kommen die Bäume und die Tiere?

Freddy: Gott hat sie gemacht.

Frage: So! Und warum hat er sie wohl gemacht?

Freddy: Weil – ja wegen zwei Sachen. Nummer eins ist,

weil Bäume Sauerstoff abgeben; und Nummer zwei ist, weil Tiere andere Tiere beschützen.

Frage: So, so! Ja, und warum gibt es Menschen?

Freddy: Aehm – weiß ich nicht.

Frage: Kannst du dir vorstellen, wie das wäre, wenn es keine Menschen gäbe?

Freddy: Die schöne Welt würde häßlich werden.

Frage: Wieso?

Freddy: Weil keiner unten wär', und die Welt würde häßlich sein.

Frage: Ja?

Freddy: Ich glaub', es wär' wie früher und so.

Frage: Und wie war es früher?

Freddy: Da gab's doch die Überfälle, peng, peng! Und die Kutschen waren unheimlich schnell.

Frage: Aber was – was war denn noch früher? Was wäre, wenn es überhaupt keine Menschen gäbe? Nirgendwo?

Freddy: Nur Tiere? Ich denk', das wär wie – wie 'ne Tierwelt.

Frage: Wäre das gut?

Freddy: Nein. Wenn's keine Menschen gäb', wer wären dann die Tiere?

Frage: Also, wie sind die Menschen entstanden?

Freddy: Sie – hat Gott sie gemacht? Mehr weiß ich nicht von früher.«

Dieses Gespräch zeigt deutlich, wie andersartig und »unerwachsen« die Logik eines Kindes tatsächlich ist. Freddy springt von einem Punkt zum nächsten und beantwortet die Fragen, indem er auf Sachen zurückgreift, die er im Fernsehen gesehen oder in Geschichten gehört hat. Seine Beschreibung von »früher« ist ein besonders eindrückliches Beispiel: »Früher«, das sind für ihn Überfälle und Kutschen. Und Tiere stellt er sich offenbar als Menschen in Tierfellen vor: »Wenn's keine Menschen gäb', wer wären dann die Tiere?« fragt er. Vielleicht schimmert da die Disney-Kultur durch!

Es darf uns deshalb nicht verwundern, daß das Kleinkind an der Schwelle zum Schulkindalter auch außerordentlich konfuse Gottesbilder hat. Wenn es wirklich so ist, daß das Kind sein Verständnis von Gott aus seinen Alltagserfahrungen zusammensetzt, müssen seine Bilder von Gott dann nicht menschlich, allzumenschlich sein?[4]

»Frage: Kannst du mir sagen, wie Gott aussieht?

Freddy: Er hat ein helles Hemd an, er hat braunes Haar, er hat braune Augenbrauen.

Frage: (Gesprächspartner betrachtet zwei Christusstatuen) Meint jeder, daß Gott so aussieht?

Freddy: Hm . . . nicht, wenn er beim Friseur war.«

FOLGERUNG

Mit Beginn der Schulzeit erreicht das durchschnittliche Kind eine neue Entwicklungsgrenze: Das Kleinkind wird zum Schulkind. Man geht davon aus, daß damit eine neue Phase begonnen hat, von der es kein Zurück mehr gibt.

Inzwischen haben sich aber auch wichtige Persönlichkeitsmuster gebildet. Wie wir gesehen haben, sind die ersten Stufen der Persönlichkeits- und Glaubensentwicklung des Kindes gekennzeichnet vom Einfluß personaler Beziehungen. Sie, besonders die Beziehungen zwischen dem Kind und seinen Eltern, sind entscheidend für die Entwicklung der Identität, der Einstellung zur Welt und der Fähigkeit zum Bundesglauben.

Das hat weitreichende Auswirkungen auf unsere (evangelistische) Kinderarbeit. Wir müssen uns darüber klar sein, daß fast alles, was wir sagen, vom Kind im Licht dessen interpretiert wird, was es schon aus eigener Erfahrung weiß oder was man ihm bereits beigebracht hat (auch das ist ja eine Form der Erfahrung). Was ergibt sich daraus für den Inhalt unserer Verkündigung? Wir wollen am Ende dieses Kapitels ein paar Richtlinien für die biblische Unterweisung von Kindern auf dieser Entwicklungsstufe formulieren.

Negativ:

1. Vorsicht beim Erzählen von Wundergeschichten! Nichts klingt magischer als die Geschichte von Daniel in der Löwengrube oder von der Speisung der 5000. Hüten wir uns davor, Gott für Kinder zum größten Zauberer zu machen!

2. Vorsicht vor Inhalten, die die Denkweise und Logik eines Erwachsenen voraussetzen. Das schließt abstrakte Konzepte wie Sünde, Rettung oder Erlösung aus. Es ist sehr unwahrscheinlich, daß sie in kleinkindgemäße Begriffe umgesetzt werden können, selbst wenn man sich vieler Illustrationen bedient ...

3. Vorsicht bei Gleichnissen! Sie enthalten zumeist sehr komplexe theologische Aussagen. Die Tatsache, daß Gleichnisse formal Geschichten sind, darf uns nicht für die Tatsache blind machen, daß sie eine symbolische Logik erfordern, die die Möglichkeit des Kleinkindes bei weitem übersteigen.

4. Vorsicht vor religiösen Fabeln, in denen Tiere mit menschlichen oder göttlichen Eigenschaften ausgestattet sind. Das kann verwirren und zu theologischen »Knoten« auf einer späteren Entwicklungsstufe führen. Wenn Gott mit märchen- oder fabelhaften Geschichten in Zusammenhang gebracht wird, wird er unter Umständen mit »erledigt«, wenn das Kind Märchen und Fabeln als bloß erfundene Geschichten abzulehnen beginnt.

5. Drängen Sie unter keinen Umständen auf eine »Entscheidung«, wie sie von einem Erwachsenen erwartet werden kann. Eine solche Reaktion darf man von dieser Altersgruppe einfach nicht erwarten, und wer hier irgendwelchen Druck ausübt (und sei er noch so versteckt), richtet unter Umständen großen Schaden an.

Positiv:

1. Zeigen Sie dem Kind, daß Sie es lieben und annehmen, auch wenn es noch so schwierig sein mag. Das heißt nicht, daß wir es nicht auch, wenn nötig, zurechtweisen. Aber wir werden versuchen, dabei Liebe und Fairneß walten zu lassen, wie Karins Mutter.

2. Bauen Sie auf Bildern und Erfahrungen von Vertrauen auf, mit denen das Kind bereits Bekanntschaft gemacht hat. Wenn ein Kind die Botschafter Gottes (seien es die Eltern, seien es Sonntagschullehrer oder andere Kindermitarbeiter) als warmherzig und zuverlässig erlebt, ist es eher bereit, sich Gott anzuvertrauen.

3. Es macht überhaupt nichts, wenn unsere Botschaft noch wenig von Jesus Christus als Retter und Erlöser enthält. Denken wir daran: Auf dieser Entwicklungsstufe ist das erste »Standbein« des Glaubens an der Reihe, das Vertrauen, und noch nicht das Fürwahrhalten von Lehren.

4. Konzentrieren Sie sich auf Inhalte, die das Kind von seinem Alltag her leicht nachvollziehen kann. Dabei kommen wohl Beziehungen und grundlegende Naturerfahrungen am ehesten in Frage. (Gott liebt uns wie Papi und Mami. Gott sorgt dafür, daß die Bäume wachsen . . .)

5. Stellen Sie Lehrpläne auf, in deren Mittelpunkt Geschichten von Menschen und ihren Beziehungen zueinander stehen. Wählen Sie Jesusgeschichten aus, die seine Liebe zu den Menschen, besonders zu Kindern, illustrieren.

6. Lehren Sie durch Geschichtenerzählen. Das kann und muß man lernen. Sie müssen so erzählen, daß Ihnen die Kinder mit ihrer ganzen Phantasie folgen. Lernen Sie von guten Kinderbüchern für 4-6jährige (ein Gang in die örtliche Bibliothek lohnt sich bestimmt. Und erzählen lernen kann man auch von sog. »weltlichen« Kinderbüchern!).

7. Ermutigen Sie die Kinder zu Antworten und Reaktionen, die ihrem Alter und ihrer Entwicklungsstufe entsprechen.

Fassen wir zusammen! Während »Evangelisation« im konventionellen Sinne in den frühen Kindheitsjahren unangebracht ist, wäre es ebenso falsch zu meinen, es gebe für diese Entwicklungsphase überhaupt keine angemessene Form der Weitergabe des Evangeliums. Wie das nachfolgende Diagramm zeigt, gibt es eine direkte Beziehung zwischen den prägenden Erfahrungen der Kindheit, also wie ein Kind Liebe in zwischenmenschlichen Beziehungen erlebt, und seiner späteren Aufnahmefähigkeit für geistliche Wahrheiten und seinem geistlichen Wachstum. Der Kinderevangelist oder Kindermitarbeiter, der Sonntagschullehrer, der Vater und die Mutter sollten also nicht als »Billy Grahams« auftreten, aber das bedeutet nicht, daß sie dem Kleinkind nicht Evangelium vermitteln können und sollen.

ANMERKUNGEN ZU KAPITEL 2

1 Carol Mumford, *Young Children and Religion*, London (Edward Arnold) 1982, S. 35.
2 Mumford, *a.a.O.*, S. 60.
3 Fowler, *a.a.O.*, S. 124.
4 Fowler, *a.a.O.*, S. 127.

Die Beziehungen zwischen Erfahrung und Glauben

Eine Atmosphäre von gegenseitigem Vertrauen, Liebe und Fürsorge

Ist die Grundlage für   Ist die Grundlage für

	EBNET DEN WEG ZUR GLAUBENS-ERFAHRUNG	
Geborgenheit, Eingehen auf andere, Verläßlichkeit, Offenheit, Vertrauen anderen gegenüber	→	Gott als persönlich, vertrauenswürdig, konsequent, zuverlässig und gnädig erkennen
Als Person geachtet werden	→	Gottes Liebe für den einzelnen erkennen
Sich selbst und andere annehmen	→	Gottes Vergebung, Reinigung und Erneuerung annehmen können. Neues Leben in Christus
Dinge in Ordnung bringen, wenn Beziehung gestört bzw. Unrecht begangen worden ist	→	Umkehr (Busse/Bekehrung) und Versöhnung.
Strafe akzeptieren, da sie fair ist und nicht Liebesentzug beinhaltet	→	Den stellvertretenden Tod Christi verstehen
Wunsch, Beziehungen zu pflegen und sich daran zu freuen	→	Gespräch mit Gott. Seinem Willen gehorchen
Geben und Nehmen in Beziehungen	→	Gott dienen als Antwort auf seine Gnade

Das Kind

Siebtes bis elftes Lebensjahr

Die Kennzeichen des Kindesalters; ein zentrales Alter für die Glaubensentwicklung

Kennzeichen des (Schul-)Kindes
  Wachsendes Wissen und Verständnis
  Einfühlung und Gerechtigkeitsempfinden
  Neue Bindungen
Auswirkungen auf die Glaubensentwicklung
  1. *Fürwahrhalten*
  2. *Vertrauen*
  3. *Tun*
Wechsel der Perspektive
Geistliche Bestandsaufnahme
  Bei anderen erlebter Glaube

―――――――――――――――

Kennzeichen des (Schul-)Kindes

Die Schulzeit ist die Hoch-zeit der Kindheit. Michael und Elisabeth wuchsen im Schulalter in jeder Hinsicht in einem atemberaubenden Ausmaß. Als sie eingeschult wurden, waren sie noch Kinder; vier Jahre später hatten sie sich schon fast zu Jugendlichen gemausert.

Wachsendes Wissen und Verständnis

Wie alle ihre Schulkameraden und Freunde saugten sie sich in dieser Zeit wie Schwämme voll mit Informationen. Michael ackerte einmal einen ganzen Tag lang das komplette »Guinness Buch der Rekorde« durch, »einfach so, weil's mich eben interessiert«, wie er seiner erstaunten Mutter versicherte. Er ließ sich auch von der örtlichen Bibliothek einen Ausweis ausstellen und lieh regelmäßig jeden Samstag drei oder vier Bücher aus, die er prompt in der darauffolgenden Woche las. Er war nicht übermäßig fleißig – einfach wißbegierig.

Elisabeth war ebenso neugierig (besonders auf ausgefallene, wenig bekannte Tatsachen), las jedoch nicht viel. Ihr Lieblingsmedium war das Fernsehen. Sie sah sich alle möglichen Programme an (»Dann ist sie wenigstens ruhig«, fanden die Eltern) und beschränkte sich dabei nicht auf Zeichentrickserien, sondern interessierte sich auch für populärwissenschaftliche Sendungen im Nachmittagsprogramm und für die Tagesschau. Das »Guinness Buch der Rekorde« hätte sie nie gelesen, aber sie sah sich im Fernsehen die Sendereihe »Recordbreakers« (Rekordbrecher) an und stellte überrascht fest, daß sie über dieselben Tatsachen informiert war wie Michael.

Dieser Wissensdrang wirkte sich auch in anderer Hinsicht aus. Kurz vor dem Weihnachtsfest nach ihrem siebten Geburtstag hatte Rolf, Karins älterer Bruder, Elisabeths Glauben an den Weihnachtsmann in Frage gestellt. »Du glaubst doch wohl nicht *immer noch* an den alten Herrn«, hatte er gelacht. »Den Kinderkram hab' ich mir schon letztes Jahr nicht mehr weismachen lassen!« Elisabeth war zunächst schockiert gewesen. Sie hatte immer an den Weihnachtsmann geglaubt, denn schließlich hatten ihr die Erwachsenen immer von ihm erzählt. Und nun kam Rolf daher und behauptete das Gegenteil! Wem sollte sie denn glauben?

Elisabeth fragte Karins Mutter, und die beruhigte sie: »Laß dich von dem nicht verrückt machen. Du weißt doch, wie gern er andere Leute aufzieht!« Und damit war die Sache abgeschlossen. Oder doch nicht? Es muß nicht betont werden, daß der Weihnachtsmann schließlich aus Elisabeths Leben ebenso verschwand wie aus Rolfs; und mit acht Jahren hatte Elisabeth allmählich gelernt, daß die Märchenwelt ihrer frühen Kindheit nicht Wirklichkeit war, wie sie das früher gemeint hatte. Sie liebte immer noch phantastische Geschichten, aber eben als das, was sie waren – erfundene Geschichten, die spannend waren und ihre Phantasie anregten, die aber nicht in der »wirklichen« Welt spielten, sondern nur in ihrem Kopf.

»Wissen« bedeutete für Michael und Elisabeth zunehmend: »wirklich« etwas von der »wirklichen« Welt erkennen. »Wirklich« war das, was man sehen, hören, anfassen konnte. Und was nicht »wirklich« war, war auch nicht wahr.

Verstärkt wurde das durch die Weiterentwicklung ihrer Denkstrukturen. Im dritten Schuljahr begannen sich beide Kinder besonders für »Naturkunde« zu interessieren. In diesem Fach wurden während des Unterrichts einfache Experimente durchgeführt, und da waren Michael und Elisabeth mit Begeisterung dabei. Vor allem aber lernten die beiden und ihre Klassenkameraden durch diese Experimente den Grundsatz von Ursache und Wirkung begreifen.

Von da an wurde das Prinzip von Ursache und Wirkung zum bestimmenden Rahmen ihres Denkens. Bei Elisabeth war das besonders stark ausgeprägt. Hatte sie bisher einfach angenommen, daß Dinge »passierten«, begann sie nun nach den Ursachen zu fragen. Dies bedeutete einen großen Entwicklungsschub ihres logischen Denkens. Später, als Teenager, würde dieser Glaube an die Notwendigkeit von Ursache und Wirkung dazu führen, daß sie alles anzweifelte, dessen Ursache sich nicht nachweisen ließ.

Soweit aber war es vorläufig noch nicht. Im Augenblick war die Entdeckung des Zusammenhangs von Ursache und Wirkung einfach ein wichtiger Baustein in ihrer wachsenden Welt des Denkens und der Erfahrung.

Michael und Elisabeth erlebten nun die Welt nicht mehr im Sinne unverbundener Ereignisse, sondern als zeitliche und logische Abfolge. Wenn man sie fragte, was sie denn den Tag über gemacht hätten, fiel die Antwort stets etwa so aus: »Erst haben wir das gemacht, dann haben wir das getan, dann sind wir beide weggegangen und haben was anderes gemacht, dann sind wir wieder zurückgekommen, und dann haben wir ferngesehen, dann haben wir uns was zu essen geholt, dann sind wir rausgegangen und haben gespielt, und dann haben wir Elisabeths Cousine angerufen, und dann . . .«

Wir alle kennen diese Art von Gesprächen. Das kann stundenlang so weitergehen. Weshalb? Weil für Kinder in Michaels und Elisabeths Alter die Welt nicht länger ein Durcheinander von unverbundenen Ereignissen ist, an die man sich mehr oder weniger zufällig erinnert, sondern zu einer erzählbaren Welt geworden ist, in der man den Ereignissen einen Sinn geben kann, indem man sie in allen Einzelheiten und in der richtigen Reihenfolge erzählt. Wer schon einmal zugehört hat, wie ein Kind den Inhalt eines Films zusammenfaßte, der weiß, wieviel Geduld der Zuhörer dabei aufbringen muß! Und wie hilfreich es ist, wenn man den betreffenden Film bereits gesehen hat!

Sooft Michaels Mutter also fragte, wie es ihm in der Schule ergangen sei, bekam sie eine ausführliche Antwort, angefangen damit, wer vor Schulbeginn auf dem Pausenplatz wem was getan hatte, und endend mit allen Einzelheiten der Geschichte, die der Lehrer in der letzten Stunde erzählt hatte. Elisabeth erzählte ihrer Mutter nicht so viel – weil die sie nie fragte.

Einfühlung und Gerechtigkeitsempfinden

Eine Geschichte löste bei Michael eine ganz besondere Reaktion aus. Der Lehrer hatte von einem jungen Mann von nur 17 Jahren erzählt, der im 1. Weltkrieg bei dem Versuch, einen verwundeten Kameraden zu retten, getötet worden war. Anschließend war Michael zutiefst aufgewühlt; er wußte selbst nicht, warum. Es lag nicht daran, daß es sich um eine spannende Kriegsgeschichte gehandelt hatte – der Lehrer hatte sorgfältig vermieden, billig Spannung zu erzeugen. Nein, es war mehr eine Frage der Empathie, der Einfühlung. Michael stellte sich auf einmal vor, was der Siebzehnjährige da auf dem Schlachtfeld wohl empfunden hatte. Wie er sich gefürchtet und dann auf einmal die Schreie seines verletzten Kameraden gehört hatte. Wie er ins Niemandsland gestürmt war und versucht hatte, den Verwundeten in den Schützengraben zurückzuschleifen. Das Gefühl der Erleichterung, als der Kamerad in Sicherheit war – und dann der fatale Schuß!

Michael konnte sich das alles nicht nur *vorstellen,* es war mehr: Er konnte sich in den heroischen Soldaten, in seine Gefühle und Empfindungen *einfühlen.* Er konnte beginnen, sich mit ihm zu *identifizieren.*

Michael bewies hier (natürlich ohne es selbst zu merken) eine Fähigkeit, die beim Schulkind immer deutlicher zutage tritt: die Fähigkeit, sich in andere Menschen hineinzuversetzen und die Dinge aus der Perspektive eines anderen zu sehen. Michael fühlte mit dem Soldaten, weil er sich in die Lage des Toten hineinversetzen konnte. Er konnte in sich selbst die Gefühle der Angst, der Loyalität und der Liebe zu dem Kameraden nachempfinden, die der junge Mann auf dem Schlachtfeld empfunden haben mußte. Die Geschichte bildete den Auslöser für das Hervorbrechen eines Vermögens, das in Michael und anderen Kindern in diesem Alter und auf dieser Entwicklungsstufe schlummert.

Das Kleinkind und das Kind im beginnenden Schulkindalter sieht alles nur aus einer egozentrischen Perspektive. Es kann die Welt nur von sich als Mittelpunkt aus betrachten. Das ist überhaupt nicht moralisch wertend gemeint. So »funktionieren« kleine Kinder nun einmal, nur so. Sie sind überhaupt nicht in der Lage, eine andere Perspektive einzunehmen. Sie sind der Mittelpunkt ihrer Welt, und sie können die Welt gar nicht anders betrachten. Mit der intellektuellen und emotionalen Entwicklung im mittleren Kindesalter kommt es zur Ausbildung der Fähigkeit der Einfühlung (Empathie), die dann in späteren Jahren, wenn sie gepflegt wird, in ein ausgeprägtes Gerechtigkeitsempfinden mündet.

Trotz aller geistigen, gefühlsmäßigen und seelischen Entwicklungen in dieser Periode bleibt bei Michael und Elisabeth eine grundlegende Denkstruktur zunächst einmal erhalten, und die hat nichts mit Intelligenz zu tun: Sie können nur konkrete Sachverhalte denken und begreifen. Abstrakte Ideen und Konzepte sind und bleiben ihnen noch unzugänglich. Sie erfassen noch alles auf der Ebene alltäglicher, konkreter Erfahrungen.

Das mußte eine Studentin, die im dritten Schuljahr in Elisabeths Klasse Vertretung machte, eines Tages durch Mißerfolg lernen. Sie hatte über die Ungerechtigkeiten in der Welt gesprochen. »Ungerechtigkeit ist etwas Schlimmes«, sagte sie der Klasse. »Wir müssen sie unbedingt bekämpfen.«

Dieser Aufruf wäre in einer Teenagerklasse möglicherweise auf fruchtbaren Boden gefallen. Für die Zehnjährigen war er jedoch leider völlig bedeutungslos. Das bewies das Schweigen, das der Studentin begegnete, als sie die Klasse aufforderte, Beispiele zu nennen. Ein Kind nach dem anderen schwieg verlegen oder murmelte: »Weiß nicht.« Endlich rief Elisabeth in die Stille hinein: »Meinen Sie sowas wie keinen bevorzugen beim Essenausteilen, Fräulein?« In wenigen Worten hatte Elisabeth alles ausgedrückt, was die Lehrerin gemeint, aber der Klasse nicht hatte vermitteln können. Elisabeth hatte den abstrakten Begriff »Gerechtigkeit« in eine alltägliche Begebenheit übersetzt, die ihre Klassenkameraden verstanden. Die meisten von ihnen steckten noch voll in der Phase des konkreten Denkens. Es gab keine Garantie dafür, daß Elisabeth ihren Triumph wiederholen können würde; aber die angehende Lehrerin hatte ihre Lektion gelernt und war in Zukunft darauf bedacht, Abstraktionen zu vermeiden.

Neue Bindungen

Ein weiterer Bereich, in dem sich Michael und Elisabeth (und natürlich auch Karin) in diesen Jahren unübersehbar weiterentwickelten, war das Gebiet ihrer Beziehungen, ihr Gruppenverhalten. Typisch für das Miteinander im Kindergarten war es, daß jedes Kind im Grunde für sich agierte, auch als Teil einer Gruppe. Es gab zwar Gruppenspiele, aber nicht in dem Sinne, daß die Kinder eine Mannschaft bildeten, in der einer den anderen unterstützte, um gemeinsam etwas zu erreichen; nein, die Gruppe blieb im Grunde eine Sammlung von einzelnen, die auch als einzelne spielten. Es gab noch keine Gruppenloyalität und keine dauerhafte Gruppenaktivität. Mitten in einem Spiel konnte es geschehen, daß ein Kind abmarschierte und lieber für sich allein weiterspielen wollte, als sich an der Aufgabe der Gruppe zu beteiligen.

In der Schule änderte sich das allmählich. Bei aller Individualität lernten die Kinder doch, sich zu Gruppen zusammenzuschließen und als Angehörige von Gruppen zu handeln. Während der Pausen spielten sie gewöhnlich in ganz spezifischen Gruppen. Und wehe dem Spieler, der beim Sport seine Mannschaft um den Sieg brachte! Nach der Schule spielten die älteren Kinder in »Banden« auf der

Straße. Der isolierte Individualismus wich allmählich der sozialen Kooperation.

Ein Zwischenfall während einer Schulstunde illustrierte das treffend. Michaels Klasse hatte Malen gehabt. Die Schüler hatten größere Gruppen gebildet, von denen jede ein gemeinsames Bild gestaltet hatte. Michaels Gruppe hatte sich beim Aufräumen und Saubermachen besonders viel Zeit gelassen und war noch beschäftigt, als die Glocke schon zur Mittagspause geläutet hatte. Jetzt hatten es auf einmal alle eilig, und in der Hektik stieß Michael ein Wasserglas um, und der Inhalt ergoß sich über den Tisch und anschließend über Vickis Kleid. Vicki bedankte sich mit einer Ohrfeige, und ein heftiger Streit entbrannte. Die Lehrerin, die von ihrem Pult her den Beginn nicht mitbekommen hatte, eilte an den Kriegsschauplatz und trennte ein Mädchen in einem nassen Kleid von einem Jungen mit einem zerkratzten Arm – Vicki hatte ziemlich lange Fingernägel!

Doch so lange die Lehrerin auch fragte, niemand war bereit, ihr zu erzählen, wie alles angefangen hatte und wer alles an dem Streit beteiligt war. Lieber nahmen alle in Kauf, daß sie in dieser und der nächsten Mittagspause im Schulzimmer bleiben und eine Strafarbeit machen mußten. Michael und Vicki waren dankbar für die Loyalität der Gruppe und hätten sich in einer ähnlichen Situation genauso verhalten. Niemand war bereit, sie zu verraten, und ein »Petzer« hätte auch für lange Zeit das Vertrauen und die Anerkennung der Klasse verspielt.

Eine solche Situation wäre fünf Jahre zuvor undenkbar gewesen. Kein Kindergärtler hätte den Schuldigen gedeckt. Und er wäre auch nicht als »Petzer« geächtet worden, wenn er geredet hätte. Etwa vom dritten Schuljahr an sind Gruppenkooperation und -solidarität ganz oben auf der Werteskala. Die um die eigene Person kreisende Welt des Kleinkindes und des frühen Schulkindes ist gegen Ende des mittleren Kindesalters durch eine soziale Welt ersetzt, einer Welt mit einem Netzwerk von Gruppenverpflichtungen und -normen.

Wie wir gesehen haben, vollziehen sich im Kindesalter enorme intellektuelle, emotionale und soziale Entwicklungen.

Intellektuell

* wachsender Wissensdurst, Informationsbedürfnis;
* Erkennen von Ursache und Wirkung;
* Neubestimmung, was als »wirklich« gilt;
* Lösung von der Märchenwelt des Kleinkindes;
* Erkennen des Unterschiedes zwischen Wirklichkeit und Phantasie;
* Einordnen von Ereignissen in einen zusammenhängenden, erzählbaren Ablauf;
* Denken und Verstehen bewegt sich auf den Bahnen eines buchstäblichen und konkreten Verständnisses.

Emotional

* Wachsende Fähigkeit, Dinge und Ereignisse aus der Perspektive anderer zu betrachten;
* Einfühlung in die Gefühle anderer;
* abnehmende Tendenz, sich selbst als Mittelpunkt der Welt zu betrachten.

Sozial

* Finden der eigenen Identität in Gruppen mit anderen Kindern;
* Lernen, als Mitglied einer Gruppe zu arbeiten und zu spielen;
* Entwicklung einer ausgeprägten Gruppenloyalität.

Auswirkungen auf die Glaubensentwicklung

Welchen Einfluß werden diese Veränderungen auf die Glaubensentwicklung eines Kindes haben? In welcher Weise müssen sie bei der Verkündigung der Guten Nachricht an Kinder berücksichtigt werden? Wir müssen uns nun wieder unserer dreifachen Definition des Glaubens als Fürwahrhalten, Vertrauen und Tun zuwenden. Weil für viele Christen der Glaube als Fürwahrhalten im Vordergrund steht, wollen wir uns zunächst damit ausführlich beschäftigen.

1. Fürwahrhalten

In der Kleinkindphase ist die Dimension des Fürwahrhaltens, also der bekenntnismäßige, lehrhaft-dogmatische Glaubensinhalt, verschwindend klein. Mit dem rapide wachsenden Wissensdurst und der ungeheuren Kapazität, Informationen aufzusaugen, wird im mittleren Kindesalter auch die intellektuelle Komponente des Glaubens immer wichtiger. Die natürliche Neugier, mit der das Kind der Welt begegnet, richtet sich auch auf den religiösen Bereich, besonders wenn das Kind mit glaubenden Erwachsenen oder anderen Kindern konfrontiert ist. Es wird wissen wollen, *was* der Freund glaubt, auch wenn ihm das *Warum* zunächst noch gleichgültig ist.

Nun kann aber gerade der Inhalt des christlichen Glaubens Probleme mit sich bringen. Einerseits läßt sich das Kind im Alter zwischen sieben und elf Jahren, wie wir gesehen haben, noch von Geschichten fesseln. Das kommt natürlich dem christlichen Evangelisten bzw. Lehrer entgegen, ist doch das Evangelium die Geschichte des Handelns Gottes mit dem und für den Menschen. Anderseits beginnt das Kind jedoch nun, wahre von erfundenen Geschichten zu unterscheiden. In welche Kategorie wird es die Evangelien einordnen?

Das ist gar nicht so leicht zu beantworten. Und es wird ganz sicher von Kind zu Kind verschieden sein. Doch eines läßt sich mit großer Wahrscheinlichkeit voraussagen: Wenn seine wichtigsten Bezugspersonen, also die Erwachsenen und Kinder, die es am meisten achtet, nicht an die Wahrheit der Bibel glauben, wird das Kind im Laufe seiner Entwicklung die Geschichten der Evangelien, besonders die Wundergeschichten und die Geschichte der Auferstehung Jesu, immer eindeutiger in die Schublade »Märchen und Mythen« einordnen. Es mag je nach seinen intellektuellen Fähigkeiten allenfalls behaupten, die Verfasser der Evangelien hätten sich beim Sammeln ihrer Informationen oder bei der Niederschrift getäuscht. In einer Zeit wie unserer, in der für die meisten Leute der Gedanke an eine Offenbarung Gottes absurd ist, ist allerdings die Wahrscheinlichkeit größer, daß die Bibel einfach als »Märchenbuch« weggelegt wird.

Eigentlich ist das ja auch nicht verwunderlich. Erinnern wir uns, wie das Schulkind »wirklich« definiert: »Wirklich« ist, was man beobachten, hören, mit den Sinnen wahrnehmen kann. Und nun bekommt dieses Kind Geschichten von Jesus erzählt – wie er einen Blinden heilt, einen Sturm stillt und schließlich vom Tode auferweckt wird: kann es glauben, daß das »wirklich« geschehen ist, oder nicht? Daß Wunder in seinem Alltag überhaupt nicht vorkommen, macht die Sache nicht gerade einfacher. Noch weiter verschärft wird der Konflikt, wenn einerseits derjenige, der die Geschichte erzählt, fest von ihrer Wahrheit überzeugt ist, anderseits aber der Rest der Welt sie ebenso überzeugt in den Bereich der Märchen verweist. Entscheidend ist nun, ob und wieweit das Kind die Autorität und Weisheit der glaubenden erwachsenen Bezugsperson anerkennt. Zu Beginn der Schulzeit wird sich die Autorität der Eltern wahrscheinlich noch in den meisten Fällen durchsetzen. Sie scheinen noch allwissend zu sein, und was sie sagen, wird als wahr hingenommen. Doch wenn der Lehrer eine andere Meinung vertritt? Und was ist mit den übrigen Erwachsenen? Die vertreten doch oft völlig gegensätzliche Überzeugungen? Kein Wunder, daß die Eltern und die Erwachsenen überhaupt ihre unangefochtene Autorität eingebüßt haben, wenn das Kind zehn oder elf ist. »Na ja, das glaubt eben Herr X und Frau Y, aber . . .«, reagiert das ältere Kind. Mit anderen Worten: Es hat den Eindruck, daß zuweilen auch das Wort eines Erwachsenen, der ihm viel bedeutet, kritisch hinterfragt werden muß.

Wunder und Fantasy

Viele Kinder (und Erwachsene!) lösen diesen Konflikt, indem sie ihr Leben aufteilen in einen religiösen Bereich und einen Bereich des alltäglichen Lebens. Dem christlichen Glauben wird eine bestimmte Zeit und ein bestimmter Platz zugewiesen, z.B. die Sonntagschule, oder er wird in eine abgeschlossene geistige Schublade eingeordnet, wo er völlig gegen die übrige Welt abgeschottet ist. Dann kann z.B. ein Kind die »wissenschaftliche« These akzeptieren, daß Wunder hier und jetzt nicht geschehen und sich nicht ereignen können, und doch gleichzeitig weiterhin glauben, daß sie zur Zeit Jesu passiert sind. Die Wunder gehören also der Vergangenheit an, wo naturwissenschaftlicher Skeptizismus ihnen nichts anhaben kann. Niemand kann mit einer Zeitmaschine in die Vergangenheit reisen und den Wahrheitsgehalt der Geschichten untersuchen, also läßt sich auch nicht widerlegen, daß die Evangelien zumindest wahr sein könnten.

Oder das Kind lebt einfach so, als spiele sich sein Leben in zwei unterschiedlichen Welten ab, in denen jeweils ein völlig anderer Glaube angebracht ist. In der Welt der Kirche und Sonntagschule kann es auch weiterhin an Wunder und an Jesus glauben. Dort hat das alles seinen Platz. Doch in der Welt der Schule und der Freizeit ist dieser Glaube fehl am Platz. In den beiden Welten gelten unterschiedliche Gesetze und Überzeugungen. Solange sie sich nicht überschneiden, macht es nichts, wenn sie nicht miteinander in Einklang zu bringen sind. Es herrscht kein Bedarf an einem einheitlichen Weltbild. Wichtig ist, daß jeder Bereich in sich stimmig ist . . . und daß die Bereiche sauber getrennt bleiben!

Wir wissen als Erwachsene, daß dieses »Zwei-Welten-Leben« nicht das Leben ist, das Jesus von seinen Nachfolgern erwartet bzw. ihnen schenken will. Für kleinere Kinder aber ist es von ihrer Denkstruktur her unmöglich, einerseits ihr magisches Weltbild aufzugeben, anderseits aber die Wunder Jesu von der Welt der Märchen und der Phantasie zu unterscheiden und an ihrer »Wirklichkeit« festzuhalten, ohne zu der Aufteilung der Welt Zuflucht zu nehmen.

So stehen der Evangelist, der Sonntagschullehrer, der Vater, die Mutter oft vor der Alternative: Entweder *nehmen sie keine Rücksicht auf die Entwicklungsstufe des Kindes* und erzählen unbekümmert weiter Wundergeschichten; oder sie *verlegen beim Erzählen den Schwerpunkt* vom Wunderbaren weg.

Wenn sie sich für das erste entscheiden, rechtfertigen sie das unter Umständen mit dem Argument, es sei schließlich der Heilige Geist, der Kinder zum Glauben bringe, und deshalb sei es überflüssig, sich um Theorien der Entwicklungspsychologie zu kümmern. Das aber ist theologisch und praktisch naiv. Wir wissen heute so viel über das Wachstum und die Entwicklung von Kindern, daß wir den Prozeß sehr zuverlässig beschreiben können; und als Christen können wir davon ausgehen, daß Gott in seiner Weisheit ihre Entwicklung nun einmal so strukturiert hat. Die Entwicklungspsychologie tut also nichts anderes, als Gottes Entwicklungsprogramm nachzuzeichnen. Der Evangelist, der Lehrer, die Eltern, die nicht bereit sind, das anzuerkennen und zu berücksichtigen, gleichen dem Gärtner, der sich weigert, den Boden zu prüfen, und dann

Pflanzen sät, die darauf nicht gedeihen können. Und der später, wenn sie absterben, nicht etwa seine Methode in Frage stellt, sondern einfach dem Boden oder den Pflanzen die Schuld gibt. Der christliche »Verkündiger«, der nicht bereit ist, die vielfältige Entwicklung der Kinder zur Kenntnis zu nehmen, muß sich fragen lassen, ob er weiser ist als der genannte Gärtner.

Wenn er sich hingegen für die zweite Möglichkeit entscheidet, also beim Erzählen von Wundergeschichten den Schwerpunkt vom Wunderbaren weg verlegt, heißt das noch lange nicht, daß er die Wunder total streichen muß! Er muß sich aber Gedanken darüber machen, worum es ihm beim Erzählen geht, was er als besonders wichtig herausstellen will. Es ist aufschlußreich, daß Jesus seine Wunder sparsam einsetzte und sie nicht benutzte, um seine Zuhörer zu beeindrucken oder sie von seiner überwältigenden Kraft zu überzeugen. Er gebrauchte sie als Zeichen, die auf Gottes Ziel mit der Welt hinweisen sollten, den Bau seines Reiches, die Aufrichtung seiner Herrschaft. Und er tat seine Wunder natürlich aus Liebe und Barmherzigkeit.

Damit kommen wir zur entscheidenden Frage. Wenn wir davon ausgehen müssen, daß Kinder stets dazu tendieren werden, Wundergeschichten in einem magischen Sinne zu verstehen – können wir sie so durchdacht erzählen, daß die Kinder nicht mit offenem Mund dasitzen und überlegen »Wie hat Jesus das bloß gezaubert?«, sondern die Wahrheit begreifen: »Derselbe Jesus, der diese Wunder getan hat, will heute unser Freund sein und uns als Freunde haben«?

Wenn auf diese Weise der Erzählschwerpunkt verlagert wird, steht nicht mehr der »magische« Aspekt der Wunder im Brennpunkt des Interesses, sondern die Zuhörer werden zum Kern des Evangeliums geführt: Daß Gott die Menschen liebt und aus Liebe Menschen in Not hilft. Die größten aller Wunder sind das Kreuz und die Auferstehung Jesu.

Wer also die Wunder als Taten der Liebe gewichtet, der kann auch offen und glaubwürdig von der Wirklichkeit der Wunder sprechen, ohne dem magischen Verständnis der Kinder Vorschub zu leisten. Er kann die Wunderberichte der Evangelien erzählen, ohne daß sie beim Kind als »Zaubermärchen« ankommen. Und er kann deutlich machen, daß es sich dabei um geschichtliche Ereignisse handelt: um ganz besondere Gelegenheiten, bei denen Gott zeigte, wie er ganz gewöhnliche Menschen liebt, die ohne ihn total hilflos sind.

Auf diese Weise eingesetzt, können die Wundergeschichten des Neuen Testaments also dem Kind helfen, Jesus besser kennenzulernen und zu verstehen. Unüberlegt als »spannende Geschichten« erzählt, werden sie hingegen einfach in die Kategorie »Zaubermärchen« eingeordnet und vom älteren Kind dann später als »Kinderkram« über Bord geworfen werden, zusammen mit den Geschichten von Fröschen, die in Prinzen verwandelt werden, und von Zauberern, die als Mäuse im Bauch von gestiefelten Katern enden.

Christliche Lehre und wörtliches Verständnis

Wenn die Wundergeschichten angesichts der kindlichen Liebe zu Fantasy-Geschichten mit großer Sorgfalt erzählt werden müssen, erfordern die abstrakten Inhalte der christlichen Lehre angesichts des konkreten Denkens der Kinder unser besonders intensives Nachdenken. Das Kind im Grund- bzw. Primarschulalter denkt konkret und versteht Begriffe entsprechend buchstäblich. Das hat in bezug auf unsere Vermittlung christlicher Inhalte zwei wichtige Konsequenzen:

Erstens *müssen wir vorsichtig sein, wenn wir eine bildhafte, symbolische Redeweise verwenden.* Sätze wie »Nimm Jesus in dein Herz auf«, oder: »Jesus steht vor deiner Herzenstür und klopft an«, werden unweigerlich die Vorstellung wecken,

Jesus sei da irgendwo in unserem Körper drin und öffne buchstäblich irgendeine kleine Herzklappe. Ebenso mißverständlich ist es, wenn wir davon sprechen, daß Jesus »in uns lebt«. Ich habe selbst gehört, wie Kinder nach einer evangelistischen Botschaft dieser Art fragten, in welchem Körperteil Jesus denn nun wohnen wolle!

Es ist eine heilsame Übung, eine evangelistische Botschaft vorher noch einmal gründlich zu »jäten« und alle mißverständlichen bildlich-übertragenen Redensarten auszumerzen (und das werden fast alle sein). Denken Sie daran: Ein Kind unter 10 1/2-11 Jahren interpretiert unweigerlich alles buchstäblich. Versuchen Sie also im Zweifelsfall die Lehre / den Sachverhalt anders auszudrücken. Beispiele:

Bildlicher Ausdruck	Wird verstanden werden als	Sollte umformuliert werden in
Laß Jesus in dein Herz.	Laß dir die Brust aufschneiden.	Laß Jesus dein bester Freund sein.
Schmeck und sieh, wie gut der Herr ist.	Gott kann wie eine Speise gegessen werden.	Wenn wir Gott zum Freund haben, merken wir, wie wunderbar er ist.
Du mußt wiedergeboren werden.	Du mußt wieder in Mamis Bauch zurück.	(Am besten ganz vermeiden.)

Zweitens *müssen wir daran arbeiten, abstrakte Konzepte in konkrete Formen umzuwandeln.* So setzen z.B. die Begriffe »Sünde« und »Erlösung« eine wesentlich erwachsene Fähigkeit voraus, abstrakte Wahrheit zu verstehen. Für Kinder verdaulich werden sie nur, wenn die Inhalte solcher Begriffe in konkreten Beispielen anschaulich gemacht werden, die dem konkreten Denken zugänglich sind.

Es geht dabei nicht nur darum, unkompliziertere Wörter zu gebrauchen. Das Wort »Sünde« z.B. ist als Wort ziemlich einfach, und doch löst es – selbst bei Erwachsenen – die schlimmsten Mißverständnisse aus. Fast immer wird es primär und ausschließlich in einem moralischen Sinne verstanden (»Sünde ist, wenn einer silberne Löffel klaut«). Gerade das versteht die Bibel aber nicht als den Kern der Sünde. Es ist viel besser, bei Kindern (nur bei ihnen?) das Wort »Sünde« mit »die Freundschaft mit Gott brechen« zu umschreiben. Auf diese Weise wird das Wesen des Begriffs vermittelt, ohne seine abstrakte Form beizubehalten.

Die konkretesten Erfahrungen, die Kinder machen, sind ihre alltäglichen Beziehungen. Wenn ich den Inhalt des Evangeliums also als Beziehung ausdrücken kann, mache ich mir die eindrücklichsten Erfahrungen im Leben des Kindes zunutze. Unterstützt wird die Wirkung noch dadurch, daß, wie wir gesehen haben, in dieser Altersstufe die Fähigkeit wächst, sich in die Sicht anderer hineinzuversetzen. Wenn »Sünde« als Brechen der Freundschaft mit Gott beschrieben wird und der Tod Jesu als Gottes Handeln, um diese Freundschaft wiederherzustellen, kann das ein Kind auf einer sehr tiefen gefühlsmäßigen Ebene ansprechen, wird es sich doch automatisch in Gott und Jesus Christus hineinzuversetzen versuchen. Aber Vorsicht! Es darf nicht unser Ziel sein, die Gefühle des Kindes zu manipulieren; sondern es geht uns darum, ihm zu helfen, »in die Haut des Evangeliums zu schlüpfen«. Wenn es uns gelingt, die Gute Nachricht so zu präsentieren, daß es empfinden kann, wie die »Sünde« des Menschen Gott und Jesus buchstäblich das Herz gebrochen hat, erreichen wir viel mehr, als wenn wir ihm einfach das »ABC« des Evangeliums oder die vier geistlichen Gesetze beibringen.

Glauben im Schulkindalter ist also etwas außerordentlich Komplexes. Der Evangelist (und damit sind immer Lehrer, Sonntagschulmitarbeiter und natürlich die Eltern mit gemeint), der die typischen Entwicklungen auf dieser Altersstufe nicht zur Kenntnis nimmt und berücksichtigt, wird entweder erreichen, daß Kinder ihm zuliebe eine Botschaft annehmen, die sie nicht verstanden haben; oder er wird die Kinder nur scheinbar dazu bringen, das Gesagte zu akzeptieren, in Wirklichkeit aber eine Saat des Zweifels aussäen, die erst später aufgeht.

2. Vertrauen

Wir haben gesehen, daß das Vertrauen die wichtigste Dimension des Glaubens im Kleinkindalter ist. Auch wenn im Laufe der Grundschulzeit die intellektuelle Dimension des Glaubens immer wichtiger wird, bleibt doch das persönliche Vertrauens- und Treueverhältnis, das in der Kleinkindphase begonnen hat, weiterhin der emotionale Rahmen des Glaubens.

Deshalb kann sich Michael viel bereitwilliger den geistigen Herausforderungen der Schulzeit stellen als Elisabeth. Er empfindet es als viel weniger bedrohlich, wenn neue Erkenntnisse seine bisherigen Überzeugungen in Frage stellen. Auch kann er viel leichter den Erwachsenen vertrauen, die ihm solche neuen Erkenntnisse vermitteln.

Da Elisabeth von Geburt an unter mangelnder Liebe und Geborgenheit bei ihren Eltern gelitten hat, fehlt ihr nun die innere Sicherheit, Neues zu denken und Dinge anders als gewohnt zu betrachten. Wenn einem nie das Schwimmen beigebracht worden ist und man keinem Menschen vertrauen kann, daß er einen vor dem Ertrinken bewahrt, bilden unbekannte Gewässer natürlich eine unberechenbare Gefahr! Das erlebt Elisabeth, wenn ihre Vorstellungen über Gott und Jesus von ihren Klassenkameraden in Frage gestellt werden oder mit ihrer eigenen Entdeckung des Grundsatzes von Ursache und Wirkung in der materiellen Welt in Konflikt geraten.

In dieser Krise kann Elisabeth sich ganz verschieden verhalten. Sie kann entweder an ihren kleinkindlichen Vorstellungen von Gott festhalten und den Bereich des Glaubens völlig von der intellektuellen Entwicklung in ihren übrigen Lebensbereichen abkoppeln. Sie kann ihren bisherigen Glauben komplett über Bord werfen. Sie kann das Vertrauen zu Gott durch das Vertrauen zu einer Person (wahrscheinlich einem Erwachsenen wie Karins Mutter) ersetzen. Oder sie kann sich mit einer Mischung aus allen drei Verhaltensweisen durch die Entwicklungsphase mit all ihren Wachstumsschmerzen hindurchwursteln. Welchen dieser Wege die Elisabeths unserer Welt einschlagen werden, läßt sich nicht voraussagen. Wichtig ist aber, daß wir uns der Probleme und Möglichkeiten bewußt sind.

Machen wir uns klar, wie das praktisch aussehen kann. Wenn Elisabeth ihre aus früher Kindheit stammende Vorstellung von Gott wasserdicht gegen ihr Denkvermögen abschottet, schluckt sie einfach alles, was der Evangelist sagt, auch noch am Ende der Grundschulzeit, wenn man eigentlich ein paar kritische Fragen von ihr erwarten könnte. Oder wenn das Vertrauen zum Evangelisten an die Stelle des Vertrauens zu Gott tritt, weicht sie vielleicht der Herausforderung unserer Botschaft aus (»O ja, das glaube ich alles«) und rennt in Wirklichkeit nur in unerschütterlicher Treue und blindem Gehorsam dem Evangelisten nach. Sie kann aber auch, aus dem gleichen Grund, eine demonstrative und begeisterte Entscheidung für Jesus treffen. Oder sie ist gefühlsmäßig überhaupt nicht in der Lage, eine Entscheidung zu treffen, weil dazu ein Vertrauen nötig wäre, zu dem sie gar nicht fähig ist.

Natürlich ist nicht jedes Kind, bei der die eine oder andere dieser Reaktionen zu beobachten ist, eine »Elisabeth«. Bis zu einem gewissen Grade sind alle Kinder so. Jedenfalls sollten wir uns hinter die Ohren schreiben, daß die Reaktionen von Kindern auf evangelistische Botschaften außerordentlich leicht fehlinterpretiert werden können. Der Evangelist, dem sich nach einem Aufruf hundert Hände entgegenstrekken, wird sich sorgfältig und weise fragen müssen, welche Prozesse da wohl abgelaufen sind. Es ist nämlich außerordentlich schwierig, an einen unsichtbaren Gott zu glauben in einem Alter, in dem »wirklich« definiert ist als das, was man anfassen, sehen, hören kann. Und so läßt sich nur schwer herausfinden, was tatsächlich in einem Kind vorgeht, das an Christus zu glauben bekennt. Wir können zwar nicht ausschließen, daß da ein Glaube am Werk ist, der dem Glauben von Erwachsenen ähnlich ist; aber wir dürfen anderseits nicht die Augen davor verschließen, daß mit an Sicherheit grenzender Wahrscheinlichkeit ein vielschichtiger Prozeß abläuft, zu dem unter anderem ein Element des Glaubens des Kindes *an den Evangelisten* oder Lehrer gehört. Schließlich ist er als erwachsene Bezugsperson der sichtbare, berührbare Repräsentant des unsichtbaren Christus. Er kann mit dem Kind in eine Beziehung »von Angesicht zu Angesicht« treten. Da das Kind anschaulich und konkret denkt, wäre es erstaunlich, wenn dieses Element im Glauben des Kindes keine große Rolle spielte. Wir werden darauf zurückkommen, wenn wir über die Bekehrung sprechen.

3. Tun

Das Kind ist unglaublich *aktiv* und hat einen starken Drang, anderen zu gefallen. Es »schafft« seine Eltern total: Sie sind längst am Ende ihrer Kräfte angelangt, wenn das Kind noch keine Anzeichen von Ermüdung zeigt. Glauben als Tun ist für das Kind folglich nur eine Fortsetzung seines natürlichen Aktivismus auf einer anderen Ebene. Und weil es in diesem Alter konkret denkt und alles konkret versteht, kann es auch zwischen Glauben und Werken keine saubere Trennungslinie ziehen. Tun und Sein gehören untrennbar zusammen.

Vielleicht sind die Kinder darin biblischer als die Erwachsenen. Wenn sie den Glauben an Jesus als persönliche Beziehung verstehen, ist für sie sonnenklar, daß sie auch Dinge tun wollen, mit denen sie Jesus gefallen. Die Vorstellung eines Glaubens, der rein auf der Denk- und Gefühlsebene bleibt und sich nicht in konkreten Handlungen äußert, ist für sie buchstäblich unvorstellbar. Handeln ohne Glauben – ja, das kann es geben. Aber Glauben ohne Handeln ist ebenso undenkbar wie Wasser, das nicht naß ist.

Der Verkündiger (Evangelist/Sonntagschullehrer/Eltern), der nach dem Prinzip »Lernen durch Tun« lehrt, liegt also nicht nur pädagogisch sondern auch theologisch richtig. Der Evangelist oder Sonntagschullehrer, der »brave« Kinder erwartet, die seine Ideen bereitwillig konsumieren, wird wahrscheinlich weder »brave« noch konsumierende Kinder erleben. Daran müssen wir vor allem denken, wenn wir Geschichten als Lehrmittel einsetzen, denn Geschichtenhören wird meistens als etwas Passives aufgefaßt. Dabei ist eine gut erzählte Geschichte ungeheuer aktivierend. Der Erzähler wie die Zuhörer sind voll daran beteiligt, ihre Gefühle und ihre Phantasie laufen auf Hochtouren, und wenn Teile der Geschichte gespielt werden, sind alle Beteiligten sogar körperlich aktiviert.

Erstaunlicherweise meinen viele Kindermitarbeiter immer noch, die sorgfältig ausgearbeitete Predigt sei das wirksamste Kommunikationsmittel. Das ist eine Illusion. Natürlich bewirkt eine organisch in eine Reihe von Aktivitäten eingebettete Predigt etwas; aber isoliert betrachtet ist ihre Wirkung, was den Lernerfolg betrifft, nur gering. Kinder behalten

10% von dem, was sie hören;

50% von dem, was sie sehen;

60% von dem, was sie sagen;

90% von dem, was sie tun;

100% von dem, was sie hören, sehen, sagen und tun.

Die Folgerungen liegen auf der Hand: *Mit* Kindern zu arbeiten, *bei* ihnen zu sein, ist wichtiger als *zu* ihnen zu reden.

Wechsel der Perspektive

Wenn der Glaube des Kleinkindes vor allem ein instinktives, gefühlsmäßiges Vertrauen ist, wird er im Verlauf der Kindheit zunehmend auch zum Fürwahrhalten mit Hilfe der sich entfaltenden Denkfähigkeit. Wir haben uns bei der Schilderung des Kindes im Grundschulalter schwerpunktmäßig mit seiner geistigen Entwicklung beschäftigt, weil die Entwicklungsschritte in diesem Bereich besonders groß sind. Ebenso wichtig aber ist es, daß sich der Lebensraum und -horizont des Kindes beträchtlich erweitert. Aus den engen Grenzen der Familie (oder auch der Pflegepersonen) tritt es in die weitere Welt hinaus.

In der Schule ist das Kind plötzlich einer Fülle von verschiedenen und z.T. rivalisierenden Anschauungen ausgesetzt, die die Welt, in der es aufgewachsen ist, in Frage stellen. In unserer heutigen Gesellschaft ist das Christentum einfach eine unter vielen Überzeugungen auf dem »Marktplatz« der Religionen. Ein Evangelist kann bei seinen Zuhörern keinerlei Vorkenntnisse über den christlichen Glauben oder biblische Inhalte voraussetzen. Wir leben in einer säkularisierten Gesellschaft, einer Gesellschaft mit immer weniger Bindungen an Christentum und Kirchen, und die christliche Botschaft muß heute ebenso gegen Widerstand und eine erschreckende Unwissenheit verkündigt werden und sich Gehör verschaffen wie jede andere Religion, Überzeugung und Ideologie.

Der heutige religiöse Selbstbedienungsladen, in dem alles zu Schleuderpreisen angeboten wird, muß Eltern, Evangelisten und Kindermitarbeiter motivieren, sich intensiv mit der geistigen, emotionalen und sozialen Welt auseinanderzusetzen, in der unsere Kinder aufwachsen und leben müssen. Und da ist es dann besonders wichtig, daß sie den Entwicklungsprozeß kennen, den das Kind in den wichtigen Jahren der mittleren Kindheit durchläuft.

Geistliche Bestandsaufnahme

Bei anderen erlebter Glaube

Ziehen wir nun einmal bei Michael und Elisabeth eine Zwischenbilanz ihrer geistlichen Entwicklung. Das Kleinkind- und Kindesalter ist, um einen Begriff des Psychologen John Westerhoff zu gebrauchen, die Periode des »bei anderen erlebten Glaubens« (*experienced faith*)[1]. In dieser Zeit werden die Grundmuster des Fürwahrhaltens, Vertrauens und Tuns davon geprägt, was das Kind bei anderen erlebt und von ihnen lernt. Es kann sich dabei um negatives oder positives Lernen handeln – Lernen ist es allemal. Deshalb sind die Vorbilder in Familie und Schule, in den Medien und im gesellschaftlichen Umfeld so entscheidend!

Ein säkularer Bezugsrahmen

Michael und Elisabeth haben (wie die meisten Kinder in unserer heutigen Gesellschaft) Vorbilder gehabt, die keineswegs *christlich* im eigentlichen Sinne des Wortes sind. Sie sind dem christlichen Glauben gegenüber gleichgültig, haben ihn allenfalls als System ethischer Regeln gebraucht oder als Trost in schweren Lebenssituationen. Auf eine Beziehung zu Christus als dem auferstandenen, lebendigen Herrn haben sie sich nicht eingelassen (falls sie überhaupt je von dieser Möglichkeit gehört haben).

Nun sollten wir uns vor Pauschalurteilen hüten. Es ist nicht so, daß die meisten Eltern und Familien Gott bewußt ablehnen, d.h. *anti*-christlich sind. Das nicht; aber sie haben einfach das Gefühl, ganz gut ohne ihn auszukommen außer in Zeiten besonderer Not und Spannungen oder als Zeremonienmeister bei Wendepunkten des Lebens wie Geburt, Hochzeit und Tod. Wenn Gott ihnen hier und jetzt in Person entgegenträte, würden sie vor ihm niederfallen. Aber sie sind wie die Kinder, für die die Wirklichkeit nur aus dem besteht, was man sehen, anfassen und messen kann – und sie haben Gott noch nie gesehen, angefaßt und gemessen. Sie behaupten nicht, daß es ihn nicht mehr gibt oder daß er ein Phantasiegebilde ist. Aber sie sind ihm nie begegnet und leben deshalb so gut es geht ohne ihn. Vielleicht gibt es ihn ja, aber in der alltäglichen Erfahrung kommt er nicht vor und ist deshalb auch nicht *wirklich*.

Diese Grundhaltung ist gemeint, wenn die Gesellschaft als »säkular« bezeichnet wird. Es soll damit keineswegs behauptet werden, alle hätten den Glauben an Gott über Bord geworfen. Aber die christliche Wahrheit ist für die meisten Zeitgenossen nicht mehr das Mittel, »in der Vielfalt von Kräften und Beziehungen, die ihr Leben bestimmen, einen Zusammenhang und Sinn zu finden« (erinnern wir uns an Fowlers Definition von »Glauben«!)[2]. Das erwarten sie statt dessen vom Erwerb materieller Güter, vom Ringen um soziale Gerechtigkeit (oder einem anderen Ideal) oder vom Sozialstaat.

Entsprechend sind Kinder aus nichtchristlichen Familien nicht unbedingt gegen den christlichen Glauben eingestellt; nur sind die Grundmuster ihres Lebens auch nicht davon geprägt. Wenn sie dann älter werden, werden sie sich mit ihren Problemen nicht an den christlichen Pfarrer oder Prediger wenden, sondern an ihren Hausarzt.

Der »bei anderen erlebte Glaube«, der laut Westerhoff die Glaubensweise dieser kindlichen Entwicklungsphase ist, ist also bei Kindern mit diesem Hintergrund eine schillernde Angelegenheit. Der dabei gewonnene eigene Glaube gleicht eher Fowlers Definition des Glaubens als »sinngebendes System« als dem christlichen Glauben, wie die Bibel ihn meint.

Was kann also der Evangelist bei Michael und Elisabeth aufgrund des »bei anderen erlebten Glaubens« an eigener Glaubenssubstanz voraussetzen?

Weder für Michaels noch für Elisabeths Eltern spielte der christliche Glaube eine prägende Rolle. Den Sinn ihres Lebens leiteten sie nicht aus dem Christentum ab. Und den Bezugsrahmen, innerhalb dessen sie die Welt begriffen, bildete das Christentum auch nicht, jedenfalls nicht bewußt. Einen gewissen Stellenwert hatte es allenfalls im Bereich der Moral: »Was du nicht willst, das man dir tu, das füg auch keinem andern zu«, oder »Liebe deinen Nächsten wie dich selbst«. Doch blieb es mehr unerreichbares Ideal als praktische Handlungsanleitung.

Beziehungen in der Familie

Ebenso entscheidend für die Entfaltung des »erlebten Glaubens« bei Michael und Elisabeth war aber die *Qualität* der Beziehungen und Werte, die sie in ihren ersten Lebensjahren erlebten. Sie bildete den Kontext für das von den Eltern vermittelte religiöse System.

In Elisabeths Fall bildete die Erfahrung der Zurückweisung die Grundlage für ihre Einschätzung ihrer selbst, ihrer Familie und ihrer Welt. Das begann sich erst zu ändern, als sie Karin und ihre Familie kennenlernte und damit einen ganz neuen Wert: die Liebe. Für Michael gehörte Liebe von Anfang an zu seinem Leben. Und dadurch hatte er ein viel gesünderes Bild von sich selbst und der Welt.

Das könnte sich in den Teenagerjahren als der entscheidende Unterschied erweisen. Dann ist das Ringen um das Finden der eigenen Identität in vollem Gange. Wer bin ich? Woher komme ich? Wozu bin ich da? Wohin gehe ich? Diese Fragen führen gewöhnlich weiter zu der Frage: Gibt es einen Gott? Wie soll aber ein junger Mensch wie Elisabeth, der als Kind bei seinen Eltern kaum Liebe gefunden hat, an einen Gott glauben, der mit »Vater« angeredet wird und uns angeblich als seine Kinder liebt? Welchen Sinn hat es, Elisabeth zu sagen: »Gott liebt dich wie ein Vater und eine Mutter«, wenn sie ihren Eltern chronisch mißtraut, weil sie von ihnen nur immer wieder verletzt und gedemütigt worden ist? – Anders Michael. Wenn er zum Glauben an Christus kommen sollte, hat, was die menschliche Seite betrifft, die Geborgenheit seiner Beziehung zu seinen Eltern den Weg dazu geebnet. Elisabeth kann da allenfalls von ihrer Beziehung zu Karins Eltern zehren. Diese positive Erfahrung ist hoffentlich stark genug, um ihr positive Gefühle Erwachsenen gegenüber zu ermöglichen und damit auch Gott gegenüber, der (unbewußt) als Über-Erwachsener empfunden wird.

Das Beispiel von Michael und Elisabeth macht eine paradoxe Tatsache bewußt, der man immer wieder begegnet: Einerseits finden Kinder aus nichtchristlichen Familien, in denen Liebe und Geborgenheit herrschen, oft mühelos den Weg zu einem tragfähigen Glauben an Christus, wenn sie das Evangelium hören. Warum? Weil sie von Geburt an erlebt haben, was es heißt, geliebt zu werden und vertrauen zu können, auch wenn sie nicht mit christlichen Lehren bekanntgemacht worden sind. Andererseits haben Kinder aus christlichen Elternhäusern, die aber Ablehnung erfahren haben, unter Umständen enorme Schwierigkeiten, in eine tiefe Glaubensbeziehung zu treten oder sie aufrechtzuerhalten. Warum? Weil sie zwar den lehrmäßigen Inhalt des Glaubens mehr oder weniger kennen, aber nicht die menschliche Liebe erfahren haben, die für die Liebe Gottes aufnahmefähig macht.

»Schul«-Christentum

Noch etwas haben unsere beiden fiktiven Kinder gemeinsam, und auch das teilen sie mit den meisten Kindern: Die inhaltliche Dimension ihres »bei anderen erlebten Glaubens« wird in der Schule ausgebildet. Sie gehen in keine Sonntagschule, in der Familie hat das Christentum keinen nennenswerten Stellenwert, und so lernen sie nur im Schulunterricht christliche Glaubensinhalte kennen. Im Religionsunterricht haben Michael und Elisabeth allerdings aller Wahrscheinlichkeit nach nur einen sehr unvollständigen Eindruck vom christlichen Glauben bekommen, bestehend aus einer Reihe von biblischen Geschichten und verschwommenen Lebensregeln. Es ist kaum anzunehmen, daß sie erfahren haben, worum es beim Christsein eigentlich geht.

Vor allem aber haben sie selbst diese verwässerte Version des christlichen Glaubens in einem pädagogischen Kontext vermittelt bekommen, der im wesentlichen säkular ist. Nun geht aber sowohl aus der Bibel als auch aus der Kirchengeschichte klar hervor, daß der Glaube in all seinen Dimensionen nur eingebettet in den Rahmen von Gotteslob und Anbetung wirklich zum Zuge kommt. Wir vergessen oft, daß die ersten Christen den Inhalt und die praktischen Folgerungen ihres Glaubens (Glauben als Fürwahrhalten und Tun) für den Gottesdienst der Gemeinde formulierten. Dort hatten sie ihren Platz. Die Christen setzten sich nicht zunächst einmal hin, um Bücher über systematische Theologie zu schreiben – das kam erst später. Sie begegneten Christus, beteten ihn an und machten sich dann Gedanken darüber, was es bedeutete, als Christen zu leben.

Bei Michael und Elisabeth fehlt diese wichtige Dimension völlig. Sie wissen nur bestimmte Dinge *über* Jesus. Sie haben seine Gegenwart inmitten seiner Gemeinde nie erlebt. Diese Rolle kann von der Schule nicht erwartet werden. Lehrer sind nicht ausgebildet oder ausgerüstet, im Religionsunterricht gottesdienstliche Strukturen zu schaffen. Und die Zeit, in der es an den Schulen regelmäßige Schulgottesdienste gab, ist längst vorbei.

FOLGERUNG

Der Evangelist oder Kindermitarbeiter hat also eine viel umfassendere und komplexere Aufgabe, als einfach eine evangelistische Botschaft zu verkündigen. Er muß sich darüber klar sein, wie bruchstückhaft das Wissen der meisten heutigen Kinder über den christlichen Glauben ist und wie wenig sie ihn in der Praxis erlebt haben. Und er muß versuchen, diese Defizite auszugleichen. Im Idealfall wird er sich einen Eindruck davon verschaffen, auf welcher Stufe der Glaubensentwicklung das Kind bzw. die Gruppe von Kindern steht, und seine Botschaft sowie ihren Kontext entsprechend auswählen. Für den reisenden Evangelisten ist das nicht leicht, und er braucht zuverlässige örtliche Mitarbeiter, die die Situation am Ort genau kennen und ihn darüber informieren können. Das setzt enge Zusammenarbeit und sorgfältige Planung voraus und vor allem ein örtliches Mitarbeiterteam, das sich mit der Frage der Glaubensentwicklung auseinandergesetzt hat und dieses Wissen auf die örtlichen Gegebenheiten anwenden kann. Der Kindermitarbeiter, der am Ort selbst wohnt, und der Sonntagschulmitarbeiter sind natürlich in einer anderen Position. Sie kennen »ihre« Kinder schon, und wenn sie bereit und offen sind, sich mit diesen Entwicklungsfragen auseinanderzusetzen, können sie sich auch die entsprechenden Ziele setzen. Diese Vorarbeit mag vielen kompliziert und lästig erscheinen; aber nur so können wir eine fruchtbare Arbeit aufbauen, die dem Evangelium entspricht und die der Heilige Geist gebrauchen kann.

ANMERKUNGEN ZU KAPITEL 3

1 John Westerhoff, *Will Our Children Have Faith?* New York (Seabury Press) 1976, S. 94-96.
2 Fowler, *a.a.O.*, S. 4

Beginn des Jugendalters

Die Jahre der Veränderungen

Der Übergang von der vierten zur fünften Klasse war ein Riesenschritt für Michael und Elisabeth, war er doch aufgrund des Schulsystems in ihrer Region auch mit einem Schulwechsel verbunden. In der Grundschule hatten sie etwa 200 Mitschüler gehabt, nun waren sie plötzlich zwei unter 1700 Schülern. In der vierten Klasse waren sie »die Großen« gewesen, nun gehörten sie plötzlich zu den Anfängern, die keiner beachtete. In ihrer alten Schule hatten sie alle Lehrer gekannt, nun bekamen sie die meisten Lehrer nicht einmal zu Gesicht. Der Schulleiter (»der alte Zeus«) war ein Wesen von einem anderen Stern, das einmal pro Woche zur Schulversammlung der Mittelstufe herabschwebte. Sonst bekam man meistens nur den eigenen Klassenlehrer und ein paar Fachlehrer zu Gesicht, allenfalls den Leiter der Mittelstufe (wenn man etwas angestellt hatte).

In den beiden ersten Jahren an der neuen Schule entwickelten sich Michael und Elisabeth stetig weiter. In mancher Hinsicht waren sie einfach größere Kinder. Unterschwellig aber bahnten sich tiefgreifende Veränderungen an.

Körperliche Veränderungen

Gegen Ende der sechsten Klasse merkte man ihnen wie den meisten ihrer Klassenkameraden die beginnende Pubertät an. Körperlich begann der Übergang vom Kind zum Jugendlichen. Michaels Eltern reagierten darauf, indem sie ihren Sohn parallel zur Sexualkunde in der Schule aufklärten, soweit sie das nicht schon vorher seinem Alter entsprechend getan hatten. Auf diese Weise konnten sie ihn auf seinem Weg begleiten. Elisabeths Eltern dagegen machten sich, wie gewöhnlich, kaum Gedanken über das, was ihre Tochter erlebte. Die Mutter drückte ihr mit ein paar dürren Worten eine Aufklärungsbroschüre in die Hand, und damit war für sie das Thema abgeschlossen. Glücklicherweise hatte Karins Mutter das vorausgesehen und nahm Elisabeth unter ihre Fittiche.

Nun waren die körperlichen Veränderungen allerdings

für alle Beteiligten das kleinere Problem. Die turbulente Phase der Pubertät brachte Umwälzungen in allen Bereichen mit sich.

Aussehen

Elisabeth machte sich auf einmal von früh bis spät Gedanken über ihr Aussehen. Stundenlang posierte sie vor dem Spiegel und probierte Kleider, Make-up und neue Frisuren aus. Ihrer Mutter ging das auf die Nerven, aber sie konnte nichts daran ändern. Zuerst fragte Elisabeth sie, ob sie ordentlich aussehe (offenbar brauchte sie die Bestätigung ihrer Mutter). Aber da diese ihr bald deutlich zu verstehen gab, daß ihr das lästig war, hörte Elisabeth bald auf, sie zu fragen.

Michael kümmerte sich erst später um seine äußere Erscheinung; aber er war dann kein bißchen weniger eitel als Elisabeth. Es fing damit an, daß er sich ständig kämmte und seine Frisur kontrollierte. Und bald wurde ihm sein Aussehen in jeder Hinsicht wichtig. Zur großen Überraschung seiner Eltern gab Michael plötzlich sein Kleidergeld, das er neben seinem Taschengeld alle drei Monate bekam, für topmodische Pullis, Jacken und Schuhe aus. Er wurde nicht gerade zum Pfau; aber es wurde ihm enorm wichtig, was »die anderen« von ihm hielten.

Cliquen

Gleichzeitig schlossen sich die beiden Jugendlichen (»Kinder« konnte man sie wirklich nicht mehr nennen) Gruppen von Gleichaltrigen an. Sie verbrachten ihre Freizeit am liebsten mit ihren »Kollegen«, »Freunden«, »Kumpels«. Das hatte zwar schon früher angefangen, nahm aber jetzt eine andere Qualität an.

Neu war vor allem die absolute Loyalität, die die jeweilige Clique von ihren Mitgliedern verlangte. Der Zwischenfall mit Vicki in der Grundschule hatte bereits den Beginn dieser Entwicklung sichtbar gemacht. Nun aber, im Alter von dreizehn Jahren, war Elisabeth und Michael wie allen ihren Altersgenossen nicht mehr in erster Linie wichtig, was »die zu Hause« oder »die Pauker« von ihnen hielten, sondern wie sie in den Augen ihrer Freunde dastanden.

Bis dahin waren die Freunde zwar auch schon wichtig gewesen und hatten einen gewissen Einfluß ausgeübt – neben vielem anderen Wichtigen und Einflußreichen. Nun aber nahmen sie unangefochten den ersten Platz ein. Was die Clique glaubte, das glaubte auch jeder einzelne. Was die Clique tat, tat auch jeder einzelne. Die Eltern und die Schule hatten dagegen kaum eine Chance.

Ein amüsantes Beispiel dafür bildete die Frage von Ohrringen. Weder Mädchen noch Jungen durften sie in der Schule tragen. Doch eines Tages erschien Ralph, einer von Michaels Kollegen, mit einem Ring im linken Ohr zum Unterricht. Er wurde aufgefordert, ihn abzunehmen, und dann wurde das wertvolle Stück prompt konfisziert. Am nächsten Tag präsentierte Ralph sich mit einem neuen Ring im Ohr – und mit ihm die halbe Klasse. Am Ende der Woche hatte Herr Simmons, der Lehrer, über fünfzig Ohrringe in seiner Schreibtischschublade. »Der Herdentrieb hat wieder mal über die Schulordnung und über die Vernunft gesiegt«, bemerkte er trocken im Lehrerzimmer.

Dasselbe galt in Hinsicht auf Glaubensfragen. Wenn ein »Leithammel« in der Klasse verkündete, er oder sie »stehe« jetzt auf Astrologie, war Astrologie auf einmal bei allen »in«. Zwei Wochen lang wurde dann über nichts anderes als Horoskope und Tierkreiszeichen gesprochen. Und wer nicht wußte, ob er Waage oder Wassermann war, und auszusprechen wagte, er »glaube nicht an den Quatsch«, der stand bald allein im Regen.

Die intensive Gruppenzugehörigkeit bedeutete, daß in fast allen wichtigen Fragen die Gruppenmeinung zählte. Dagegen hatten Lehrer und Eltern nichts zu melden. Im Konfliktfall war der Gruppendruck zumeist stärker als jede andere Bindung.

Auseinandersetzungen und Fragen

Zu Hause führte dies zu heftigen Auseinandersetzungen. Elisabeth, die sich inzwischen total gegen ihre Eltern auflehnte, geriet oft mit ihrer Mutter in Streit. Bei einer dieser Gelegenheiten warf die Mutter ihr an den Kopf, sie wünschte, Elisabeth sei nie geboren worden. Elisabeth schrie zurück, sie habe nie darum gebeten, in diese Welt gesetzt zu werden. Die Mutter entschuldigte sich anschließend für ihre unbedachten Worte; aber Elisabeth wußte nur zu gut, daß sie beide nur das ausgesprochen hatten, was sie seit Jahren empfanden. Die Ablehnung und Zurückweisung, die sie seit ihrer Geburt gespürt hatte, war erstmals offen ausgedrückt worden. Und diese Wunde konnte nur schwer heilen.

Michael hatte etwa um die gleiche Zeit begonnen, fast alles kritisch zu hinterfragen, was seine Eltern glaubten und vertraten. Er wollte nicht mehr einfach die Normen der Familienmitglieder übernehmen. Er wollte auch nicht mehr einfach zu den Leuten gehören, die sich seine Eltern als Freundes- und Bekanntenkreis ausgesucht hatten (dabei hatte er sich früher bei ihnen immer sehr wohlgefühlt). Er wollte auch nicht mehr mit den Eltern in die Ferien fahren. Statt dessen suchte er Freiheit in der Wahl seiner Kleidung, er wollte aussehen dürfen, wie es ihm paßte, und nach Hause kommen können, wann es ihm gefiel. Kurz: Er wurde ein typischer aufmüpfiger Teenager.

In der Schule fügten sich beide, Elisabeth und Michael, ins System ein und waren doch gleichzeitig darauf bedacht, sich davon zu distanzieren. Wie die meisten ihrer Freunde achteten sie sorgfältig darauf, als »cool« zu gelten.

Bei beiden gab es allerdings eine Ausnahme. Elisabeth waren die meisten Lehrer(innen) völlig egal (gehörten sie doch zum »System«); doch Frau Fischer, ihre Deutschlehrerin, hatte einen besonderen Platz in ihrem Herzen. Das lag vor allem daran, daß sie Elisabeth einen Fluchtweg offenhielt. Elisabeth hatte sich immer für Geschichten begeistern können und sie schon in der Grundschule als Pforten in andere Welten benutzt. Jetzt, wo es zu Hause immer unerträglicher wurde, fand Elisabeth Trost in der Literatur. Frau Fischer durchschaute die Zusammenhänge und brachte Elisabeth viel Verständnis entgegen. Und als sie der Klasse die Themen für die Jahresarbeiten austeilte, achtete sie nach einem Gespräch mit Elisabeth darauf, daß diese keine Bücher durcharbeiten mußte, in denen Familienleben und Familienkonflikte eine wesentliche Rolle spielten. Das wäre zu schmerzlich gewesen.

Kein Wunder, daß Elisabeth diese Lehrerin liebte und achtete. Kein Wunder, daß sie bei ihr ihre Hausaufgaben stets pünktlich und sauber ablieferte. Und inhaltlich hervorragend. Die Anerkennung, nach der sie sich zu Hause vergeblich sehnte (ihre Eltern erschienen nicht einmal zu den Elternsprechtagen), bekam sie wenigstens von Frau Fischer und von Karins Mutter und Vater, die immer mehr zu Ersatzeltern wurden.

Auch Michael suchte sich einen »Wunschvater«, und zwar Herrn Horn, seinen Sportlehrer. Eine seltsame Wahl, da Michael alles andere als ein sportlicher Typ war. Ja, er war in den Augen seiner Klassenkameraden eine »Flasche« und versuchte deshalb krampfhaft, sich vor den Sportstunden zu drücken. Mal war es ihm schlecht, mal hatte er sich eine Hand oder einen Fuß verstaucht, und zuweilen fälschte er sogar Entschuldigungen. Herr Horn durchschaute das alles und ließ keine faulen Ausreden gelten. Eines Nachmittags schickte er die Klasse auf ein Querfeldeinrennen und hielt Michael allein zurück. Im Laufe eines längeren Gespräches kam er dem Problem auf den Grund: Als Kind war Michael an einem Bein operiert worden. Seither litt er an leichten Bewegungsstörungen. Außerdem war von der Operation eine häßliche Narbe zurückgeblieben. Das war ihm der Klasse gegenüber schrecklich peinlich. Er hatte sich schon immer deswegen geschämt, doch in letzter Zeit war es noch schlimmer geworden.

Herr Horn wußte einen Ausweg. Er führte mit Michael nach der Schule ein Spezialtraining durch und verschrieb ihm gezielte Übungen für zu Hause. Innerhalb von wenigen Wochen hatte Michael aufgrund dieser persönlichen Zuwendung und mit Hilfe des richtigen Trainings Fertigkeiten entwickelt, die er sich selbst nicht zugetraut hätte. Er wurde nicht gerade zum Fußballstar, aber er spielte ganz anständig und wurde sogar in die Klassenmannschaft gewählt.

Eine Folge war, daß Michael zwar immer noch schnell ausflippte, aber doch alles in allem viel umgänglicher wurde. Zu Hause beteiligte er sich wieder stärker am Familienleben, und beim Sommerfest des Quartiervereins half er sogar freiwillig an einem Stand mit. Seine Eltern atmeten erleichtert auf und hofften, sie hätten die schlimmsten Stürme der Teenagerzeit hinter sich.

Wer bin ich?

Mit diesen kurzen Streiflichtern aus den frühen Jahren des Jugendalters sind wir an der Altersgrenze angelangt, die wir uns für unser Thema gesetzt haben. In der Mitte des Teen-Alters können Michael, Elisabeth und ihre vielen Altersgenossen kaum noch als »Kinder« bezeichnet werden. Und doch sind sie es in vieler Hinsicht nach wie vor. Die Teenagerjahre führen zu einem Bruch mit vielem Früheren, doch manches ändert sich kaum oder gar nicht. Teenager werden nicht plötzlich völlig neue Wesen, ohne Verbindung zu dem, was sie früher gewesen sind. Die Entwicklung des Jugendlichen vollzieht sich auf der Grundlage seiner Kindheit. Die Vergangenheit wird nicht einfach weggewischt, sondern spielt in die Gegenwart hinein.

Doch, wie alle Eltern wissen, mit dem Jugendalter beginnen Entwicklungen und Probleme, die sich von denen der Kindheit grundlegend unterscheiden. Im Mittelpunkt steht das *Ringen um die eigene Identität,* die Auseinandersetzung mit der Frage: Wer bin ich eigentlich? In der Psychologie wird die Pubertät als eine Zeit der Spiegel bezeichnet[1]. Der Teenager ist ständig mit seinem Image beschäftigt. Am augenfälligsten tritt das in seiner ständigen Sorge zutage, wie er wohl *aussieht:* »Ist meine Frisur okay? Sitzt die Jacke richtig? Entspricht sie der Mode? Sieht man meine Pickel?« Der Teenager muß sich ängstlich um hunderttausend Sachen kümmern, die ihm später selbst als völlig nebensächlich erscheinen.

Selbsterkundung

Das Äußere ist allerdings nur die Spitze des Eisbergs. Die *innere* Suche nach dem eigenen Ich, der eigenen Identität, ist die Ursache vieler Ängste dieser Jahre. Sie gehört zum Prozeß der Bespiegelung. Denn während der Jugendliche fragt, ob er mit seiner äußeren Erscheinung bei den anderen »ankommt«, überlegt er gleichzeitig, was die anderen wohl von ihm als *Person* halten. Er versucht nicht nur herauszufinden, wie er aussieht; er will auch wissen, ob andere ihn gernhaben. »Er oder sie braucht die Augen und Ohren einiger anderer, denen er vertraut, um darin das Bild seiner sich entfaltenden Persönlichkeit zu erkennen« (Fowler).

Das Ringen des Teenagers um die eigene Identität wird von den hormonellen und anderen körperlichen Veränderungen der Pubertät begleitet. All die verschiedenen Kräfte und Spannungen führen zu den Turbulenzen und gewaltsamen Ausbrüchen im Leben des Zwölf- /Dreizehnjährigen und älteren. Zum allererstenmal wird er mit der Frage konfrontiert: »Wer bin ich?« Er wächst körperlich und geistig, und er wächst schnell. Aber wozu? Und was wird er am Ende sein? Es ist eine erschreckende Zeit, bringt doch jeder Tag neue körperliche und seelische Veränderungen mit sich, die sich offenbar seiner Kontrolle entziehen. Bei all dem werden die Erfahrungen der Vergangenheit die Prozesse der Gegenwart beeinflussen, während er oder sie aus den Bausteinen seiner alten Identität eine neue Identität zu schaffen versucht.

Modelle des Heranwachsens

Die Identitätskrise des Teen-Alters läßt sich in zwei verschiedenen einander ergänzenden Bildern beschreiben. Das erste vergleicht die Pubertät mit einer *Explosion*. Dieses Bild ist in vieler Hinsicht zutreffend, denn das, was eine Explosion kennzeichnet – Plötzlichkeit, Zerstörungskraft, Gewalt –, ist bei der Pubertät in reichem Maße vorhanden.

Doch wir müssen sofort eine Einschränkung machen. Es gibt ja kontrollierte und unkontrollierte Explosionen. Die Identitätskrise im Teen-Alter ist nicht unbedingt unberechenbar und destruktiv. Es läßt sich z.B. voraussagen, daß sie bei allen Teenagern im großen ganzen ähnlich verläuft. Und sie läßt sich gewöhnlich eindämmen, vorausgesetzt, weise Eltern und andere Erwachsene wissen, was da abläuft, und bauen die entsprechenden Sicherheitsventile ein. Explosiv, ja; aber nicht unbedingt zerstörerisch.

Das zweite Bild der Identitätskrise im Teen-Alter ist das der *Verpuppung*. Es mag zu sanft erscheinen, nachdem wir die Pubertät eben mit einer Explosion verglichen haben. Doch ist auch dieser Vergleich zutreffend. Er vermittelt die Vorstellung von Übergang, Verwandlung, Wachstum und neuer Existenzweise – die Raupe verpuppt sich, und aus dem Kokon schlüpft zu gegebener Zeit der Schmetterling aus –, typische Entwicklungsphasen des Teenagers. Der Junge und das Mädchen, die in der sechsten, siebten Klasse in die Pubertät kommen, sind nicht mehr die gleichen, wenn sie in der neunten oder zehnten Klasse die Pubertät hinter sich haben.

Der Prozeß der Selbsterkundung und Selbstfindung ist stets mit Schmerzen verbunden. Doppelt schmerzlich ist er allerdings, wenn wir nie ein Vertrauen zu denen entwikkeln konnten, denen wir unsere Existenz und damit auch unser Selbst verdanken. Deshalb erlebte Elisabeth jetzt solche Schwierigkeiten. Vor der Pubertät hatten andere ihr Bild von sich selbst geprägt. Ihre Familie, ihre Schulklasse, ihre Freundinnen und Freunde – ein Geflecht von Beziehungen hatte von außen her ihre Identität bestimmt. Nun aber beginnt sie eine Identität zu entdecken, die ihrem eigenen Inneren entspringt. Sie stößt auf ihr Ich, während sie nach Sinn und Ziel ihres Lebens fragt.

In dieser Situation ist es eine enorme Hilfe, wenn wir vom Anfang unseres Lebens an gespürt und gesagt bekommen haben, daß wir wertvoll und willkommen sind. Dann versichern uns nämlich jetzt unsere Gefühle, daß unsere Existenz Sinn und Ziel haben muß. Warum sind wir überhaupt da? Weil jemand uns gewollt hat; weil unser Leben mit einer von Liebe bestimmten Absicht begonnen hat. Doch was ist mit den Gefühlen von Elisabeth und anderen jungen Leuten wie ihr? Was »versichern« ihre Gefühle ihnen? Doch allenfalls, daß sie ungewollt, als »Betriebsunfälle« in diese Welt gekommen sind. Elisabeth hat keine Erinnerungen an zärtliche Worte und liebevolle Umarmungen, die ihr die Gewißheit vermittelt haben, daß sie geliebt wird und daß ihr Leben einen Sinn und einen Zweck hat.

An dieser Stelle wird der »bei anderen erlebte Glaube« (der »Bundesglaube«, man könnte auch von der »Bundesliebe« sprechen) der frühesten Kindheit wieder entscheidend wichtig. Elisabeth ist zwar im Vergleich zu manchen anderen noch relativ gut dran, weil ihr wenigstens in Karins Familie Herzlichkeit und Liebe entgegengebracht worden ist. Doch selbst das wird nie völlig den Schmerz stillen können, den ihr diejenigen, die sie in die Welt gesetzt haben, durch ihre Ablehnung zufügten. Elisabeth kann nichts dafür, daß sie da ist, aber ihre Eltern haben sie zeitlebens dafür büßen lassen.

Reflexionsvermögen

Noch etwas spielt bei der Suche nach der eigenen Identität eine wichtige Rolle: die neuentwickelte Fähigkeit des Teenagers zur Reflexion, also zum Betrachten der Wirklichkeit aus verschiedenen Perspektiven. Wir haben im letzten Kapitel gesehen, daß das Kind seine Gedanken und Erfahrungen in erzählender Form ordnen kann, aber daß es dabei immer aus dem Fluß der Geschichte heraus operiert (»Zuerst habe ich das gemacht, dann haben wir das getan« usw.). Mit der Pubertät entwickelt sich nun die Fähigkeit, aus dem Fluß herauszutreten und ihn selbst zu betrachten. Im Bild gesprochen: Das Kind befindet sich immer mitten *im* Fluß. Alles, was geschieht, kann es nur aus der Perspektive dessen erzählen, der mitten in diesem Fluß steht. Es kann gar keine andere Perspektive einnehmen. Der Teenager hingegen kann sich ans Ufer stellen und von da aus das Geschehen kommentieren. Ja, er kann sich selbst beobachten, wie er da im Fluß der Ereignisse mitschwimmt! Er hat die Fähigkeit entwickelt, sich mit den Augen eines anderen zu betrachten.

Genau das ist ja mit der »Zeit der Spiegel« gemeint. Der Teenager sieht sich vom Ufer aus selbst zu und macht sich Sorgen, was die übrigen Zuschauer am Ufer wohl von ihm halten mögen. Er macht sich ständig Gedanken um sein Image.

Die »anderen«, die ihm wichtig sind, sind allerdings

nicht mehr die wichtigen »anderen« seiner Kindheit. Die Eltern müssen Platz machen. Was zählt, ist mehr und mehr die Meinung der Freunde und Kollegen. Der Teenager will seine Altersgenossen beeindrucken, nicht »die Alten«.

Die Geschichte mit den Ohrringen ist ein typisches Beispiel; und symptomatisch ist auch der »Herdentrieb«, ob er sich nun auf die Astrologie richtet oder auf sportliche Leistungen. Michael haßte die Sportstunden nicht nur, weil er sich seiner Narbe schämte (in der Grundschule hatte er schließlich mitgespielt). Nein, entscheidend war, daß ihm auf einmal voll bewußt wurde, daß die Mehrheit im Sport gut war, er aber nicht. Lieber wollte er überhaupt nicht mitmachen als sich zu blamieren – selbst wenn er dafür lügen und betrügen mußte.

Die Pubertät bringt aber nicht nur emotionale und körperliche Entwicklungen mit sich. In den früheren Entwicklungsphasen konnten wir intellektuelle Veränderungen beobachten. Gibt es die auch im Teen-Alter?

Ja – aber auf andere Art. Die wichtigste Entwicklung ist in dieser Phase der Übergang vom konkreten zum abstrakten Denken. Erinnern wir uns: In der Grundschule hatte Elisabeth den abstrakten Begriff »Gerechtigkeit« auf die konkrete Ebene des Essenausteilens in der Mittagspause übertragen. Nun kann sie den Prozeß umkehren und in konkreten Situationen beurteilen, ob etwas »gerecht« oder »ungerecht« ist, indem sie es an einem abstrakten Gerechtigkeitsbegriff mißt.

Der Übergang zu dieser neuen Denkebene ist nicht einfach, und nicht alle Jugendlichen lernen in gleichem Maße abstraktes Denken. Manche kommen kaum über die konkrete Stufe hinaus. Ja, viele Erwachsene bleiben fast ein Leben lang auf dieser Stufe stehen. Daher die Beliebtheit von Boulevardzeitungen und Illustrierten, die in Aufmachung, Stil und Inhalt das konkrete Denken ansprechen.

In emotionaler und intellektueller Hinsicht erleben

Teenager also eine wahre Revolution. Welche Folgerungen ergeben sich daraus für die Vermittlung des Evangeliums?

Konsequenzen für die Vermittlung des Evangeliums

Glauben als Zugehörigkeitsgefühl

Waren die Jahre der Kindheit und das Schulkindalter die Zeit des »bei anderen erlebten Glaubens« (»experienced faith«), entwickelt der Teenager, in Westerhoffs Begriffen, »Glauben als Zugehörigkeitsgefühl« (»affiliative faith«)[2]. Dieser Glaube hat drei Kennzeichen:

Identifikation mit dem Glauben der Freunde

Erstens übernimmt der Teenager den Glauben seiner Freunde, identifiziert sich damit. Das muß nicht christlicher Glaube sein. Das kann triviale Astrologie sein, Agnostizismus, Konsumversessenheit, alles Mögliche. Und wenn die meisten Freunde Christen sind, kann es eben auch der christliche Glaube sein. Er wird sich, ob uns das gefällt oder nicht, mit dem identifizieren, was seine Freunde für richtig und erstrebenswert halten, statt nach einem eigenen und selbst durchdachten Glauben zu suchen (der Herdentrieb läßt grüßen!).

Herrschaft der Gefühle

Zweites Kennzeichen des Glaubens als Zugehörigkeitsgefühl ist die Dominanz von Gefühlen und Stimmungen. Im Durcheinander ständig wechselnder Emotionen und Wahrnehmungen werden die Gefühle zum alles bestimmenden Faktor. »Sich wohlfühlen« wird wichtiger als intellektuelle Überzeugung und Redlichkeit.

Hinterfragen von Autorität

Drittens steht die Frage der Autorität im Raum. Weder Erwachsenen noch Institutionen wird noch aufgrund ihrer Stellung von vornherein Autorität zugestanden. Autorität, religiöse und andere, muß errungen werden. Sie muß sich das Recht erkämpfen, gehört und befolgt zu werden, indem sie sich der Kritik stellt. Und wenn sie nicht dem entspricht, was der Teenager für wertvoll und wichtig hält, wird sie nicht als achtenswert akzeptiert werden. Eine Autorität – z.B. die Schule – kann aufgrund ihrer Macht Gehorsam erzwingen, aber durch bloßen Druck kann sie niemals die Gefolgschaft eines Heranwachsenden erringen, wenn er nicht von ihrem Wert überzeugt ist. Anpassung ist das äußerste, was sie sich dann erhoffen kann.

Auf der Entwicklungsstufe des »Zugehörigkeits-Glaubens« muß sich also der Evangelist, Jugendmitarbeiter usw. das Recht erkämpfen, von den Teenagern angehört zu werden. Wir alle kennen das Jugendgruppen- und Teenagerklubsyndrom: Die jungen Leute machen bei Sport und Spiel und anderen Aktivitäten freudig mit – doch während der Schlußandacht schalten sie ab. Den »frommen Schwanz« nehmen sie widerwillig als Preis dafür in Kauf, daß sie sich irgendwo als Gruppe treffen können.

Wie stellt sich der Verkündiger darauf ein?

Wie sollen wir darauf reagieren? In letzter Konsequenz läuft alles auf die Alternative hinaus: Wir können entweder versuchen, den »Herdentrieb« (und den »Herden*glauben*«) zu durchbrechen – oder wir können ihn uns zunutze machen. Viele Probleme, mit denen z.B. Jungschar- und Jugendmitarbeiter zu kämpfen haben, rühren daher, daß sie die Wichtigkeit dieser »Herdenphase«, in der die Zugehörigkeit zur Gruppe den höchsten Stellenwert hat, nicht erkennen oder nicht anerkennen wollen. Wir versuchen, Heranwachsende zu individualistischen (typisch erwachsenen) Denk- und Verhaltensweisen zu puschen, für die sie noch gar nicht bereit sind. Die können sie erst auf der nächsten Entwicklungsstufe entfalten.

Nein, ich bin überzeugt, daß die andere Alternative angemessen ist und wir *mit* dem Strom der Entwicklung schwimmen müssen. Wir müssen davon ausgehen, daß der Dreizehn- bis Sechzehnjährige seine Identität in Cliquen oder Gruppen findet, und wir müssen das in unserem Programm berücksichtigen. Das wird heißen, daß wir Mitglieder der Gruppe werden mit allen Pflichten und Loyalitäten. Es ist sinnlos, als Wolf im Schafspelz aufzutreten und so zu tun, als sei man Gleicher unter Gleichen, während man in Wirklichkeit die Gruppenmitglieder nur in ein Erwachsenenschema pressen möchte.

Praktisch bedeutet das, echte, gleichwertige Beziehungen zur Gruppe aufzubauen und so mit ihr zu arbeiten und zu spielen. Natürlich kann der Verkündiger z.B. in einer Jugendwoche oder einem Teenagerlager einen Rahmen abstecken und gewisse Aktivitäten vorschlagen, aber er wird klugerweise nichts *erzwingen* (wir sprechen hier von den Inhalten, nicht vom disziplinarischen Rahmen, der zum Schutz vor Unfällen und anderen Schäden nötig ist). Er wird bereit sein, sich von der Gruppe überstimmen zu lassen, wenn sie eine konstruktive Alternative anzubieten hat, und er wird sehr zurückhaltend sein, auf seine »Autorität« zu pochen.

Was die Lehrinhalte betrifft, muß sorgfältig auf das intellektuelle Niveau der Gruppe geachtet werden. In den frühen Teen-Jahren muß Konkretes und Abstraktes sorgfältig aufeinander abgestimmt werden. Abstrakte Begriffe und Konzepte müssen unbedingt mit Hilfe von konkreten

Beispielen illustriert werden (das gilt übrigens genauso für Erwachsene). Man kann kaum zu konkret verkündigen – aber zu abstrakt ist man schnell einmal! Und noch etwas ist sonnenklar: Teenager lediglich anzupredigen, ist meistens kontraproduktiv. Sie mögen zwar bereit sein, jemandem, den sie gernhaben und achten, das Evangelium abzunehmen; aber sie werden kaum bereit sein, eimerweise christliche Lehre zu schlucken, nur weil der Evangelist »das so sagt«.

Beurteilung der Reaktionen

Das Resultat, der »Erfolg« solcher Verkündigung, wird unterschiedlich ausfallen. Manchmal wird keine Reaktion festzustellen sein. Manchmal werden die Teenager sehr deutlich auf die Botschaft antworten. Doch was wir schon im Zusammenhang mit dem Schulkind gesagt haben, gilt auch beim Teenager: Seine Reaktion auf das Evangelium läßt sich nur mit viel Weisheit und Unterscheidungsvermögen richtig einordnen und werten. Ein Heranwachsender, der sich »für Jesus Christus entscheidet«, tut damit unter Umständen folgendes (mehrere Punkte können zutreffen):

- Er will damit einem Erwachsenen, den er gernhat und respektiert, eine Freude machen;
- er schließt sich der Gruppe an oder folgt dem Vorbild eines Freundes;
- er sucht eine Lösung für seine Identitätskrise;
- er sucht nach einer neuen Gruppe, in der er Annahme und Zuwendung zu finden hofft;
- er sucht Christus, weil der Heilige Geist ihn zur Buße und zum Glauben führt.

Keiner dieser Aspekte kann von vornherein ausgeschlossen werden, und bei den meisten Entscheidungen spielen wahrscheinlich alle irgendwie mit. Wichtig ist aber, daß wir eine Ahnung haben, wie vielschichtig der »Glaube als Zugehörigkeitsgefühl« ist. Dann können wir nämlich die Reaktion des Teenagers auf unsere Verkündigung besser verstehen. Andernfalls laufen wir Gefahr, die Situation naiv mißzuverstehen und uns darin falsch zu verhalten.

Ich will das an einem besonders heiklen Problem deutlich machen: Weil der Glaube des Teenagers im Kern ein Glaube aus Zugehörigkeit zu einem Menschen oder einer Gruppe ist, kann es uns eigentlich nicht überraschen, daß Teenager anscheinend in ihrem Glauben hin und her schwanken, sobald sich ihre Bezugsgruppe ändert, an der sie sich orientieren und von der sie ihre Identität definieren lassen. In solchen Situationen sind wir versucht, Erwachsenenmaßstäbe anzulegen und dem Teenager Abfall vom Glauben vorzuwerfen und seine Aufrichtigkeit in Frage zu stellen. Nun mag es zuweilen angebracht sein, den Teenager auf seine Glaubenstreue anzusprechen. Aber es liegt in der Natur der Entwicklung des Heranwachsenden, daß diese Schwankungen kein Dauerzustand bleiben, sondern allmählich in einen stabileren und dauerhafteren Zustand übergehen. Christliche Jungschar- und Jugendmitarbeiter, die mit Teenagern zu tun haben, brauchen vor allem zweierlei: Göttliche Geduld und Liebe zu Schmetterlingen!

Wann endet die Entwicklung des Glaubens?

Wir sind am Ende der Geschichte von Michael und Elisabeth angelangt, jedenfalls soweit sie für unser Thema von Belang ist. Die beiden sind inzwischen sechzehn oder siebzehn Jahre alt, und man kann sie in jeder Hinsicht als junge Erwachsene bezeichnen. In einem oder zwei Jahren werden sie auch juristisch als Erwachsene gelten (jedenfalls in Großbritannien und in vielen anderen Ländern), werden das Wahlrecht haben, ohne Zustimmung ihrer Eltern heiraten dürfen und vieles mehr.

Doch damit ist ihre Persönlichkeitsentwicklung nicht abgeschlossen, auch ihre Glaubensentwicklung nicht. Wie es in beiden Bereichen weitergeht, würde ein weiteres Buch füllen. Sie haben noch einen weiten Weg vor sich.

Die Geschichte von Michael und Elisabeth hier abzubrechen würde allerdings bedeuten, im spannendsten Augenblick aufzuhören und den Leser vergeblich auf die Fortsetzung warten zu lassen.

Im folgenden soll nicht ein komplettes »Drehbuch« für das weitere Leben von Elisabeth und Michael entworfen werden, aber wir wollen ein paar Möglichkeiten betrachten, wie es weitergehen könnte. Obwohl in ihrer Kindheit und in der Pubertät eine Reihe von Weichen gestellt und viele Entwicklungslinien sichtbar geworden sind, läßt sich nicht voraussagen, wohin ihre Entwicklung letztlich führen wird. Wenn wir alle Modelle der Persönlichkeits- und Glaubensentwicklung ausgeschöpft haben, bleiben immer noch eine ganze Reihe von Entwicklungsstufen denkbar. Und in jeder dieser Entwicklungsphasen hat der einzelne eine Fülle von Entscheidungsmöglichkeiten und Chancen zur Veränderung. Michael und Elisabeth sind also von ihrer Vergangenheit nicht für die Zukunft determiniert, sondern können immer wieder zwischen verschiedenen Wegen wählen.

Eine Möglichkeit dürfen wir nicht außer Acht lassen: daß sie vielleicht gar keine weiteren Entwicklungsstufen erreichen. Sie können einfach vor sich hinleben und sich mit der Entwicklung begnügen, die sie am Ende der Pubertät erreicht haben. Viele tun das. Unzählige Erwachsene sind in ihrer intellektuellen Entwicklung auf der Stufe des konkreten Denkens stehengeblieben. Deshalb senden z.B. die politischen Parteien so konkrete Botschaften aus. Die Leute wollen nichts über abstrakte Fragen der Gerechtigkeit auf Weltebene wissen, sie wollen wissen, was die Parteien ihnen für ihr alltägliches Leben versprechen.

Ähnlich läßt sich ohne Übertreibung behaupten, daß in

religiöser Hinsicht die Mehrzahl der Bevölkerung nie über das Stadium des »Glaubens aus Zugehörigkeit«, des »Herdenglaubens« des frühen Jugendalters, hinauskommt. Ob wir nun Glauben im Sinne von Fürwahrhalten, Vertrauen oder Tun definieren, es bleibt die Tatsache, daß wenige Leute einen Glauben haben, der über die gemeinsamen Anschauungen ihrer Bezugsgruppe hinausgeht. Es handelt sich dabei letztlich um einen verfeinerten Herdentrieb.

In den demokratischen Massengesellschaften des Westens, in denen die Medien nicht nur Meinungen verbreiten, sondern auch prägen, gibt es durchaus auch eine allgemein akzeptierte Christlichkeit. Doch wehe, wenn jemand seinen Glauben wirklich durchdenkt und es wagt, aufgrund seines persönlichen Glaubens eine eigene und von der Mehrheit abweichende Meinung zu haben und zu vertreten! Dann findet er sich auf einmal sehr einsam vor!

Elisabeth und Michael können also weiter wachsen und reifen oder auf ihrer Entwicklungsstufe verharren. Welche Stufen des Glaubens sie noch erreichen können, soll am Schluß dieses Kapitels gezeigt werden. Wie es tatsächlich mit der Geschichte von Elisabeth und Michael weitergeht, ist, wie gesagt, nicht festgelegt.

Weitere Stufen des Glaubens[3]

John Westerhoff unterscheidet in der Glaubensentwicklung vier Stufen, die jeder einzelne auf dem Weg zur vollen Reife zurücklegen muß[4]. Die erste Stufe ist die des (*bei anderen) erlebten Glaubens*, die, wie wir gesehen haben, im Säuglings- und Kleinkindalter so wichtig ist. Die zweite Stufe ist die Zeit des *Glaubens aus Zugehörigkeitsgefühl*, wenn Kinder (und Erwachsene, die nie über diese Stufe hinauskommen) glauben, was ihre Freunde glauben (die Familie, die Gruppe, die Umgebung . . .), und noch nicht zu einem eigenen durchdachten Glauben durchgedrungen sind. Die dritte Stufe bezeichnet Westerhoff als *suchenden Glauben* (»searching faith«) und die vierte als *eigenen Glauben* (»owned faith«). Die Kennzeichen des bei anderen erlebten Glaubens und des Glaubens aus Zugehörigkeitsgefühl haben wir bereits betrachtet. Beschäftigen wir uns noch kurz mit dem suchenden Glauben und dem eigenen Glauben.

Suchender Glaube

Diese Entwicklungsstufe wird meistens in den späten Teenjahren erreicht, kann aber auch erst in den Dreißiger Jahren geschafft werden oder überhaupt nicht. Da suchender Glaube und Bekehrung jedoch häufig Hand in Hand gehen, und da die meisten Bekehrungen sich im Teen-Alter ereignen, setzen wir ihn lieber früher als später an.

Während der Teenager ein Bewußtsein der eigenen Identität entwickelt, tauchen neue Fragen und Zweifel auf. Die bisherigen Antworten auf Fragen nach Sinn und Bedeutung befriedigen ihn nicht mehr. Vor allem merkt er, daß es nicht ausreicht, sich einfach dem Glauben der anderen anzuschließen; daß er selbst nach Antworten suchen muß und sich nicht mit denen anderer begnügen darf. Er wird deshalb zunehmend von Fragen in bezug auf alle Lebensbereiche umgetrieben.

Nehmen wir als Beispiel jemanden, der zu einer Gemeinde oder Gruppe gehört, die ein ausgeprägtes »Wir-Gefühl« und eine starre Dogmatik hat. Dieser Rahmen kann dem Suchenden zu eng werden, weil er seine Erfahrungen überhaupt nicht darin unterbringen kann. Und so kann er diese Grenzen nicht mehr akzeptieren. Nehmen wir an, dieser Jemand ist ein Teenager, der in einem frommen Elternhaus und einer konservativen Gemeinde aufwächst und nie etwas anderes kennengelernt hat. Er hat sich in einer Evangelisation öffentlich »für Christus entschieden«, weil man das von ihm erwartete. In Wirklichkeit ist sein Glaube aber noch ein Zugehörigkeits-Glaube. Irgendwann kommt er nun mit anderen Leuten in Berührung, mit anderen Glaubensweisen, anderen Lebensumständen, die das in Frage stellen, was er aufgrund seiner Erziehung für richtig hält (so etwas kann z.B. an einer höheren Schule geschehen oder später in der Berufsausbildung, an der Universität usw.). Weil er sich bisher nur in Kreisen bewegt hat, die seine Überzeugungen verstärkt und nicht angekratzt haben, ist er überhaupt nicht darauf vorbereitet und dafür ausgerüstet, dieser Herausforderung zu begegnen. Sein Glaubensbekenntnis ist ehrlich gewesen; er hat sich aber nie mit Zweifeln und Gegenstimmen auseinandersetzen müssen und kann deshalb den Fragen, die nun auf ihn einstürmen, nicht standhalten.

Das führt zum Experimentieren. Weil sein bisheriges Glaubens- und Wertesystem ihm nicht mehr bieten kann, was er braucht, probiert er vielleicht die unterschiedlichsten Philosophien und Kulturen aus. Seine Suche nach Wahrheit läßt ihn unter Umständen zu Mitteln greifen und in Bereiche vordringen, die er später einmal ablehnen oder bereuen wird – Esoterik, Kulte, Astrologie, Drogen. In jedem Fall wird der Sucher die Grenzen seiner bisherigen Überzeugungen überschreiten und die Ansprüche und Behauptungen anderer Religionen, politischer Richtungen und Lebensstile prüfen.

Dieses Suchen beschränkt sich übrigens nicht aufs Intellektuelle. Hinzu kommt das emotionale Tasten nach neuen Beziehungen und Idealen. Das kann der Sozialismus sein, die Armen, die Freiheit, die Demokratie und vieles mehr. Der Suchende sehnt sich nach jemandem oder nach etwas, für den bzw. das er sich ganz einsetzen kann und der/das dafür seinem Leben Sinn und Ziel gibt.

Merken wir, wie sehr sich der suchende Glaube von allem Vorhergegangenen unterscheidet? Der junge Mensch auf der Suche nach einem eigenen Glauben ist sich viel stärker seiner selbst bewußt. Er nimmt sich als ein Individuum wahr, das mit einem Sinn und für ein Ziel geschaffen ist. Er ist nicht mehr damit zufrieden, oberflächlich zu leben, zu essen und trinken und fröhlich zu sein. Er rechnet nicht mehr damit, in vordergründigen Befriedigungen eine Antwort auf seine Sinnfrage zu bekommen. Er muß etwas finden, das ihn in den tiefsten Schichten seines Menschseins erfüllt.

Bis zu diesem Punkt ist der Suchende egozentrisch. Das ist nicht moralisch wertend gemeint. »Egozentrisch« soll besagen: Bei seiner Wahrheitssuche ist es ihm darum gegangen, für *sich selbst* einen Sinn zu finden. Nun kommt jedoch nach Westerhoffs Beobachtung ein Faktor hinzu, der den Suchenden von sich selbst weglenkt. Er nennt das den *Akt der Auslieferung* oder *Hingabe* (»act of surrender«).

Wenn der Suchende sich ganz einem Glauben oder einer Sache verschreibt, erkennt er mit Herz und Verstand an, daß der Sinn des Lebens außerhalb seiner selbst liegt und einen Anspruch an ihn hat. Schlagartig wird ihm klar, daß er nicht das Maß aller Dinge ist und daß er Lebenssinn und -ziel nur finden kann, wenn er aufhört, so zu tun, als sei er der Mittelpunkt der Welt. Darum geht es bei der »Hingabe«. Sie führt direkt zur vierten Stufe, dem *eigenen, persönlichen Glauben* (»owned faith«).

Eigener Glaube

Mit dem Akt der Auslieferung wird eine neue Glaubensweise möglich. Dem Suchenden ist plötzlich ein Licht aufgegangen. Alles hat sich für ihn verändert. Er hat *für sich selbst* den Glauben entdeckt – nicht als Mitglied einer Gruppe, nicht als Empfänger einer Tradition. Nein, er hat als Individuum eine persönliche Entdeckung gemacht, die sein Leben verändert. Er hat sich, biblisch ausgedrückt, bekehrt. Dabei müssen wir allerdings beachten, daß es nicht nur christlichen »eigenen Glauben« gibt. Der Prozeß des Suchens und der Akt der Auslieferung kann auch zu anderen (religiösen und nichtreligiösen) Bindungen führen. Gemeinsam ist ihnen allen die *Form* der Erfahrung, auch wenn sie sich *inhaltlich* völlig unterscheiden.

Das anerkennen bedeutet nicht, daß man alle Religionen als gleichwertig betrachtet. Aus biblischer Perspektive kommt es nicht in erster Linie auf die Form des Glaubens, sondern auf seinen Inhalt an: was und an wen ich glaube. Der Glaube an die Macht der Gestirne ist nicht einfach eine andere Bezeichnung für den Glauben an Christus!

Wenn wir jedoch betrachten, *wie* jemand zum Glauben kommt (zum Glauben an irgend etwas), stellen wir fest, daß die Entwicklung des Glaubens an Christus sich nicht grundsätzlich von anderen Glaubensentwicklungen unterscheidet. Wir beobachten ähnliche Prozesse bei Mitgliedern politischer Parteien, die sich mit Haut und Haaren dem Parteiprogramm verschrieben haben, an das sie glauben; bei Sportlern, deren Lebensinhalt ihre sportliche Disziplin ist; bei Idealisten, die sich nach besten Kräften für das Gemeinwohl einsetzen. Wir stellen sie bei Anhängern anderer Religionen fest, die sich – wie der engagierte Christ – von bloßen Mitläufern zu überzeugten Gläubigen entwickelt haben.

Der persönliche Glaube dieser Leute ist ebenso echt wie der persönliche Christusglaube, auch wenn er sich nach Überzeugung der Christen auf ein unwürdigeres Ziel richtet. »Evangelisieren« heißt nicht, anderen ihre Aufrichtigkeit abzusprechen, sondern ihnen Christus so zu verkündigen, daß sie motiviert werden, sich diesem Herrn persönlich anzuvertrauen.

FOLGERUNG

Wir haben ausgiebig betrachtet, was wir meinen, wenn wir vom Glauben von Kindern sprechen. Dabei ist deutlich geworden, daß »Glauben« etwas sehr Vielschichtiges ist und daß der Glaube, mit dem Kinder auf eine Botschaft antworten, sich vom Glauben eines Erwachsenen unterscheidet. Auf jeder Entwicklungsstufe ist das Kind zu einer entsprechenden Weise des Glaubens fähig.

Noch einmal muß dabei betont werden: Ob wir Glauben aus entwicklungspsychologischer Sicht betrachten oder aus theologischer, immer meinen wir dabei Glauben als Geschenk Gottes. Die ganze Schöpfung ist ja Gottes Schöpfung. Nichts ist »einfach da«; alles kommt aus der Hand eines liebenden Vaters.

Wenn wir also sagen, daß Kinder eine »natürliche« Glaubensfähigkeit haben, meinen wir damit nicht etwas, was unabhängig von Gott da ist. Er hat alle natürlichen Abläufe in Gang gesetzt und hält sie in Gang; und die Fähigkeit eines Kindes, in Beziehung zur Umwelt und zu Menschen (sowie zu Gott selbst) zu treten, ist nicht weniger Gottes Geschenk als Seen, Berge und Täler. Indem ein Kind auf die Natur reagiert, reagiert es möglicherweise ohne es zu wissen auf den Gott, der die Natur geschaffen und uns in seinem Bild gemacht hat. Wir dürfen Gottes Schöpfungs- und sein Erlösungshandeln nie auseinanderreißen, denn beides ist das Werk desselben Gottes. In Schöpfung und Erlösung ist seine Liebe tätig, und es ist Gottes Geist, der uns treibt, im Glauben auf beides zu antworten.
Damit kommen wir zu wichtigen theologischen Fragen: Was meinen wir, wenn wir sagen, Schöpfung und Erlösung gehörten zusammen? Welche Rolle spielen dabei Jesus Christus und sein Versöhnungshandeln? Was verstehen wir unter »Sünde«, wenn das Verhalten eines Kindes von natürlichen Entwicklungsprozessen gesteuert wird? Heißt das, daß das Kind Gott gegenüber nicht verantwortlich ist? Wenn Elternliebe so wichtig für die gesunde Entwicklung ist, welchen Stellenwert hat dann die Vorstellung von Gott als dem Vater – vor allem in einer Gesellschaft, in der es immer mehr alleinerziehende Mütter gibt?

Und was ist mit der Bekehrung? Hat sie auf den verschiedenen Stufen des Glaubens einen Platz? Und schließlich: Wie steht es um die Gaben des Heiligen Geistes bei Kindern? (Wir dürfen dieser Frage nicht ausweichen, weil in manchen Kreisen zunehmend betont wird, auch dieser Bereich gehöre zur evangelistischen Verkündigung.)

Dies alles sind brennende Fragen. Wir werden uns im zweiten Teil aus biblisch-theologischer Sicht mit ihnen auseinandersetzen. Dabei wird manches offen bleiben müssen. Wir werden uns mit Denkanstößen und vorläufigen Antworten zufriedengeben müssen, bereit, uns von Gott korrigieren zu lassen, weil keiner von uns unfehlbar ist. Das Beste, was wir tun können, ist Gott unsere Fragen und unsere provisorischen Antworten hinzulegen und sie immer neu im Licht seines Wortes zu überdenken. Dabei wissen wir, daß er treu ist und uns in alle Wahrheit leiten will.

ANMERKUNGEN ZU KAPITEL 4

1 James Fowler, *Stages of Faith*, New York (Harper & Row) 1981, S. 151.
2 John Westerhoff, *Will Our Children Have Faith?* New York (Seabury Press) 1976, S. 94-96.
3 Ausführlich behandelt werden die Fragen der menschlichen Entwicklung in: Michael Dieterich, *Handbuch Psychologie & Seelsorge*, Wuppertal (R. Brockhaus) 1989, S. 128–185. Dieses gründliche, allgemeinverständliche Buch ist besonders empfehlenswert, weil es die körperlichen, geistigen, psychischen und religiösen Entwicklungen von der Geburt bis ins hohe Alter beschreibt.
4 Westerhoff, a.a.O., S. 91-103.

ZWEITER TEIL

Der theologische Rahmen

Entwurf einer »Theologie für Kinderarbeit«
auf der Grundlage der im ersten Teil
dargestellten Entwicklungstheorien

5

Warum Theologie?

Die Bedeutung der Theologie für die Kinderevangelisation und die Kinderarbeit:

Theologie – nein, danke?
Einige Reaktionen
Die Erfahrung der frühen Christen
Theologische Reflexion heute

━━━━━━━━━━━━━━━━━━

Wie geschieht wirksame Evangelisation? Für viele Christen ist die Antwort einfach: Indem wir anderen weitersagen, was wir mit Christus erlebt haben und erleben. Indem wir erzählen, was Jesus für uns getan hat.

Das ist sicher richtig – nur: Ist es auch genug? Wie wir im ersten Teil gesehen haben, können wir die gute Nachricht von Jesus Christus sehr viel wirkungsvoller weitergeben, wenn wir berücksichtigen, wie sich parallel zur körperlichen und geistig-seelischen Entwicklung des Menschen auch seine Glaubensweise entwickelt. In diesem zweiten Teil werden wir nun feststellen, daß theologische Fragen ebenso wesentlich sind.

Theologie – nein, danke?

Wir leben allerdings in einer antitheologischen Zeit. Beim Stichwort »Theologie« denken die meisten Leute an eine sterile Wissenschaft, die mit dem Alltag kaum Berührungspunkte hat. Die »theologische Haarspalterei« ist schon fast sprichwörtlich geworden. Für manche Christen bildet die Theologie eine Gefahr für den »schlichten Glauben«, für andere ein starres System »lebloser Dogmatik«. Man spricht ihr allenfalls eine gewisse Berechtigung zu, aber was »eigentlich« zählt, sind »geistliche Erfahrungen«.

Warum reagieren viele Christen so mißtrauisch, ja allergisch auf die Theologie? Dafür gibt es viele Gründe, für die in unserem Zusammenhang vier besonders wichtig sind:

1. *Wir fühlen uns von der Theologie bedroht.* Die meisten von uns haben einen Horror vor dem »Fachchinesisch« (nicht nur der Theologen, sondern aller gesellschaftlichen Untergruppen). Nun kommt aber die Theologie offenbar nicht ohne einen umfangreichen Fachjargon aus. Da ist ständig von der »Rechtfertigung aus Glauben«, von »Heiligung« und »Versöhnung« die Rede, um nur einige Begriffe zu nennen. Ist es nicht besser, den ganzen theologischen und dogmatischen Ballast liegen zu lassen und statt dessen über persönliche Erfahrungen zu sprechen? (Daß wir das dann oft in schönstem »Kanaanäisch« tun, merken wir meistens nicht einmal!)

Verbunden damit ist eine gewisse Scheu vor komplexen Konzepten und Ideen. Sie sind, so meinen wir, nur etwas für die Intellektuellen. Da es aber in der Theologie nur so von Ideen und komplizierten Theorien wimmelt – das jedenfalls ist uns gesagt worden –, überlassen wir sie den »Eierköpfen« und kümmern uns lieber um die Praxis des Lebens als Christ.

2. *Wir mißtrauen den Theologen.* Viele haben den Eindruck, der christliche Glaube sei eigentlich ganz einfach und für jeden verständlich. Doch nun kämen die Theologen daher und machten alles kompliziert und unverständlich. Zudem wird behauptet, es gehe den Theologen (gemeint sind da-

mit die liberaleren) mehr darum, den Glauben der Leute zu unterhöhlen, als ihn zu untermauern. Wer so pauschal über die Theologie urteilt, macht natürlich einen möglichst weiten Bogen darum.

3. *Die theologische Wissenschaft hat den Kontakt zum Gemeindeleben verloren.* »Theologie« als Wissenschaft wird an Hochschulen und Universitäten betrieben. Das hat dazu geführt, daß Theologie und Gemeindepraxis sich auseinanderentwickelt haben. Kein Wunder, daß für das normale Gemeindeglied »Theologie« in eine andere Welt gehört, und es begegnet dem Fremden mit einer gehörigen Portion Mißtrauen.

4. *»Was bringt's?«* Wir leben in einer Zeit des Pragmatismus. D.h. der Wert und die Berechtigung einer Sache werden nicht daran gemessen, ob sie wahr ist, sondern ob sie »funktioniert«. Danach zählen nicht Grundsätze, sondern Erfolge. Es bedarf nicht übermäßigen Scharfsinns, um festzustellen, daß dieser Pragmatismus nicht nur in der säkularen Gesellschaft herrscht, sondern auch das Denken der Christen weitgehend bestimmt. Das gilt besonders im Bereich der Evangelisation, wo die automatische Gleichsetzung von großen Zahlen mit dem Handeln Gottes als das entlarvt werden muß, was es ist: als Produkt eines unchristlichen Pragmatismus. Worauf es uns hier in unserem Zusammenhang ankommt, ist: Das Mißtrauen gegenüber den Theologen plus unser pragmatisches Erfolgsdenken haben dazu geführt, daß viele den Aktivismus als Alternative zum theologischen Denken gewählt haben.

Aus diesen und anderen Gründen ist die Theologie im Mißkredit geraten – mit verhängnisvollen Folgen für das Leben der Gemeinde und für die Evangelisation. (Zur Begriffsklärung sei gesagt, daß ich mit »Theologie« nicht nur die wissenschaftliche Disziplin meine, wie sie an Hochschulen und Seminaren gelehrt wird. »Theologie« ist in einem weiteren Sinne jedes »Nachdenken über den Glauben«. Und mit »Gemeinde« meine ich nicht einfach die Institution, sondern alle an Christus Glaubenden.)

Einige Reaktionen

Man kann auf diese Entwicklungen reagieren, indem man sie *schulterzuckend ignoriert*. »Was soll's? Wir sind doch nicht auf die Theologie angewiesen! Gott läßt sich sowieso nicht in Vorstellungen und Ideen einfangen. Und durch ungläubige Theologen wirkt er schon gar nicht. Da offenbart er sich eher direkt einzelnen Christen oder Gruppen, die sich seinem Geist öffnen und die ihre Gotteserfahrungen anderen mitteilen können.« – Dieses Argument klingt einleuchtend, doch wird dabei übersehen, daß alle Erfahrungen *gedeutet* werden müssen, wenn sie anderen mitgeteilt werden sollen. Sobald das aber geschieht, sind wir schon mitten in der theologischen Arbeit!

Vielleicht muß an dieser Stelle betont werden, daß im Zentrum der Theologie nicht ein abstraktes Gedankengebäude steht, sondern (wie schon das Wort »Theologie« andeutet) das Wort Gottes. »Theologie« ist aus den beiden griechischen Wörtern für »Gott« und »Wort« zusammengesetzt. So betrachtet verliert die Theologie viel von ihrem Schrecken. Es geht dann darin nicht mehr um hochtrabende Ideen und abstrakte Konzepte (obwohl die dazugehören können), sondern vor allem um die Begegnung mit Gott, der sich in Jesus Christus geoffenbart hat. Nicht zufällig wird im Johannesevangelium Jesus »der Logos« – das Wort – genannt, hat Gott doch in Christus gesprochen. Jesus *ist* Gottes Wort.

Wenn wir also unter Theologie die Beschäftigung mit Gott und seinem Wort verstehen, geht es darin nicht nur um sprachliche und intellektuelle Aktivitäten. »Wort

Gottes« im biblischen Sinne umfaßt das gesamte Handeln Gottes durch seinen Sohn an uns, seinen Geschöpfen.

Eine zweite mögliche Reaktion: *Man wertet die Theologie nicht ab, weicht ihr aber aus.* Gewöhnlich wird das etwa so begründet: »Theologie? Da komme ich sowieso nicht mit. Die überlaß ich Leuten, die klüger sind als ich. Ich bin eher praktisch veranlagt.« Dahinter steckt ganz offensichtlich die Überzeugung, daß Theologie eine rein intellektuelle Angelegenheit ist. Wenn diese Prämisse richtig ist, stimmt auch die Folgerung. Doch im biblischen Sinne verstanden geht es bei der Theologie um die Beziehung zwischen dem Wort Gottes und der ganzen Person. Diese Erkenntnis befreit uns von der Annahme, Theologie sei nur etwas für »Studierte«. Nein, sie ist das Privileg jedes Christen. Ob wir uns dessen bewußt sind oder nicht, sobald wir über Gott nachzudenken beginnen, treiben wir Theologie. Die Frage ist nur, ob wir bereit sind, systematisch über das Wort Gottes nachzudenken und entsprechend zu handeln. Andernfalls ist unsere Theologie eine Lotterie mit Zufallstreffern.

Damit sind wir bereits bei der dritten und konstruktivsten Reaktion: *Wir beschäftigen uns mit theologischen Fragen, weil wir die Theologie als Aufgabe für und Gabe an jeden Christen betrachten,* wie alt er auch sein und welche intellektuellen Fähigkeiten er auch haben mag. Natürlich sind wir nicht alle berufen, gelehrte Abhandlungen zu verfassen. Aber jeder von uns hat den Auftrag, über den Glauben nachzudenken und ihn mit anderen zu teilen. Dabei geht es nicht in erster Linie um das Mitteilen von *Gefühlen,* sondern um das Vermitteln von Glaubens*inhalten.* Um das zu illustrieren, wollen wir uns in die Situation der frühen Christen zurückversetzen.

Die Erfahrung der frühen Christen

Im Neuen Testament begegnen wir drei verschiedenen Gruppen von Gläubigen: Da waren zunächst einmal die, die Jesus schon während seines Erdenlebens gekannt hatten und unmittelbar Zeugen seines Todes und seiner Auferstehung waren. Diese Gruppe hatte Christus also noch direkt gekannt. Die zweite Gruppe setzte sich aus denen zusammen, die Jesus während seines Lebens auf der Erde nicht begegnet waren, die aber von ihm gehört hatten und zum Glauben an ihn gekommen waren. Und dann gab es noch eine dritte Gruppe (wenn man überhaupt von einer Gruppe sprechen kann): Menschen, denen sich Jesus nach seiner Himmelfahrt direkt offenbart hatte. Das Neue Testament nennt da nur Paulus.

Obwohl alle drei Gruppen auf verschiedene Weise zum Glauben gekommen waren, hatten sie zweierlei gemeinsam: Erstens beruhte ihr Glaube auf *Tatsachen*. Sie glaubten nicht einfach blind an irgendeine mystische Erfahrung. Ihr Glaube wurzelte in geschichtlichen Ereignissen, im Leben, Sterben und der Auferweckung Jesu, und nicht in gefühlsabhängigen geistlichen Erfahrungen. Sie spürten die Notwendigkeit, das eine im Lichte des anderen zu interpretieren.

Damit sind wir beim zweiten gemeinsamen Element ihres Glaubens: Während die ersten Gläubigen die Bedeutung dessen, was da (mit ihnen) geschehen war, zu begreifen versuchten, mußten sie theologisch reflektieren. Um zu erklären, wer Jesus war, konnten sie sich nicht auf rein historische Aussagen beschränken, also aufzählen, was er getan und wo er sich aufgehalten hatte, wie er gestorben und auferstanden war. Das Geschehene sprengte alle geschichtlichen Kategorien. So mußten die Christen die Ereignisse *interpretieren*: Hier war Gottes Macht am Werk. Gott hatte seinen Sohn gesandt; er hatte Jesus vom Tod auferweckt; er hatte seinen Geist ausgegossen. Und diese theologische

Deutung der Ereignisse war nicht nur für die bereits Gläubigen bestimmt, sondern damit wurden alle Zuhörer konfrontiert. Sie sollten dadurch zum Glauben gerufen werden, zum Glauben an den Jesus, der gelebt hatte, gestorben und auferstanden war und nun ihr Herr und Erlöser sein wollte.

So sehen wir im Neuen Testament, wie das Wirken des auferstandenen Christus die frühen Christen zur theologischen Reflexion zwang: Nur so konnten sie ihre Erfahrung sich selbst und anderen verständlich machen.

Theologische Reflexion heute

Ich meine, daß sich, ob wir es merken oder nicht, genau dasselbe Muster im Leben der Christen heute nachweisen läßt. Auch wenn wir nie an Theologie gedacht haben, treiben wir Theologie, sooft wir über unseren Glauben nachdenken und ihn zu erklären versuchen. Der grundlegende Unterschied zwischen uns und den ersten Christen besteht darin, daß niemand von uns Jesus als Mensch von Fleisch und Blut gekannt hat und daß wir heutigen Christen deshalb unsere eigenen Erfahrungen im Lichte dessen begreifen müssen, was die Christen im Lauf von zweitausend Jahren geglaubt und mit Jesus erlebt haben.

Theologie ist also im Wesentlichen Reflexion unserer Gotteserfahrung. Wenn wir das begriffen haben, brauchen wir uns nicht mehr davon bedroht zu fühlen. Wie überall, gibt es auch in der Theologie verschiedene Ebenen des Verständnisses, die mehr oder weniger anspruchsvoll sind. Das bedeutet, daß wir uns auf der uns entsprechenden Ebene mit ihr beschäftigen, statt sie von vornherein zu meiden. Wir kapitulieren ja schließlich auch nicht vor dem Kochen, nur weil wir nicht das Niveau eines Kochs in einem Fünfsternhotel erreichen. Sonst würden wir nämlich alle verhungern. Genauso ist es mit der Theologie!

DER AUFBAU DES ZWEITEN TEILS

Wir werden zunächst einige Fragen aufgreifen, die sich aus den im ersten Teil dargestellten entwicklungspsychologischen Erkenntnissen ergeben. Die Themen Sünde und Verantwortlichkeit, Familie und Vaterschaft Gottes haben alle einen engen Bezug zu dem, was wir bisher erörtert haben. Um das zu verdeutlichen, werden wir ab und zu auf Elisabeth und Michael zurückkommen.

Dabei habe ich versucht, unserer Diskussion einen systematischen biblisch-theologischen Aufbau zu geben. So beginnen wir mit Schöpfung und Sündenfall, um vor diesem Hintergrund über die Fragen von Sünde und Verantwortlichkeit zu sprechen. Auf der Grundlage der biblischen Lehre von Versöhnung und Erlösung werden wir die Bekehrung behandeln. Dem folgt ein Kapitel, in dem wir uns theologisch mit der Familie beschäftigen und uns Gedanken darüber machen, inwiefern wir von der Gemeinde als Familie Gottes sprechen können. Im letzten Kapitel geht es unter der Überschrift »Was wir lehren« nicht um eine Mini-Dogmatik, sondern wir wollen uns etwas ausführlicher mit drei Fragen auseinandersetzen, die heute in der Kinderarbeit eine wichtige Rolle spielen. Dafür bietet sich ein trinitarischer Rahmen an: Die Rede von Gott als dem Vater; das Kommen Gottes als Mensch von Fleisch und Blut (Inkarnation); und (wohl am kontroversesten diskutiert) die Frage der Gaben des Geistes Gottes an Kinder. Dieses letzte Kapitel greift also aktuelle Fragen auf, über die Kindermitarbeiter in Gemeinden und freien Werken zum Teil hitzig debattieren. Die trinitarische Struktur habe ich gewählt, weil ich persönlich überzeugt bin, daß wir unsere Theologie und unsere Erfahrung unbedingt im Lichte des dreieinen Gottes verstehen und interpretieren müssen.

Die folgenden Kapitel sind nicht gerade leichte Kost. Wir werden einiges zu kauen und zu verdauen haben. Guten Appetit!

6

Schöpfung und Fall

Entwicklungspsychologische Erkenntnisse und die biblischen Aussagen über Sünde und Verantwortlichkeit:

Bei unseren »Musterkindern« Elisabeth und Michael haben wir beobachtet, wie die kindliche Wahrnehmung der Umwelt sich im Verlauf der Zeit wandelt und fortentwickelt. Dasselbe gilt für die Wahrnehmung Gottes. Theologisch ausgedrückt: Jedes Kind ist im Bild Gottes geschaffen und instinktiv auf Gott bezogen; oder, in Augustinus' bekannten Worten: Gott hat uns zu sich hin geschaffen, und unser Herz ist unruhig, bis es Ruhe findet in ihm. Wie die Gottesbeziehung eines Kindes sich *entwickelt*, hängt stark von Faktoren ab, auf die das Kind gar keinen Einfluß hat. Vielleicht ist die Familie gegen den christlichen Glauben eingestellt oder einfach gleichgültig. Da die Familie aber das wichtigste Umfeld für Wachstum und Erziehung ist, wird auch die Glaubensentwicklung eines Kindes weitgehend vom Klima in der Familie geprägt. Daneben wirken sich die Haltung von Lehrern und Freunden aus und natürlich auch der Einfluß der Medien.

Allerdings bedeutet all das nicht, daß Kinder einfach von außen programmiert werden und keinen eigenen Willen haben. Ja, sie werden in einem gewissen Ausmaß von anderen geprägt, aber wir müssen aufgrund unserer Beobachtungen und aus theologischen Gründen anerkennen, daß sie ein Maß an Entscheidungsfreiheit behalten, sowohl im Bereich der Beziehungen und Werte als auch in Situationen, in denen es um Gehorsam oder Ungehorsam geht. Vor diesem Hintergrund muß das Problem von Sünde und Verantwortlichkeit diskutiert werden, das alle, die in irgendeiner Form von evangelistischer Kinderarbeit tätig sind, immer wieder beschäftigt.

Was ist bloß aus der Sünde geworden?

1973 schrieb der amerikanische Psychiater Karl Menninger ein Buch, das bald zum Bestseller wurde. Der Titel lautete: »Whatever Became of Sin« (»Was ist bloß aus der Sünde geworden?«), und vielleicht stellen Sie sich nach allem bisher Gesagten eine ähnliche Frage. Der erste Teil unseres Buches, der sich mit entwicklungspsychologischen Modellen auseinandersetzt, kann unter Umständen so (miss-)verstanden werden, als wollten wir die theologischen Kategorien, die im Zentrum christlicher Evangelisation stehen, abwerten oder über Bord werfen. Wenn Kinder Wachstums- und Entwicklungsprozesse durchlaufen, die zur Schöpfungsordnung gehören, wie kann man dann

die unvermeidlichen Auswirkungen dieser Prozesse als
»sündig« qualifizieren? Ebensogut könnten wir ja große
Füße oder blondes Haar als sündig bezeichnen! Aber was
wird dann aus der Evangelisation, von der Sünde ganz zu
schweigen?

An diese Fragen kann man aus vier verschiedenen Richtungen herangehen. Einmal *exklusiv theologisch*. Dann leh-
nen wir alle entwicklungspsychologischen Modelle als belanglos ab. Was zählt, sind einzig und allein unsere theologischen Deutungskategorien. »Wir haben seit Generationen ohne die Hilfe von Fowler, Westerhoff & Co. evangelisiert. Was sollen wir mit dem neumodischen Zeug? Das
untergräbt nur den christlichen Glauben und die gesunde
biblische Lehre!«

Daneben gibt es den *psychologischen Exklusivismus*, die
Gegenrichtung zum eben Genannten. Da wird dann alles
menschliche Handeln und jede Erfahrung rein psychologisch erklärt. Sünde wird zum Krankheitssymptom und
Psychotherapie zum Allheilmittel. Theologie und Religion
lassen sich völlig wegrationalisieren.

Die dritte Möglichkeit kann man als *Schubladendenken*
bezeichnen. Es hat den scheinbaren Vorteil, daß es sowohl
an der Theologie als auch an der Psychologie festhalten
kann. Aber – und da liegt das große Problem – beiden werden säuberlich voneinander getrennte Lebensbereiche,
»Schubladen«, zugewiesen. Die Theologie ist für das religiöse Leben zuständig, die Psychologie für den seelischen
Bereich. Keine redet der anderen drein, jede ist unangefochtene Herrscherin über ihr eigenes Reich.

Als viertes gibt es die Möglichkeit der *Integration*. Da
werden die Aussagen der Theologie und die Erkenntnisse
der Entwicklungspsychologie ernstgenommen, aber sie
werden nicht in unterschiedliche Schubladen gesteckt,
sondern man versucht, sie in den verschiedensten Lebensbereichen zueinander in Beziehung zu setzen.

Spielen wir die vier Möglichkeiten einmal an zwei praktischen Beispielen durch:

Beispiel 1: Da hat ein Kind in einem Laden Süßigkeiten gestohlen. Es stammt aus einem armen und lieblosen Elternhaus. Der ältere Bruder ist schon wegen Diebstahls verurteilt worden. Wie beurteilen wir das Handeln des Kindes?

Der theologische Exklusivist wird sagen: »Das Kind hat gesündigt. Punkt. Es ist, wie wir alle, von Natur aus ein Sünder. Es ist vor Gott und Menschen schuldig.«

Der psychologische Exklusivist wird sagen: »Der arme Junge ist das Opfer seines Elternhauses und seiner Triebe. Er war ihnen hilflos preisgegeben. Man kann ihm das nicht zum Vorwurf machen.«

Der Vertreter des Schubladendenkens wird sagen: »Theologisch gesehen hat er gesündigt. Aber psychologisch betrachtet ist sein Handeln von unkontrollierbaren inneren Kräften bestimmt worden. Wir müssen die beiden Erklärungen einfach nebeneinander stehen lassen.«

Der Verfechter des integrativen Denkens wird einen Schritt weitergehen. Er wird sagen: »Seine Triebe entsprechen dem Konzept von Sünde als einer in uns wohnenden Macht. Sein Handeln war unrecht, da gibt es nichts zu rütteln. Er ist für sein Handeln verantwortlich, denn er hätte sich entscheiden können, nicht zu stehlen. Aber es gibt mildernde Umstände, in deren Licht wir sein Handeln beurteilen müssen, Umstände, die seine Verantwortlichkeit einschränken und bei der Festsetzung des Strafmaßes berücksichtigt werden müssen.«

Beispiel 2: Michael wollte unbedingt sein Fahrrad mit an den Strand nehmen (Sie erinnern sich sicher an die Szene im 2. Kapitel). Das widersprach den Wünschen seiner Eltern. Michael bettelte und gab Widerworte. Er bekam einen Wutanfall und versuchte mit allen Mitteln, seinen Willen gegen den der Eltern durchzusetzen. Wie beurteilen wir das?

Der theologische Exklusivist wird Michaels Verhalten als Symptom der Erbsünde bezeichnen. Mehr noch: Michael hat nach seiner Auffassung wahrscheinlich persönlich gesündigt, ist er doch willentlich seinen Eltern ungehorsam gewesen und hat damit gegen Gottes Gebot verstoßen.

Der psychologische Exklusivist wird behaupten, Michael entwickle hier lediglich seine eigene Identität, und in diesem Zusammenhang seien moralische Wertungen völlig fehl am Platz.

Der Schubladendenker wird darauf hinweisen, daß dies einfach zwei verschiedene Perspektiven seien, aus denen man dasselbe Geschehen betrachten könne. Ob man sich für die theologische oder die psychologische Erklärung entscheide, das komme ganz auf den Zusammenhang an bzw. auf die Absicht, die man verfolge.

Der integrative Denker wird argumentieren: Indem Michael seine eigene Identität entwickelt, kann er entweder den Egoismus entfalten, der die eigentliche Wurzelsünde ist, oder er kann zu einer reifen Persönlichkeit heranwachsen, die zu eigenen Urteilen fähig ist. Viel wird davon abhängen, ob er jetzt zu lernen und zu akzeptieren beginnt, daß auch andere Menschen Bedürfnisse und Wünsche haben, die es zu achten gilt. Auf jeden Fall aber wird immer ein Kern von Eigenwillen und Egoismus da sein, den man als »Erbsünde« bezeichnen kann.

Diese Beispiele deuten an, daß Sünde etwas sehr Vielschichtiges ist und daß wir in der evangelistischen Verkündigung sehr sorgfältig mit diesem Begriff umgehen müssen. Wir brauchen eine klare Vorstellung davon, was die Bibel unter Sünde versteht, und eine ebenso klare Vorstellung vom Entwicklungsprozeß der Kindheit. Dann können wir darüber nachzudenken beginnen, wie Kinderevangelisation aussehen sollte.

Was ist Sünde?

Fragen Sie den sprichwörtlichen Mann auf der Straße, was er unter »Sünde« versteht, bekommen Sie mit an Sicherheit grenzender Wahrscheinlichkeit eine Aufzählung von zu vermeidenden Handlungsweisen präsentiert: die sieben (oder mehr) Todsünden. Doch das ist irreführend. In der Bibel, vor allem in den Paulusbriefen, wird Sünde nicht primär im Sinne von konkreten Verstößen beschrieben, sondern (1) als Macht, die uns beherrscht; und (2) als Zustand, in dem wir uns befinden.

Sünde als eine Macht

Sowohl Jesus als auch Paulus betrachteten die Sünde als Besatzungsmacht, die uns überwältigt und versklavt. In Johannes 8,34 erklärt Jesus: »Täuscht euch nicht! Jeder, der sündigt, ist ein Sklave der Sünde.« Ähnlich spricht Paulus davon, »daß die Juden genauso wie die anderen Völker in der Gewalt der Sünde sind« (Römer 3,9) und erinnert die Christen daran, daß sie früher »Sklaven der Sünde« waren (Römer 6,6). Für die Christen in Rom muß dieses Bild noch viel eindrucksvoller gewesen sein als für uns heute, wußten sie doch genau, was Sklaverei alles mit sich brachte.

Die Sünde wird also als Sklavenhalter beschrieben, der uns nach seiner Pfeife tanzen läßt. Wir sind seine Gefangenen und können ihm nicht entkommen. Seine harten und grausamen Forderungen bestimmen unser Leben.

Unsere einzelnen Sünden sind Indizien der Herrschaft der Sünde. Wir werden nicht als sündig bezeichnet, weil wir Sünden begehen. Wir begehen Sünden, weil wir bereits von der Macht der Sünde beherrscht werden. Unsere konkreten Sünden sind einfach die Auswirkungen des Prinzips Sünde, das in uns wirksam ist.

Das ist ein außerordentlich wichtiger Punkt der christlichen Lehre. Viele Leute (darunter auch manche Christen) meinen, mit Gott ins reine zu kommen und im Reinen zu sein bedeute vor allem, sündige Handlungen zu unterlassen. Sie gleichen dem Raucher, der meint, sein Problem sei gelöst, wenn er keine Zigaretten mehr kaufe. Das aber geht am Kern vorbei. Sünde ist, wie das Rauchen, eine Abhängigkeit. Es nutzt überhaupt nichts, einzelne Sünden (oder einzelne Zigaretten) aufzugeben. Die Sucht dahinter, die Macht oder Fessel, muß gebrochen werden.

Vielleicht ist eine Illustration aus der Natur hilfreich. Was macht eine Katze zum Jäger? Macht das einzelne Beutetier sie dazu? Oder fängt sie Beutetiere, weil sie von ihrem Instinkt her schon ein Jäger ist? Die Antwort lautet natürlich: Sie jagt, weil das zu ihrem Wesen gehört. Nicht daß sie eine Maus oder einen Vogel nach Hause bringt, macht sie zum Raubtier – sondern weil sie von Natur aus ein Raubtier ist, jagt sie die Maus und den Vogel. Sonst wäre sie keine Katze.

Ähnliche Erfahrungen machen wir mit der Sünde. Wir sündigen, weil wir von Natur aus Sünder sind. Wir werden also nicht erst durch sündige Handlungen zu Sündern. Die versklavende, tyrannische Macht der Sünde macht uns sündig, und diese Macht muß gebrochen werden.

Sünde als Zustand

Wir sind nicht nur von Natur aus Sünder, wir sind auch Sünder aufgrund eigener Entscheidungen. Sünde beschreibt sowohl die Macht, die uns versklavt, als auch den Zustand, in dem wir uns Gott gegenüber befinden. Im Römerbrief zeichnet Paulus ein Bild der Menschheit, die sich bewußt von Gott abgewandt hat. Wir haben uns selbst zum Mittelpunkt gemacht, sind als Menschen »auf uns selbst zurückgebogen«, wie Luther es ausgedrückt hat. Das ist eigentlich Götzendienst:

»Was Menschen über Gott wissen können, ist ihnen bekannt. Gott selbst hat es ihnen bekanntgemacht. Zwar kann niemand Gott sehen; aber er zeigt sich den Menschen in seinen Werken. Weil er die Welt geschaffen hat, können sie seine ewige Macht und sein göttliches Wesen erkennen, wenn sie sich nicht dafür verschließen. Sie haben also keine Entschuldigung.

Aber obwohl sie Gott kannten, gaben sie ihm nicht die Ehre, die ihm zusteht, und dankten ihm nicht. Ihre Gedanken gingen in die Irre, und in ihren unverständigen Herzen wurde es finster ... Sie beten an, was Gott geschaffen hat, anstatt ihn selbst als Schöpfer zu ehren« (Römer 1,19-21.25).

Paulus argumentiert also etwa folgendermaßen: Durch die Schöpfung haben wir genug von Gott erkannt, um unsere Abhängigkeit von ihm anzuerkennen und zu wissen, daß er einen Anspruch auf unser Leben hat. Aber wir (die Menschheit) wollen von Gott unabhängig sein. Wir suchen Weisheit und Geborgenheit in der Schöpfung und im rein menschlichen Bereich. Wir leben, als sei Gott unwichtig. Das hat katastrophale Folgen.

Erstens beten wir plötzlich alles Mögliche außer Gott an. Mit »anbeten« meint Paulus nicht, daß wir uns buchstäblich vor unseren Autos, unserem Besitz, unseren Familien usw. niederwerfen. Er will damit ausdrücken, daß wir irgend etwas außer Gott den zentralen Platz in unserem Leben einräumen. Und dieses Etwas, was es auch sein mag, ist dann unser Götze.

Zweitens führt die Ablehnung Gottes zur Unmoral. Damit behauptet Paulus nicht, daß jeder zum Mörder oder Dieb wird. Er versucht vielmehr zu zeigen, daß die Gesellschaft ohne Gott von allen möglichen Spielarten der Unmoral heimgesucht werden wird, weil die angeborene Sündhaftigkeit des Menschen ohne Gott voll zum Ausbruch kommt und sich durchzusetzen beginnt.

Drittens breitet sich die Sünde aus, sobald sie Fuß gefaßt hat. Mit dem einzelnen und mit der Gesellschaft geht es unaufhaltsam und immer schneller bergab.

Hier wird jetzt das freiwillige sündige Handeln zur Versklavung. Was als eigene Entscheidung begann, wird zur ausweglosen Falle. Die Macht der Sünde regiert.

Die angestrebte Unabhängigkeit von Gott führt also in Wirklichkeit in die schlimmste Gefangenschaft. Wir treiben haltlos von Gott und allem Guten weg, und dies in der Illusion, das sei die wahre Freiheit! Kein Wunder, daß Paulus im 2. Korintherbrief behauptet, die Menschheit sei mit Blindheit geschlagen (2. Korinther 4,4).

Eine zerbrochene Beziehung

Noch etwas müssen wir beachten. Im Kern ist Sünde nicht ein Verstoß gegen unpersönliche Gebote einer unpersönlichen göttlichen Weltordnung. Sünde ist Bruch der persönlichen Gottesbeziehung. Wir sündigen, weil unsere Freundschaft mit Gott zerbrochen ist, und indem wir sündigen, vertiefen wir den Riß und verletzen Gott, der uns als seine Freunde geschaffen hat. Das hatten die Propheten im Alten Testament klar erkannt. Sie charakterisieren Sünde als Brechen des Bundes zwischen Jahwe und seinem Volk. Israels Sünde ist Ehebruch – Zerstörung der engsten Beziehung (Hosea 2 – 3). Der Schmerz des Ehemannes über die Untreue seiner Frau klingt in Gottes Wort an den Propheten Hosea nach: »Mich hat sie (Israel) vergessen und hat sich für ihre Liebhaber geschmückt und ist ihnen nachgelaufen« (Hosea 2,15). Dies – das bewußte Zerbrechen einer Beziehung – macht das Wesen der Sünde aus.

Theologie contra Sozialwissenschaft?

Ob wir Sünde als Macht oder als Zustand betrachten – so oder so befindet sich der Mensch in einer verzweifelten Lage. Die Macht der Sünde hält uns gefangen; und in diesem Zustand sind wir von Gott getrennt und verdienen seine Strafe. Die Beziehung zu Gott ist zerbrochen. Der Mensch hat nicht nur Meinungsverschiedenheiten mit Gott, sondern er hat eine Revolution vom Zaun gebrochen. Am Ende kann nur Versöhnung oder Vernichtung stehen.

Wie läßt sich das mit den Ergebnissen der Entwicklungspsychologie in Einklang bringen? Und wenn es sich damit vereinbaren läßt, welche Folgerungen ergeben sich daraus für die Verkündigung des Evangeliums an Kinder?

Wir sehen uns zwei Erklärungssystemen gegenüber. Einmal dem theologischen: Es beschreibt aus biblischer Perspektive den Zustand des Menschen. Dabei geht es primär um die Beziehung des Menschen zu Gott, die dann natürlich auch Auswirkungen auf die zwischenmenschlichen Beziehungen hat. Das zweite Erklärungssystem fußt auf der Sozialwissenschaft. Es beschreibt, was wir über die menschliche Entwicklung wissen (oder zu wissen meinen). Es ist nicht unbedingt anti-theologisch, ist aber zuweilen so gebraucht worden. Deshalb begegnen ihm viele Christen mit tiefer und verständlicher Skepsis.

Das hat verhängnisvolle Folgen. Es hat dazu geführt, daß man sich in der Evangelisation und in der christlichen Erziehung oft zu wenig oder gar nicht mit der kindlichen Entwicklung auseinandergesetzt hat. Anderseits haben manche Entwicklungspsychologen stillschweigend vorausgesetzt, daß der christliche Glaube keinen nennenswerten Beitrag zum besseren Verständnis des Menschen liefern kann.

Der Exklusivismus auf beiden Seiten hat der Kinderarbeit geschadet. Ja, er hat möglicherweise das geistliche Wachstum von Kindern behindert. Indem man sich auf beiden Seiten geweigert hat, die Erkenntnis der anderen zur Kenntnis zu nehmen, hat man entweder wichtige geistliche Wahrheiten ignoriert; oder man hat sich über die neu gewonnenen Einsichten in die Entwicklungsprozesse bei Kindern hinweggesetzt. Beide Seiten haben allen Grund, sich zu besinnen – der Evangelist, der behauptet, von einem Entwicklungspsychologen habe er nichts zu lernen, ist ebenso schuldig wie der Entwicklungspsychologe, der behauptet, der christliche Glaube sei belanglos. Beiden stände Offenheit und Demut gut an!

»Das Schubladen«-Modell kann uns hier nicht weiterhelfen. Gewiß, es erkennt die Berechtigung der Theologie und der Entwicklungspsychologie an. Doch es zeigt nicht, wie sie miteinander verbunden sind. Es kann nur sagen, daß beide auf ihre Art recht haben, und uns auffordern, zwischen ihnen zu wählen.

Das Modell der Integration will sich damit nicht zufriedengeben. Es versucht, in der Praxis theologische und entwicklungspsychologische Erkenntnisse zu berücksichtigen, ohne sie in unterschiedliche Schubladen einzuordnen. Wie kann das geschehen?

Der Mensch als Sünder: Versuch einer Integration

Nehmen wir als Beispiel das Konzept vom *Menschen als Sünder*. Wenn wir die Lehre von Paulus mit den Argumenten moderner Psychologen vergleichen, scheinen wir vor zwei unvereinbaren Positionen zu stehen. Während Paulus davon spricht, daß der Mensch sich für die Sünde entscheidet, wird der Psychologe auf die unwiderstehlichen und unbeherrschbaren Kräfte in uns hinweisen, die unser Handeln bestimmen. Während Paulus sagt, der Mensch habe sich bewußt von Gott abgewandt, um sein eigener Herr zu sein, wird der Psychologe behaupten, Unabhängigkeit und Selbstvertrauen seien unabdingbare Voraussetzungen einer gesunden Persönlichkeit. Während Paulus Egoismus verurteilt, zeigt der Psychologe auf, daß wir von Geburt an notwendigerweise darauf programmiert sind, für uns selbst zu sorgen, weil wir sonst gar nicht überleben könnten. Und so weiter.

Integration? Wie soll es denn möglich sein, so unterschiedliche Positionen unter einen Hut zu bringen? Anscheinend wird hier doch nicht dasselbe aus unterschiedlichen Perspektiven beschrieben, sondern stehen sich hier zwei Verständnisse von »Sünde« unvereinbar gegenüber.

Wirklich? Zunächst einmal müssen wir uns klarmachen, daß Paulus zwar die Auswirkungen der Sünde beschreibt, aber abgesehen von der Kombination von Theologie und gesundem Menschenverstand in Römer 6 und 7 nirgendwo im einzelnen die dabei ablaufenden Prozesse erklärt. Und selbst in den beiden genannten Kapiteln geht es ihm in erster Linie um die geistlichen und theologischen Dimensionen.

Auffallend ist aber vor allem: Weder bei seiner Darstellung, wie der Mensch dazu kam, die Sünde zu wählen (Römer 1), noch bei der Beschreibung, wie die Sünde durch Adam in die Welt kam (Römer 5), macht Paulus auch nur den Versuch, genau zu erklären, wie das geschah. Er begnügt sich mit dem allgemeinen Hinweis, daß wir uns bewußt für die Sünde und gegen Gott entschieden haben und daß Adams Sünde die erste derartige Entscheidung des Menschen darstellt. Weiter geht Paulus nicht. Ihm kommt es vor allem darauf an, daß seine Leser ihre *persönliche Erfahrung* der Sünde *theologisch deuten* können und begreifen, daß Gott ihnen in Christus Freiheit und Versöhnung anbietet. Auch wenn Paulus beweist, daß er sich gut in der Psyche des Menschen auskennt, hat er überhaupt kein Interesse daran, als früher Entwicklungspsychologe betrachtet zu werden.

Wenn wir das akzeptieren, werden wir frei, uns neu mit den Erkenntnissen der Entwicklungspsychologie zu beschäftigen. Welchen Zweck verfolgt sie überhaupt? Sie will doch zunächst einmal nur nachzeichnen, wie wir aufwachsen und welche gemeinsamen Muster sich in den Erfahrungen von Kindern beobachten lassen. Ob das Ganze etwas mit Gott zu tun hat, darüber kann die Entwicklungspsychologie als solche keine Aussage machen. Wenn jedes Handeln Gottes ausgeschlossen wird, entspringt das der *Vorentscheidung*, theologische Fragen auszuklammern bzw. das Handeln Gottes auf den Bereich des Übernatürlichen zu begrenzen, ohne Bezug zum natürlichen Bereich.

Indem der Sozialwissenschaftler menschliche Entwicklungsprozesse schildert, fügt er im Grunde nur beobachtete Entwicklungsmerkmale zu einem Muster zusammen und versucht, ihre Ursachen zu erklären.

Ein Beispiel

Beschäftigen wir uns noch einmal mit dem Kind, das Süßigkeiten gestohlen hat. Dabei müssen wir fragen: (1) Wußte der Junge, daß Stehlen unrecht ist? Wenn nicht, ist seine Handlungsweise anders zu beurteilen als die eines Kindes, das weiß, was Diebstahl bedeutet, und trotzdem stiehlt. Wenn er es hingegen wußte und nicht von Erwachsenen oder stärkeren Gleichaltrigen dazu gezwungen wurde, müssen wir davon ausgehen, daß er sich ebensogut entschieden haben könnte, nicht zu stehlen, und folglich für sein Handeln verantwortlich ist. (2) Was veranlaßte ihn zu dem Diebstahl? War es Lust auf etwas Süßes? Armut? Wollte er seine Freunde beeindrucken? Oder was? Hier kann der Psychologe helfen. Er mag auf die ärmlichen Verhältnisse hinweisen, aus denen der Junge stammt; oder er kann zu bedenken geben, daß in der Familie alle stehlen und der Junge sich nur »nach Art des Hauses« im Laden selbst bedient hat. Dennoch bleibt: Wenn er wußte, daß Stehlen unrecht ist, und dennoch stahl, ist er dafür verantwortlich.

Wir können also festhalten, daß Diebstahl Sünde ist, und dennoch die Rolle von psychologischen Faktoren anerkennen, die dazu beigetragen haben, daß der Betreffende gesündigt hat. Die Tatsache, daß man die Hintergründe des sündigen Handelns auch nicht-theologisch erklären kann, ändert nichts an der theologischen Bedeutung dieser Handlung. Diebstahl ist und bleibt Sünde, allerdings können mildernde Umstände einen Einfluß darauf haben, wie wir Fragen nach der Verantwortlichkeit und der angemessenen Strafe beantworten. Unter Umständen sollte das Kind verwarnt statt bestraft werden.

»Erbsünde«: theologische und entwicklungspsychologische Entsprechungen

Man kann Theologie und Entwicklungspsychologie auch zu integrieren versuchen, indem man die wichtigsten theologischen und entwicklungspsychologischen Erkenntnisse Punkt für Punkt auf Gemeinsamkeiten hin untersucht. Das mag nicht überall möglich sein, doch an vielen Stellen geht es. Machen wir uns das am *Konzept der »Erbsünde«* klar.

Obwohl Paulus den Begriff »Erbsünde« nirgendwo gebraucht (der Begriff kommt überhaupt nicht in der Bibel vor), nimmt die Vorstellung von der angeborenen Tendenz zur Sünde einen wichtigen Platz in seinem Denken ein. Diese Überzeugung steht ja hinter der Gegenüberstellung von Adam und Christus in Römer 5: Wir haben alle Anteil an Adams Sündhaftigkeit und sind deshalb Sklaven der Sünde. Wenn wir uns fragen, worin die angeborene Sündhaftigkeit eigentlich besteht, stellen wir fest, daß die Vorstellungen der Theologie und die der Psychologie einander weitgehend entsprechen, auch wenn sie in unterschiedliche Worte gekleidet sind.

Die Realität

Sünde ist »Mittelpunktshaltung des Menschen«, so hat es der Theologe W. Ehlert formuliert. Das entspricht dem

Verständnis von Paulus und Luthers Wort vom auf sich selbst zurückgebogenen Menschen. Nicht nur, daß wir für uns selbst sorgen – nein, daß wir uns selbst wichtiger nehmen als alles andere. Wenn es hart auf hart geht, sind wir uns selbst der Nächste. Und selbst wenn es nicht hart auf hart geht, versuchen wir stets, möglichst viel für uns selbst herauszuschlagen, oft auf Kosten anderer.

Der Entwicklungspsychologe wird sagen, ein solches Verhalten sei typisch für alle kleinen Kinder. Wie wir bei Michael und Elisabeth gesehen haben, sind die ersten Lebensmonate und -jahre auf der Vorstellung aufgebaut, daß sich die ganze Welt um das Kind und seine Bedürfnisse dreht. In diesem Sinne haben wir alle von Geburt an die »Mittelpunktshaltung« mitbekommen. Sie gehört zu unserem Menschsein.

Aber genau das ist Paulus' Punkt: Mensch sein heißt sündhaft geboren sein, weil als Mensch geboren sein bedeutet: ichbezogen geboren sein. Paulus und die moderne Psychologie sind sich also einig, daß uns allen die »Mittelpunktshaltung« angeboren ist. Der Entwicklungspsychologe beobachtet: Das Kind ist von Geburt an egozentrisch. Und das entspricht genau Paulus' theologischem Konzept der angeborenen Sündhaftigkeit.

Entscheidung

Wann wird aber nun die angeborene Sündhaftigkeit oder Ichbezogenheit zur bewußten, willentlichen Sünde? Auch da stimmen Theologie und Psychologie überein. Paulus beschreibt die Sünde nicht nur als Macht und als Zustand; er kennzeichnet die Sündhaftigkeit des Menschen noch auf zwei weitere Weisen: Einmal als Ablehnung Gottes, zum anderen als Lieblosigkeit dem Mitmenschen gegenüber. Über das erste mag der Psychologe nichts zu sagen haben; doch alle psychologischen Theorien behaupten übereinstimmend, daß ein Mensch nur dann zu einer gesunden Persönlichkeit heranreifen kann, wenn er es lernt, seine Mitmenschen zu respektieren. Anders ausgedrückt: Eine reife Persönlichkeit zeichnet sich dadurch aus, daß sie andere Menschen nicht nur als Mittel zum Zweck benutzt, sondern um ihrer selbst willen in Beziehung zu ihnen tritt, weil sie selbst als Personen wertvoll sind und Achtung verdienen.

Die Ichbezogenheit, die zum natürlichen Wachstumsprozeß gehört, wird also erst zur willentlichen Sünde, wenn wir uns bewußt entscheiden, uns über die Bedürfnisse und Rechte anderer hinwegzusetzen, um unsere eigenen Wünsche zu erfüllen. Das setzt natürlich die Fähigkeit voraus, einzusehen, daß andere Leute (auch) Rechte haben. Wie wir im Zusammenhang mit der Frage der »Verantwortlichkeit« sehen werden, wird diese Fähigkeit erst im Teen-Alter *voll* ausgebildet; doch sobald jemand sagen kann: »Der andere hat die gleichen Rechte wie ich, aber ich werde schon dafür sorgen, daß ich selbst immer am besten wegkomme« – ist die Schwelle zur willentlichen Sünde überschritten. Wir alle kennen Kinder und Erwachsene, die andere ständig »benutzen« bzw. mißbrauchen. Selbst wenn sie sich scheinbar für andere einsetzen, geschieht es im Grunde um eigener Vorteile willen. Solche Menschen sind übertriebene Formen dessen, was wir alle sind: ichbezogene Sünder.

Theologie und Entwicklungspsychologie können einander also ergänzen, wenn berücksichtigt wird, wo ihre Grenzen sind und was jede von ihnen eigentlich will. Gewiß wird es Bereiche geben, in denen sich nur schwer erkennen läßt, wie sie zusammenpassen. Doch dann sollten wir nicht einfach das eine Erklärungsmodell zugunsten des anderen über Bord werfen oder abwerten; nein, wir sollten eingestehen, daß wir den Zusammenhang noch nicht durchschauen, und entweder mit der Spannung leben oder uns weiterhin um eine Lösung bemühen. Wenn beide – Theologie und Entwicklungspsychologie – uns wichtige Einsichten in unser Menschsein vermitteln, wäre es jedenfalls unverantwortlich, eine von beiden abzuschreiben, nur weil sie auf den ersten Blick Elemente enthält, die sich nicht mit der anderen vereinbaren lassen.

Sünde und Verantwortlichkeit

Die Frage nach dem richtigen Verständnis von Sünde führt uns zu einer weiteren wichtigen (in gewisser Hinsicht der entscheidenden) Frage. Sooft Kindermitarbeiter zu theologischen Gesprächen zusammenkommen, schiebt sich bald unweigerlich ein Thema in den Vordergrund: die Frage nach dem geistlichen Status des Kindes. Das kann kaum überraschen, bestimmt doch die Position, die der Kindermitarbeiter in dieser Frage vertritt, die Zielrichtung seines Dienstes. Wir wollen in diesem Abschnitt die wichtigsten Standpunkte in der Diskussion kritisch beleuchten, und zwar aus dem Blickwinkel von Verantwortlichkeit und Zurechnungsfähigkeit. Wir werden fragen, inwiefern diese Begriffe überhaupt auf Kinder anzuwenden sind und was sich daraus für die Verkündigung des Evangeliums ergibt.

Die unterschiedlichen theologischen Standpunkte lassen sich auf drei grundlegende Positionen reduzieren:
1. Aufgrund der Erbsünde gehen alle Kinder verloren, solange sie sich nicht bewußt Christus anvertraut haben.
2. Kinder gläubiger Eltern sind in den Glauben ihrer Eltern eingeschlossen und haben Anteil am Versöhnungswerk Christi, solange sie Christus nicht bewußt ablehnen.
3. Trotz der Erbsünde sind auch die Kinder ungläubiger

Eltern ins Versöhnungswerk eingeschlossen, weil Gott ein liebender und gerechter Gott ist.

Heutige Autoren schrecken davor zurück, ohne Wenn und Aber Position 1 zu vertreten. R. Hudson Pope, einer der wichtigsten Männer in der Geschichte des (englischen) Bibellesebundes, verfocht sie jedoch nachdrücklich. In seinem Buch *To Teach Others Also* (»Auch andere lehren«) legte er unzweideutig seine Überzeugung dar, daß alle Kinder als verloren betrachtet werden müßten, es sei denn, sie hätten sich klar zum Glauben bekannt. Es lohnt sich, seine Begründung im Wortlaut zu zitieren, weil sie sehr präzise das Denken der theologischen Richtung umreißt, der er angehörte und die viele Jahre lang in der Kinderevangelisation vorherrschte:

»Was also ist der geistliche Status der Kinder? Es ist entweder (a) ein wiedergeborenes Kind, wirklich zu Gott bekehrt, ein Kind Gottes durch den Glauben an Jesus Christus, ein Kind des Lichts; oder (b) ein unbekehrtes Kind Adams mit einem sündigen Herzen und, je nach Alter und Gelegenheit, auch mit sündigem Handeln ... Es fällt uns schwer, Aussagen zu akzeptieren, daß Kinder ›in die Irre laufen‹ und ›verlorengehen‹, denn die meisten von ihnen sind doch so liebe kleine Schätze ... Tatsache ist, daß bis die Gnade Gottes ihr wunderbares Werk tut, das Kind ein sündhaftes Herz hat und einen sündhaften Kurs verfolgen wird.«[1]

Popes Überzeugung ist also kristallklar: Kinder sind verdammt, bis sie eindeutig und ersichtlich wiedergeboren sind.

»Wir blicken auf das äußerlich Sichtbare und erkennen bei manchen Kindern kaum Anzeichen von Sündhaftigkeit. Aber lassen wir uns nicht täuschen: ›Gott sieht das Herz an‹, und wenn wir wissen wollen, wie es im Herzen eines ungeretteten Kindes aussieht, finden wir die Antwort in des Herrn eigenen Worten in Markus 7,21: ›Denn von innen, aus dem Herzen der Menschen, kommen heraus böse Gedanken, Unzucht, Diebstahl, Mord, Ehebruch, Habgier, Bosheit, Arglist, Ausschweifung, Mißgunst, Lästerung, Hochmut, Unvernunft.‹ Dies ist das Bild, das unser Herr vom menschlichen Herzen zeichnet, auch vom Herzen eines Kindes, denn er zieht keine Altersgrenze.«[2]

Halten wir vor allem zweierlei fest. Erstens macht Pope keinen Unterschied zwischen angeborener Sündhaftigkeit und bewußter Sünde – beides ist in Gottes Augen gleichermaßen verdammenswürdig. Zweitens spielt für Pope das Alter keine Rolle. Ob jemand unwissend oder willentlich sündigt und ob jemand neun Monate oder neunzig Jahre alt ist: er ist gleichermaßen Gott gegenüber verantwortlich und muß für seine Sünde Rechenschaft ablegen. Diese Position muß, wie wir sehen werden, sorgfältig und kritisch geprüft werden, wenn wir sowohl der biblischen Theologie als auch unseren Erkenntnissen von der kindlichen Entwicklung gerecht werden wollen.

Steht Hudson Pope an einem Ende des Spektrums, steht ihm am anderen Ende John Inchley gegenüber, ebenfalls Autor und Evangelist des (englischen) Bibellesebundes. Seiner Überzeugung nach sind *alle* Kinder (ob aus christlichen Familien oder nicht) ins Versöhnungswerk Christi eingeschlossen, bis sie Christus bewußt ablehnen. Auf den ersten Blick könnte man meinen, Inchley gehe unausgesprochen von einer *emotionalen* Prämisse aus: Wie könnte ein liebender Gott unschuldige kleine Kinder verurteilen?! – Doch seine rationalen Argumente sind biblisch-theologisch begründet. Im Mittelpunkt von Inchleys Überlegungen steht der Glaube, daß Kinder von Geburt an Gott gehören. Das schließt er aus den Evangelientexten, die zeigen, wie Jesus Kinder angenommen hat:

»In Kapitel 18 und 19 des Matthäusevangeliums und in

den Parallelen Markus 10 und Lukas 18 sind uns die Worte und Taten Jesu überliefert, die uns Grund zu dem Glauben geben, daß alle Kinder unserem himmlischen Vater wichtig sind und daß er sie annimmt ... Jesus sagte, daß Menschen wie ihnen das Himmelreich gehört. Bei den Kindern, die Jesus da zu sich rief bzw. die zu ihm gebracht wurden, spielte weder die Rasse eine Rolle, noch sagte er ihnen das Himmelreich wegen ihrer Beziehung zu christlichen Eltern zu. Das Himmelreich gehört ihnen auch nicht, weil Kinder seiner besonders würdig wären, oder weil sie in der Art von Erwachsenen in Buße und Glauben zu Jesus gekommen wären. Nein, es gehört ihnen einzig und allein durch Gottes Gnade und aufgrund des Erlösungswerkes Christi.«[3]

Inchley kommt zu einem ebenso klaren Schluß wie Hudson Pope – allerdings zum entgegengesetzten:
»Wir glauben, daß alle Kinder in das große versöhnende Opfer eingeschlossen sind und zu Jesus Christus gehören, bis sie sich bewußt von ihm abwenden.«[4]

Dabei müssen wir uns unbedingt vor Augen halten, daß John Inchley ebenso an die angeborene Sündhaftigkeit des Menschen glaubt wie Hudson Pope. Außerdem ist er von der Notwendigkeit der neuen Geburt überzeugt. Wenn er dennoch zu einem anderen Schluß kommt, ist das in der Überzeugung begründet, daß Gottes Gericht sich gegen die wendet, die willentlich und bewußt das Evangelium ablehnen, und nicht gegen solche, die (wie Kinder) für ihre Unwissenheit und Unreife nicht verantwortlich gemacht werden können.
»Wenn Gottes Zeit gekommen ist, dann wird von ihnen (den Kindern) erwartet, daß sie den Anspruch und die Herrschaft Gottes anerkennen und durch die Erleuchtung und den Ruf des Heiligen Geistes und die

Geburt von oben das Reich Gottes persönlich annehmen.«[5]

Mit der »Verantwortlichkeit« steht und fällt also die ganze
Argumentation. In welcher Weise (wenn überhaupt) zieht
Gott Kinder für ihre Sündhaftigkeit oder ihre Handlungen
zur Rechenschaft? Inwieweit sind sie in seinen Augen »zu-
rechnungsfähig«?

Ein »Alter der Verantwortlichkeit«?

Mit dem Problem der Verantwortlichkeit des Kindes hat
man sich schon lange beschäftigt. Traditionell spricht man
von einem *Alter der Verantwortlichkeit*. Ron Buckland, der
Leiter des Bibellesebundes in Australien, sagt dazu: »Gewöhnlich definiert man das negativ, d.h., als das Alter, von
dem an ein Kind, wenn es Christus ablehnt, sich das ge-
rechte Gericht Gottes zuzieht.«[6]
    Nun ist allerdings die Vorstellung eines festen und spe-
zifischen *Zeitpunktes* der Verantwortlichkeit unter Be-
schuß geraten. John Inchley spricht für viele andere, wenn
er feststellt: »Jeder Versuch, einen Moment im Leben eines
Kindes als den tatsächlichen Zeitpunkt der Verantwortlichkeit zu fixieren, ist zum Scheitern verurteilt.«[7] Inchley
spricht lieber von einer »Zeit der Verantwortlichkeit« als
von einem Punkt bzw. einem festen Alter. Die Gründe dafür liegen auf der Hand.
    Erstens erkennen wir aufgrund unserer eigenen Beob-
achtungen, was auch die Sozialwissenschaften bestätigen:
daß *Kinder erst nach und nach die Fähigkeit entwickeln,
Recht und Unrecht zu unterscheiden* und moralisch-geistli-
che Entscheidungen zu treffen. Wenn das so ist, muß die
Vorstellung eines fixierten Punktes, von dem an ein Kind
verantwortlich ist, aufgegeben werden. Statt dessen müssen wir von einer Reihe von Stationen innerhalb einer

Zeitspanne ausgehen, an denen ein Kind zunehmend eigenverantwortlich handelt und deshalb auch immer mehr die Verantwortung für sein Handeln übernehmen muß.

Zweitens durchlaufen zwar alle Kinder die gleichen Entwicklungsphasen, aber ihre *Entwicklungsgeschwindigkeit ist erstaunlich unterschiedlich.* Wenn das stimmt, ist es unmöglich, ein Alter festzulegen, in dem *alle* verantwortlich werden. Jedes Kind wird in einem anderen Alter fähig sein, die Verantwortung für sein Handeln zu übernehmen, je nach geistiger, emotionaler, moralischer und geistlicher Entwicklung, nach kulturellen und körperlichen Faktoren, Erziehung, Erfahrungen und Umgebung und vielen anderen Gegebenheiten.

Drittens sollten wir beachten, daß auch *die staatliche Gesetzgebung verschiedene Stufen der Verantwortlichkeit kennt* (»Mündigkeit«, »Volljährigkeit« usw.). In vieler Hinsicht stellen sich ja ganz ähnliche Fragen für den Christen, der sich Gedanken darüber macht, wie weit ein Kind Gott gegenüber für unrechte Handlungen verantwortlich ist, und den Gesetzgeber, der festlegen muß, ab wann ein Kind für die Übertretung menschlicher Gesetze zur Rechenschaft gezogen werden soll. Es ist aufschlußreich, daß bei uns in England das Gesetz zwischen dem Alter von zehn und siebzehn Jahren ein wachsendes Maß an Verantwortlichkeit für kriminelle Handlungen anerkennt. In anderen Ländern ist das ähnlich, wobei die Altersgrenzen variieren. Erst ab achtzehn Jahren wird in England der junge Mensch vom Gesetz als Erwachsener behandelt, in anderen Ländern noch später. Außerdem fordert unser Rechtssystem je nach den Umständen einer Gesetzesübertretung eine unterschiedliche Bestrafung. Selbst wenn zwei Jugendliche sich desselben Vergehens schuldig machen, müssen ihr jeweiliger Hintergrund, ihre Motive und Absichten mit berücksichtigt werden. Nach Abwägen aller Faktoren kommt der Richter vielleicht zu dem Schluß, daß der eine mehr Schuld trägt als der andere, weil er eigentlich zu größerer Verantwortung fähig war als jener. »Verantwortlichkeit« ist also etwas sehr Komplexes, und deshalb ist es eine Illusion zu meinen, es könne einen genau fixierbaren Punkt geben, von dem an alle Kinder unter allen Umständen zu allen Zeiten für ihr Handeln Rechenschaft ablegen können (und müssen).

Wenn wir diese Überlegungen auf den theologischen Bereich übertragen, scheint mir, daß wir nicht am einfachen Konzept eines »Alters der Verantwortlichkeit« festhalten können. Soll das heißen, daß Kinder überhaupt nicht als verantwortlich betrachtet werden sollten?

Am einfachsten machen wir es uns, wenn wir entweder diese Meinung unkritisch vertreten – oder das Gegenteil behaupten: Kinder seien ebenso verantwortlich wie Erwachsene. Meiner Überzeugung nach sind beide Alternativen unbefriedigend. Erst ein drittes Modell, das Konzept wachsender Verantwortlichkeit, ermöglicht es uns, sowohl die Realität der Sünde als auch die Verantwortlichkeit ernstzunehmen.

Theologische Hinweise

Eine wichtige theologische Tatsache müssen wir unbedingt berücksichtigen: Nirgendwo in der Heiligen Schrift werden ausdrücklich die Fragen behandelt, die uns hier so brennend interessieren. Die biblischen Autoren dachten damals einfach nicht in unseren Kategorien. Ob Kinder als gerettet oder verloren zu betrachten seien, darüber diskutierten sie nicht, ja, die Frage kam ihnen anscheinend gar nicht in den Sinn. Wir werden in der Bibel vergeblich nach Aussagen über das Schicksal von Nicht-Erwachsenen suchen.

Schon das allein sollte uns daran hindern, dogmatische Aussagen zu machen. Wenn die Schrift das Problem nicht direkt diskutiert (ja, offenbar das Problem gar nicht kennt), können wir allenfalls aus den allgemeineren Lehren der Bibel über Gott, den Menschen und die Erlösung gewisse indirekte Schlüsse ziehen. Dabei tun wir gut daran, demütig unsere Grenzen anzuerkennen. Wenn wir der Heiligen Schrift treu bleiben wollen, müssen wir uns davor hüten, Dogmen zu verkündigen, wo die Bibel keine eindeutigen Aussagen macht.

Nehmen wir als Beispiel Römer 1 – 5, wo Paulus das Thema »Sünde« (als Macht und als Zustand) behandelt. Über Kinder wird dort nichts gesagt. Wie wir gesehen haben, geht es Paulus um den Zustand der Menschheit als Ganzes, genauer: um den Status der erwachsenen Menschheit. Wenn Paulus erklärt, niemand könne behaupten, vor Gott gerecht zu sein (Röm 3,23), denkt er dabei klar erkennbar nicht an Kinder. Die Beispiele, anhand derer er unsere willentliche Rebellion illustriert, stammen alle aus dem Erwachsenenleben: Götzendienst, sexuelle Verirrungen, schändliche Leidenschaften, Mord, Verleumdung ... (Röm 1,18-31). »Gott hat sie dahingegeben in einen verworfenen Sinn« (1,28; Elberfelder Übers.). Es ist unmöglich, in diesen Text eine einfache Lehre kindlicher Sünde hineinzulesen, es sei denn, wir behaupten gegen alle Textindizien, Paulus habe beim Schreiben auch Kinder im Sinn gehabt. Damit legen wir Aussagen in den Abschnitt, die nicht da stehen. Können wir wirklich glauben, Paulus klage Kinder sexueller Verirrungen, schändlicher Leidenschaften und all der anderen Auswirkungen der Sünde an? Nein, was Paulus hier sagen will, ist klar: Er will nachweisen, daß niemand auf der Grundlage angeblichen Gehorsams gegenüber dem Gesetz oder irgendwelchen menschlichen Maßstäben Gerechtigkeit für sich beanspruchen kann. Ein solcher Anspruch ist natürlich ein typischer Erwachsenenanspruch.

Damit soll nicht die Realität der angeborenen Sündhaftigkeit geleugnet werden. Wir sind alle Nachkommen Adams, geboren mit dem Drang nach Unabhängigkeit und mit dem Eigenwillen, der den Kern der Sünde bildet. Doch wieder müssen wir uns klarmachen, daß Paulus diesen Gedanken nirgendwo im Kontext von Kindern entwickelt. Seine Absicht ist es in Römer 5, dem Schicksal des natürlichen Menschen das des durch Christus Erlösten gegenüberzustellen. Obwohl seine Argumentation die Realität der angeborenen Sündhaftigkeit voraussetzt, kommt im Text die Frage des Status von Kindern an keiner Stelle in den Blick. Paulus geht es darum, seinen (erwachsenen) Lesern die Tiefe dessen zu zeigen, was Gott in Christus getan hat.

Damit stehen wir vor einem Problem. Die Bibelstellen, die die wichtigsten Aussagen über Sünde und Erlösung enthalten, scheinen für unsere speziellen Fragen in bezug auf Kinder nichts herzugeben. Sind unsere Fragen also überflüssig oder nicht beantwortbar? Müssen wir einfach akzeptieren, daß wir nichts darüber aussagen können, was die großen christlichen Lehren im Kontext des Lebens von Kindern bedeuten?

Glücklicherweise nicht. Tatsächlich enthält die Bibel einige Hinweise, auch wenn sie nirgendwo so klar oder systematisch sind wie manche Autoren uns glauben machen wollen oder wie wir es gerne hätten.

Christliche »Haustafeln«

Den ersten Hinweis finden wir in den »Haustafeln« des Neuen Testaments, d.h. Ermahnungen an die verschiedenen Glieder der christlichen Familie. In Kolosser 3,20 ermahnt Paulus Kinder, ihren Eltern zu gehorchen, denn »so ist es recht vor dem Herrn«. Das bedeutet, daß Ungehorsam nicht »recht vor dem Herrn«, also Sünde, ist. Ähnlich werden im Epheserbrief die Kinder aufgefordert, ihren Eltern »in dem Herrn« zu gehorchen, weil das recht ist und Gottes Segen nach sich zieht. Ungehorsam wäre also Übertretung göttlichen Gebotes, das Paulus zitiert, um seine Ermahnung zu unterstreichen (»Ehre Vater und Mutter«).

Aus diesen Stellen geht eindeutig hervor, daß *Kinder sündigen können und tatsächlich sündigen.* Das Prinzip der angeborenen Sündhaftigkeit wirkt sich nicht erst beim Erwachsenen aus. Doch weder Paulus noch die anderen neutestamentlichen Autoren waren bereit, über die Tatsache der Sündhaftigkeit des Kindes hinauszugehen, d.h. daraus irgendwelche Schlüsse über ihr ewiges Schicksal zu ziehen.

Jesus und die Kinder

Den zweiten Hinweis liefert uns die Haltung Jesu Kindern gegenüber. Es gibt verschiedene Stellen in den Evangelien, an denen Jesus Aussagen über Kinder macht. Sie sind jedoch, wie der Theologe Hans-Ruedi Weber nachgewiesen hat,[8] nicht immer einfach zu verstehen, und wir müssen uns davor hüten, in die Texte hineinzulesen, was wir aus ihnen heraushören wollen. Eine genauere Beschäftigung mit Markus 9,36-37 läßt uns allerdings deutlich drei Aspekte der Haltung Jesu Kindern gegenüber erkennen:

»Er winkte ein Kind heran, stellte es in ihre Mitte, nahm es in seine Arme und sagte: ›Wer in meinem Namen solch ein Kind aufnimmt, der nimmt mich auf. Und wer mich aufnimmt, der nimmt nicht nur mich auf, sondern gleichzeitig den, der mich gesandt hat.‹«

Erstens *befiehlt Jesus Kinder unserer liebenden Fürsorge an.* Im Neuen Testament bedeutet »jemand aufnehmen« stets herzliche und uneingeschränkte Gastfreundschaft. Im jüdischen Kontext bedeutete »aufnehmen« sogar unter Umständen die Adoption eines Waisenkindes in eine Familie, in der es fortan den leiblichen Kindern gleichgestellt war. Indem Jesus also das Kind in die Arme nahm, demonstrierte er die Liebe, die Gott von uns Kindern gegenüber erwartet.

Zweitens *weist Jesus auf eine besondere Beziehung hin.* »Wer in meinem Namen solch ein Kind aufnimmt, nimmt mich auf.« Dies ist eine sehr weitreichende Formulierung. Wenn ein König einen Gesandten mit einem bestimmten Auftrag aussandte, erwartete er, daß man diesen seinen Repräsentanten »in seinem Namen« aufnahm. Im semitischen Denken ist der Repräsentant des Königs so wichtig wie der König selbst. Ein Rabbi drückte das so aus: »Der Gesandte des Königs ist wie der König selbst.« Und Jesus erklärt hier praktisch, daß ein Kind Gottes Gesandter ist!

Ein solcher Gedanke muß die Jünger schockiert haben. Wir wissen aus dem folgenden Kapitel, daß sie versuchten, die Kinder wegzuschicken (Mk 10,13-16). Jesus aber betonte, daß er (und deshalb auch sein Vater) eine ganz besondere Beziehung zu ihnen habe, indem er seinen Jüngern verbot, die Kinder aus seiner Nähe zu vertreiben, und sie segnete.

Drittens *deutete die Gegenwart der Kinder die Gegenwart des Reiches Gottes an* (Mk 10,16). Das ergibt sich aus dem zweiten Punkt. Wenn die Kinder die Gesandten Gottes sind (»Wer solch ein Kind aufnimmt ... nimmt den auf, der mich gesandt hat«), muß in ihnen Gottes Reich gegenwärtig sein. Jesus erklärt nicht genauer, inwiefern das so ist. Weber faßt es so zusammen:

> »Nur aufgrund ihrer Beziehung zu Jesus sind diese Kinder Repräsentanten Gottes. Als solche sind sie unsere Lehrer. Sie kennen und anerkennen ihre Bedürftigkeit, rufen ›Mama!‹, ›Papa!‹, ›Abba!‹ und strecken ihre leeren Hände aus. Wenn wir lernen wollen, wie wir Gottes Gesandte werden können, müssen wir von dem Kind in unserer Mitte lernen.«[9]

Die Haltung Jesu Kindern gegenüber unterschied sich also grundlegend von der seiner Zeitgenossen. Er hieß sie willkommen und nahm sie als von Gott Geliebte an, ja, als Zeichen der Gegenwart Gottes. Auf diese solide biblische

Basis gründet sich unsere Überzeugung, daß Kinder in die versöhnende Liebe Gottes eingeschlossen sind.

Einsichten der Entwicklungspsychologie

Ich habe schon deutlich zu verstehen gegeben, daß meiner Meinung nach »Verantwortlichkeit« am besten im Sinne einer Entwicklung verstanden wird. Es gibt keinen eindeutig fixierbaren Punkt, von dem an alle Kinder plötzlich verantwortlich werden oder von dem an das einzelne Kind plötzlich verantwortlich ist. Jedes Kind durchläuft Phasen zunehmender Verantwortlichkeit, bis es schließlich als Erwachsener mündig und voll verantwortlich ist. Dies paßt, so meine ich, auch am besten mit den biblischen Begriffen von Sünde und Erlösung zusammen.*

Außerdem stimmt dieses Verständnis der wachsenden Verantwortlichkeit mit den Entwicklungsmodellen überein, die wir im ersten Teil betrachtet haben. Früher wurden Kinder in vieler Hinsicht als kleine Erwachsene betrachtet und behandelt. In der vorindustriellen Gesellschaft war die Familie so organisiert, daß ein Kind, sobald es gewisse grundlegende körperliche Fähigkeiten hatte, automatisch in die wirtschaftlichen Abläufe des Haushaltes einbezogen

---

* Meines Erachtens deckt sich diese Auffassung genau mit der des Apostels Paulus. Er ist ein lupenreiner Jude von Geburt an (»am achten Tag beschnitten … aus dem Volk Israel, vom Stamm Benjamin, ein Hebräer von Hebräern, nach dem Gesetz ein Pharisäer … nach der Gerechtigkeit, die das Gesetz fordert, untadelig gewesen« – Philipper 3,5-6). Doch derselbe Paulus sagt in Römer 7,9.10: »Ich lebte einst ohne Gesetz; als aber das Gebot kam, wurde die Sünde lebendig, ich aber starb.« Paulus »einst ohne Gesetz«? Das kann doch nur bedeuten, daß es im Leben des Juden Paulus eine Zeit gab, in der er (als Kind) Gott gegenüber noch nicht für die Erfüllung des Gesetzes verantwortlich war und damit das Gesetz auch noch nicht seinen richtenden, todbringenden Anspruch auf ihn hatte. Demnach gibt es also auch für Paulus Stufen der wachsenden Verantwortlichkeit. (Anmerkung des Übersetzers)

wurde. Kinder arbeiteten also auf den Feldern mit und später, nach der industriellen Revolution, in den Fabriken. Man erwartete von ihnen, daß sie sich wie Erwachsene verhielten. Beispiele dafür lassen sich bis heute in Gesellschaften der Zweidrittelwelt finden, in denen der westliche Lebensstil noch nicht Einzug gehalten hat.

Kinder in westlichen Gesellschaften sind dagegen schon von einem sehr frühen Alter an von der Erwachsenenwelt getrennt: Kindergarten und Schule sorgen dafür, daß die Kindheit als eigenständiger Entwicklungsabschnitt gefördert wird. Erst nach Vollendung des 18. Lebensjahres erkennen wir in England einen jungen Menschen als erwachsen an. Bis vor kurzem wurde diese Grenze noch beim 21. Geburtstag gezogen (und in anderen Ländern ist die Volljährigkeit noch einmal anders festgelegt). Das beweist, wie relativ die Vorstellung eines Alters der Verantwortlichkeit ist!

Wir wollen im folgenden zwei Modelle von Entwicklungspsychologen zur *moralischen Entwicklung* kurz darstellen und sie im nächsten Kapitel in Beziehung setzen zu den Modellen der *Entwicklung des Glaubens*, wie Fowler und Westerhoff sie formuliert haben. Beides zusammen kann uns helfen, die Entwicklung der geistlichen Verantwortung Gott gegenüber in den Blick zu bekommen.

Angeregt durch die Arbeiten von Jean Piaget und Lawrence Kohlberg beschäftigen sich heute viele Psychologen mit den Veränderungsprozessen, die Kinder aufgrund ihrer wachsenden kognitiven Fähigkeiten und ihrer moralischen Entwicklung durchlaufen. Zwar ist in Einzelheiten Kritik an Piaget und Kohlberg geäußert worden, aber die von ihnen beschriebenen Entwicklungsstufen werden weiterhin von den meisten Forschern anerkannt. Auch wir brauchen nicht unkritisch alles zu schlucken, können jedoch eine Menge von ihnen lernen.[10] Piagets und Kohlbergs Modelle sind also nicht als »letzte Wahrheiten« zu verstehen, sondern wirklich als Modelle oder Arbeitshypothesen, die uns helfen können, die Entwicklung von Kindern besser zu verstehen.

Piagets Modell der Entwicklung

Der Schweizer Psychologe Jean Piaget unterscheidet aufgrund vieler sorgfältiger Experimente mit Gruppen von Kindern vier Stufen der moralischen Entwicklung. Die erste, *motorische*, Stufe ist die der frühen Kindheit (bis etwa zwei Jahre). In dieser Phase wird das Verhalten des Kindes davon bestimmt, was es körperlich schafft. Das Kind ist im wesentlichen damit beschäftigt, bestimmte grundlegende Fähigkeiten zu erwerben und zu üben, und nur im Zusammenhang damit gibt es auch so etwas wie ein Gefühl von »gut« und »nicht gut«. So wird »aufs Töpfchen gehen« gut, weil mit positiven Signalen beantwortet, »auf den Boden machen« nicht gut, weil negative Signale auslösend. »Laufen lernen« ist natürlich gut, bestätigen wir doch die entsprechenden Versuche des Kindes mit anerkennenden Kommentaren. Die Moral des Kindes in dieser Entwicklungsphase besteht also in der Beherrschung bestimmter körperlicher Fähigkeiten.

Stufe zwei ist die *egozentrische* Stufe (zwei bis fünf Jahre). Das Kind lernt zwar einfache Regeln für das Zusammenleben, bleibt aber grundsätzlich ichbezogen. Es meint, die Welt sei dazu da, seine Bedürfnisse zu stillen (ein Überbleibsel aus der Säuglingsphase). Andere interessieren es eigentlich nur, soweit sie ihm geben, was es braucht. Sein Verständnis von Recht und Unrecht hängt damit zusammen, was man ihm durchgehen läßt bei seinen Versuchen, seine Wünsche zu erfüllen.

Auf der dritten Stufe (sechs bis zehn Jahre) beginnt die *soziale Kooperation*. Das Kind spielt mit anderen Kindern und begreift nach und nach, daß dabei gewisse Regeln befolgt werden müssen. Aber selbst bei gemeinschaftlichen Spielen handelt das Kind (zumindest in der ersten Hälfte dieser Phase) weiterhin individualistisch. Die Vorstellung, etwas könne für den Zusammenhalt und den Erfolg einer Mannschaft gut oder schlecht sein, ist noch schwach ausgeprägt und kein moralisches Kriterium.

Den Beginn der vierten und letzten Stufe setzt Piaget bei etwa elf Jahren an. Nun wird sich das Kind zunehmend seiner *moralischen Verantwortung* anderer Menschen gegenüber bewußt. Es bejaht Regeln, die für alle gelten und von allen eingehalten werden müssen. »Recht/richtig« und »unrecht/falsch« wird an abstrakten Werten und Maßstäben gemessen, ein abstrakter Gerechtigkeitsbegriff entwickelt sich. Vorher waren moralische Urteile nur in konkreten Situationen möglich. Nun beginnen sich die Vorstellungen von moralischem Handeln und Verantwortlichkeit zu wandeln.

Piaget betont sehr nachdrücklich die Rolle von Regeln für die Moralentwicklung des Kindes. Das ist in unserem Zusammenhang besonders wichtig, entspricht es doch der christlichen Sicht der Funktion des Gesetzes, Sünde als Sünde kenntlich zu machen. Doch wie verstehen Kinder diese Regeln? Und wie verändert sich ihr Verständnis im Lauf der Zeit? Piagets Forschungsergebnisse können uns helfen, ein wirklichkeitsgetreues Konzept der Verantwortlichkeit zu entwickeln.

Piaget entdeckte drei abgrenzbare Phasen in der Haltung von Kindern gegenüber Regeln:

1. Die erste Phase fällt mit der oben erwähnten motorischen Stufe und dem ersten Teil der egozentrischen Stufe zusammen. Das Kleinkind beginnt ohne jede Vorstellung von Regeln, hat aber am Ende eine Ahnung, daß sie wichtig sein könnten. Es betrachtet sie allerdings als Beispiele und nicht als allgemeinverbindliche Verpflichtungen. Wenn man z.B. einem Kind sagt, es sei »gut«, Süßigkeiten mit anderen zu teilen, wird es das vielleicht bei nächster Gelegenheit tun. Aber es wird das nicht verallgemeinern und den Schluß ziehen können, daß die Bereitschaft zum

Teilen unter allen Umständen etwas Gutes ist. Ja, es wird wahrscheinlich weiterhin eher horten als teilen. Abstrakte Werte wie »Fairneß« und »Gerechtigkeit« übersteigen sein Fassungsvermögen.

2. Als nächstes kommt das Stadium der Heteronomie (ca. 4.-9. Lebensjahr): Kinder nehmen Regeln bewußt wahr, und zwar als unveränderbar und unantastbar. Die Regeln gehen auf erwachsene Autoritäten zurück und können nicht in Frage gestellt werden.

3. Es folgt das Stadium der Autonomie: Regeln werden aus eigener Überzeugung anerkannt, weil sie das soziale Miteinander ermöglichen und dafür sorgen, daß jeder zu seinem Recht kommt. Die Regeln können aber in gegenseitigem Einvernehmen geändert werden. Dem liegt eine Haltung der Achtung vor den Rechten des anderen zugrunde. »Fairneß« wird zum alles überragenden Wert. Alles muß gerecht zugehen, und wenn Regeln nicht der Gerechtigkeit dienen, können sie geändert oder mißachtet werden, ohne daß das als unmoralisch betrachtet würde.

Piagets Schema macht deutlich, daß das Verständnis von Sünde und Verantwortlichkeit, wie es Paulus' Ausführungen über die Verantwortung des Menschen zugrundeliegt, sich auf Erwachsene bezieht und kaum auf Kinder übertragen läßt, die ja vor dem Grundschulalter nicht einmal richtig einschätzen können, was eine Regel ist. Außerdem – wie kann man Kinder dafür zur Rechenschaft ziehen, daß sie abstrakte Normen von »recht« und »unrecht« nicht erfüllen, wenn sie noch gar nicht die Fähigkeit entwickelt haben, Abstraktionen zu begreifen (d.h. vor dem 11. Lebensjahr)? Wie ließe sich das mit der biblischen Lehre über die Gerechtigkeit Gottes vereinbaren?

Von den Arbeiten Piagets ausgehend, hat Lawrence Kohlberg ein differenzierteres Modell entwickelt. Es geht von sechs Stufen aus, von denen jeweils zwei zu einem Niveau zusammengefaßt sind:

A. Vormoralisches Niveau

Stufe 1: Orientierung an Bestrafung und Gehorsam. Ob eine Handlung gut oder böse ist, hängt von ihren Konsequenzen ab (Strafe). »Gut« ist nicht, was irgendeiner moralischen Ordnung entspricht, sondern was Strafe vermeidet.

Stufe 2: Orientierung an den eigenen Bedürfnissen. Andere Menschen haben keinen eigenen Wert, sondern sind Mittel zum Zweck. »Gut« ist, was belohnt wird. »Gerechtigkeit« bedeutet: »Eine Hand wäscht die andere« und »Wie du mir, so ich dir«.

B. Konventionell-konformistisches Niveau

Stufe 3: Orientierung an personengebundener Zustimmung. Richtiges Verhalten ist, was die Zustimmung anderer findet, besonders Erwachsener. Kohlberg nennt das die »guter Junge/nettes Mädchen«-Stufe (manche Erwachsenen bleiben Gott gegenüber ein Leben lang auf dieser Stufe).

Stufe 4: Orientierung an Recht und Ordnung. Regeln sind zu befolgen, weil sie eben Regeln sind und weil eine Autorität Gehorsam befohlen hat. Der Inhalt der Regeln ist nicht zu hinterfragen. Wenn also z.B. ein Lehrer ein Spiel durchführt, das Elemente der Ungerechtigkeit enthält, ist es immer richtig, dem Lehrer zu gehorchen, auch wenn man dabei Ungerechtigkeit in Kauf nehmen muß.

C. Postkonventionelles (»prinzipiengeleitetes«) Niveau

Stufe 5: Orientierung an Prinzipien im Sinne eines Sozialvertrags. Allgemein anerkannte Regeln werden als notwendig betrachtet, um die Rechte des einzelnen zu schützen. Sie können im Rahmen einer sozialen Übereinkunft geändert werden, aber der einzelne darf sie nicht beliebig übertreten. Spielregeln können geändert werden, wenn alle damit einverstanden sind; aber der einzelne Mitspieler kann nicht einfach um eigener Vorteile willen die Regeln mißachten.

Stufe 6: Orientierung an allgemeingültigen ethischen Prinzipien (»Goldene Regel«, »Kategorischer Imperativ« usw.). Recht handeln heißt: in Übereinstimmung mit selbstgewählten ethischen Prinzipien handeln (universellen Prinzipien der Menschenrechte und Menschenwürde usw.).

Wenn wir die Grundlinien der Arbeiten von Piaget und Kohlberg akzeptieren, müssen wir anerkennen, daß die

Entwicklung der Moral bis hin zum ethischen Handeln von Erwachsenen ein langer und vielschichtiger Prozeß ist. Kohlberg hat sein ursprüngliches Modell modifiziert, um der Tatsache Rechnung zu tragen, daß in der Praxis nur wenige Menschen je ganz die sechste Stufe erreichen. Doch selbst dann gehört zur moralischen Verantwortlichkeit des Erwachsenen:

1. das Anerkennen der Rechte anderer;
2. die Fähigkeit, Verpflichtungen zu übernehmen, die auf abstrakten Werten beruhen;
3. die Bereitschaft, egozentrisches Denken und Verhalten zu überwinden;
4. eigenständige Entscheidungen zu treffen.

Folgerungen aus den Entwicklungsmodellen

Inwiefern können uns diese Modelle helfen, die theologische Frage nach der Verantwortlichkeit für unser Handeln zu beantworten?

Erstens und vor allem *bestätigen sie, daß Verantwortlichkeit einem Wachstumsprozeß unterworfen ist.* Kinder sollten deshalb nur in dem Maß für ihr Handeln zur Rechenschaft gezogen werden, wie es ihrem Entwicklungsstadium entspricht.

Wir können von einem Kind also kein moralisches Handeln erwarten, das erst in einer späteren Entwicklungsphase möglich ist. Das Kind im Grundschulalter kann z.B. für sein Verhalten konkreten Regeln gegenüber verantwortlich gemacht werden; aber es ist sinnlos, es aufzufordern, abstrakte Normen zu erfüllen. Wir können zu Recht von ihm verlangen, daß es Regeln befolgt wie: »Stiehl nicht in Geschäften!« oder: »Schlage deine Schwester nicht, um ihre Süßigkeiten zu bekommen!« Beide Regeln sind eindeutig und konkret. Aber wir können fairerweise nicht von einem Kind erwarten, daß es abstrakte

Grundsätze wie »Ehrlichkeit ist etwas Gutes« oder »Gewaltanwendung und Mißgunst sind unrecht« in seine Lebenspraxis übersetzen kann. Erst der Jugendliche ist dafür verantwortlich, auch abstrakte Prinzipien in seinem Handeln zu berücksichtigen.

Daraus folgt zweitens, daß es *ungerecht wäre, ein Kind zu verurteilen, weil es nicht ein Gesetz Gottes erfüllt, dessen Erfüllung Gott von Erwachsenen verlangt.* Wir können nicht von Kindern auf Kohlbergs Stufe 1 und 2 erwarten, daß sie leben, als befänden sie sich bereits auf Stufe 5 oder 6! Das ist unfair und unrealistisch. Schließlich erwarten wir ja auch nicht von einem Kind, das eben zu zählen gelernt hat, daß es Differentialrechnungen löst.

Diese Einsichten wirken sich auch auf unser Verständnis von Sünde und Erlösung aus. Wenn wir weise sind, werden wir nicht davon ausgehen, daß sich erwachsenengemäße Kategorien ohne weiteres auf Kinder übertragen lassen. Wenn wir Kinder als Sünder bezeichnen, müssen wir sorgfältig darauf achten, daß wir Sünde richtig verstehen. Bei allem Respekt vor Hudson Pope werden wir doch nicht in den Fehler verfallen, biblische Texte, die sich an Erwachsene richten, auf den geistlichen Status von Kindern zu beziehen. Und wir werden ganz gewiß nicht davon ausgehen, daß das »Herz« eines Kindes einfach ein Erwachsenen»herz« in einem kleineren Körper ist.

Anderseits werden wir der Frage nach der Verantwortlichkeit nicht ausweichen und einfach annehmen, Kinder seien völlig frei von Sünde. Zu einer solchen Behauptung berechtigt uns weder Paulus noch die Entwicklungspsychologie. Die Frage ist nicht, ob Kinder für ihr Handeln verantwortlich sind oder nicht, sondern *wofür und in welchem Maße* sie verantwortlich sind. Wie ich zu zeigen versucht habe, sollten wir ein Kind nur für die Dinge zur Verantwortung ziehen, für die es auf seiner Entwicklungsstufe auch die Verantwortung übernehmen kann. Dasselbe gilt für seine Verantwortlichkeit Gott gegenüber, andernfalls leugnen wir Gottes Gerechtigkeit und Liebe.

Sünde und Verantwortlichkeit – ein revidiertes Modell

Ein Überblick über die bisher betrachteten Entwicklungsmodelle läßt eines klar erkennen: Sünde bedeutet für ein Kind von drei Jahren etwas radikal anderes als für ein Kind von fünfzehn Jahren. Nicht nur, daß manche Sünden »kindlich« wirken, andere dagegen »erwachsen«; nein, die beiden Kinder haben völlig unterschiedlich ausgeprägte Fähigkeiten, überhaupt zu begreifen, was Sünde ist. Das erscheint uns als Binsenweisheit. Doch wie die Argumentation von Hudson Pope zeigt, haben Evangelisten das in ihrer Theologie und ihrer Praxis nicht immer berücksichtigt.

Wenn Sünde je nach Entwicklungsstufe eines Kindes etwas anderes bedeutet, folgt daraus, daß entsprechend auch Verantwortlichkeit etwas anderes bedeutet.

Zu Beginn des Kleinkindalters lebt und handelt das Kind noch ganz instinktiv. Es entdeckt seine Welt und nimmt sie nach und nach in Besitz. Seine moralischen und geistlichen Verstehensmöglichkeiten sind noch unterentwickelt. Sünde und Verantwortlichkeit sind ungeeignete Kategorien.

Am Ende des Kleinkindalters und am Beginn des Schulkindalters lernt das Kind, seine Grenzen weiter hinauszuschieben. Es lernt, bewußt nein zu sagen und ungehorsam zu sein. Es beginnt, die eigene Identität zu entwickeln, doch was recht und was unrecht ist, bestimmen immer noch die Eltern. »Sünde« hat auf dieser Entwicklungsstufe allenfalls die Bedeutung, den Eltern nicht zu gehorchen. Wenn es also überhaupt angebracht ist, hier von »Sünde« zu sprechen, müssen wir uns zumindest darüber klar sein, daß die intellektuelle Dimension der Sünde völlig fehlt. Die Entscheidung zum Ungehorsam geschieht ohne das Wissen, was Recht und Unrecht wirklich ist und was sie in der Praxis bedeuten. Es handelt sich also gar nicht um eine rationale Entscheidung.

Im Kindesalter definiert das heranwachsende Kind Recht und Unrecht im Sinne von (a) Gehorsam gegenüber den Freunden und ihrem Verhaltenskodex; und (b) Gehorsam gegenüber den Regeln und Geboten der Erwachsenen. Sein Sündenverständnis ist vielschichtiger, aber es versteht »Sünde« immer noch ausschließlich im Sinne konkreter Verfehlungen. Es ist für ungehorsame Handlungen verantwortlich, doch ist sein Verständnis durch seine Denkfähigkeit begrenzt, die sich auf das Erfassen und Verarbeiten von Konkretem beschränkt.

Theologisch betrachtet besteht Sünde für das Kind also in einzelnen konkreten Handlungen. Abstrakte Begriffe wie Lieblosigkeit oder Ungerechtigkeit sind für das Kind absolut bedeutungslos, wenn sie nicht durch konkrete Beispiele aus seiner Erfahrungswelt veranschaulicht werden. Einem Kind zu sagen, Sünde sei Übertretung des Gesetzes Gottes, wird ihm nicht viel bedeuten. Wenn wir ihm aber sagen, Sünde sei einem anderen seine Süßigkeiten stehlen oder den Feind auf dem Schulhof verprügeln, dann wird es das verstehen.

In dieser Entwicklungsphase nimmt nun allmählich das Bewußtsein der Sünde als Vergehen gegen Gott als von den Eltern zu unterscheidender Person Gestalt an. Bis dahin sind Recht und Unrecht weitgehend mit den Befehlen greifbarer und sichtbarer menschlicher Erwachsener in Verbindung gebracht worden; Kinder im Schulalter erkennen nun immer klarer, daß Gott sich von Vater und Mutter unterscheidet, und daß er Maßstäbe für Recht und Unrecht aufgestellt hat, die auch für die Erwachsenen gelten.

Mit beginnendem Jugendalter kann das Kind zunehmend mit abstrakten Konzepten umgehen und von konkreten einzelnen unrechten Handlungen zu einem allgemeinen Verständnis von Recht und Unrecht fortschreiten. Damit nähert es sich dem Verständnis von Sünde im biblischen Sinne. Das Bewußtsein wächst, daß Sünde Gott verletzt, ihm das Herz bricht, weil sie die Grundlage seines Liebesbundes mit dem Menschen unterminiert. Sünde bedeutet also nicht einfach Regeln übertreten sondern eine Beziehung zerstören. Kinder im Primarschulalter können vielleicht manchmal ahnen, was das heißt; aber erst beim Jugendlichen entwickelt sich die Fähigkeit, die Perspektive eines anderen einzunehmen (Empathie), und erst dann ist es möglich, wirklich zu verstehen, was Sünde bedeutet: Daß sie Gott das Herz gebrochen hat und daß sie nur durch die grenzenlose, leidensbereite Liebe des Sohnes Gottes aus der Welt geschafft werden kann.

Erst auf dieser Entwicklungsstufe kann man also sinnvollerweise davon sprechen, daß Sünde sowohl das Brechen universaler göttlicher Gebote bedeutet als auch das Zerstören der Liebesbeziehung zwischen Gott und dem Menschen. Da das Kind in dieser Phase auch ein ausgeprägtes Gerechtigkeitsempfinden entwickelt, kann Sünde zudem als Ungerechtigkeit Gott gegenüber beschrieben werden.

Was bedeutet das alles in bezug auf unsere Überlegungen zur Frage der Verantwortlichkeit und in bezug auf die Diskussion zwischen Hudson Pope und John Inchley? Meines Erachtens ist eher John Inchley zuzustimmen. Angesichts dessen, was wir über die verschiedenen Stufen des Glaubens und die Entwicklung von Kindern wissen, ist es ungerecht und unrealistisch zu meinen, Kinder vor Beginn des Jugendalters könnten für im Sinne von Erwachsenen verstandene Sünde verantwortlich gemacht werden. Was die Bibel uns über Gott und sein Wesen offenbart, läßt uns erkennen, daß Gott die Sünde nicht leicht nimmt (daher das Erlösungshandeln Christi); daß aber seine Liebe und Gerechtigkeit die Vorstellung ausschließen, er könnte einen Menschen für etwas zur Rechenschaft ziehen, was dieser weder begreifen noch steuern kann.

Das soll nicht heißen, daß Sünde vor dem Jugendalter nicht wichtig oder wirklich ist. Ganz und gar nicht. Aber sie hat eine ganz andere Bedeutung.* Ein Kleinkind im Einkaufswagen, das im Supermarkt Süßigkeiten aus dem Regal nimmt und gleich in den Mund steckt, tut sicher etwas Unerwünschtes (zumindest vom Standpunkt der Mutter aus gesehen). Aber der Zwölfjährige, der das gleiche tut, weil er Geld sparen will, tut etwas völlig anderes. Es würde uns nicht im Traum einfallen, beide Handlungen auf die gleiche Stufe zu stellen. Und Entsprechendes gilt für Sünde und Verantwortlichkeit. Wenn wir das Stadium erreicht haben, in dem wir Gott bewußt, willentlich und wiederholt ablehnen, dann ist die Sünde in uns zur vollen Entfaltung gekommen, und Gott wird uns dafür zur Verantwortung ziehen. In Gottes Versöhnungshandeln mögen diejenigen eingeschlossen sein, die noch nicht verstehen können, was es bedeutet, Gott das Herz zu brechen, oder die gar nicht wissen, daß sie das tun. Doch für diejenigen, die es wissen und dennoch willentlich sündigen, gibt es nur die Alternative: entweder Umkehr, Vergebung und Erneuerung – oder am Ende die Verdammnis. Aber bis zu der Zeit, in der ein Kind weiß, was es tut, und Christus bewußt *ablehnt*, können wir davon ausgehen, daß Gott ihm in seiner Gnade und Gerechtigkeit das Versöhnungshandeln seines Sohnes am Kreuz zurechnet.

---

* Wir sollten deshalb auch in der Sonntagsschule, im Kindergottesdienst, in der Kinderstunde sowie im persönlichen Gespräch mit Kindern den Begriff »Sünde« sehr vorsichtig verwenden. Wenn, wie wir im Zusammenhang mit Römer 1 gesehen haben, »unsere konkreten Sünden die Auswirkungen des Prinzips Sünde sind, das in uns wirksam ist«, müssen wir aufpassen, daß Kinder aufgrund ihres konkreten Denkens nicht doch meinen, Sünde sei primär moralisches Fehlverhalten, das es abzulegen gelte. (Anm. des Übersetzers)

FOLGERUNG

Die Argumente dieses Kapitels lassen sich folgendermaßen zusammenfassen:

1. Zwischen den Erkenntnissen der Entwicklungspsychologie und den theologischen Aussagen über die Sündhaftigkeit des Menschen herrschen keine unvereinbaren Widersprüche. An einer Reihe von wichtigen Punkten herrscht Übereinstimmung.

2. Psychologie und Bibel betonen die Realität und Macht der egozentrischen Grundhaltung des Menschen, die den Kern der Sünde ausmacht.

3. Das Sündenverständnis des Kindes hängt davon ab, welche Stufe seiner moralischen, emotionalen, geistigen und geistlichen Entwicklung es erreicht hat.

4. Ähnlich ist seine Verantwortlichkeit (oder »Zurechnungsfähigkeit«) von seinem Entwicklungsstadium abhängig. Statt von einem Punkt oder einem Alter der Verantwortlichkeit zu sprechen, sollten wir lieber von einer ständig wachsenden Verantwortlichkeit ausgehen.

5. Es ist ungerecht, bei Kindern Maßstäbe für Sünde und Verantwortlichkeit anzulegen, die die Fähigkeiten und das Verständnis von Erwachsenen voraussetzen.

6. Gottes Liebe, Gnade und Gerechtigkeit verbieten es uns, über Gottes Gericht zu spekulieren, statt uns auf das zu beschränken, was die Bibel klar sagt. Angesichts des vorher Gesagten können wir davon ausgehen, daß Kinder in Gottes Versöhnungshandeln durch Jesus Christus eingeschlossen sind, solange sie sich nicht bewußt von Gott abgewandt haben.

ANMERKUNGEN ZU KAPITEL 6

1 R. Hudson Pope, *To Teach Others Also*, London (CSSM) 1959, S. 15.

2 Pope, *a.a.O.*, S. 15.

3 John Inchley, *All About Children*, Eastbourne (Coverdale) 1976, S. 31.

4 Inchley, *a.a.O.*, S. 25.

5 Inchley, a.a.O., S. 37.

6 Ron Buckland, *Children and the King*, Surrey Hills (Anzea) 1979, S. 68.

7 Inchley, *a.a.O.*, S. 130.

8 Hans-Ruedi Weber, *Jesus and the Children*, Genf (WCC) 1979.

9 Weber, *a.a.O.*, S. 51.

10 Margaret Donaldson hat sich in *Children's Minds* (Fontana, 1978) kritisch mit Piaget und Kohlberg auseinandergesetzt. Sie behauptet, die kindliche Wahrnehmung von Recht und Unrecht hänge weniger vom Alter ab als vom Kontext, in dem das Kind mit den Vorstellungen von Recht und Unrecht bekanntgemacht wird. Danach könnte sogar ein kleines Kind grundlegende Regeln verstehen und einsehen, daß es sie befolgen muß. Ihre Forschungsergebnisse sollten neben denen von Piaget und Kohlberg berücksichtigt werden und uns daran erinnern, daß deren Schema nicht ohne Anpassung an die jeweilige Situation übernommen werden darf. Dennoch bin ich nach wie vor überzeugt, daß der von Piaget skizzierte Ablauf am besten die kindliche Entwicklung beschreibt, vorausgesetzt, wir berücksichtigen dabei die Einflüsse der Erziehung, wie Donaldson sie hervorhebt.

7

Versöhnung und Erlösung

Der Zusammenhang von Glaubensentwicklung und Bekehrung; Konsequenzen für Evangelisation und Erziehung

Der Glaubensstand von Kindern
    Traditionelle evangelikale Annahmen
Was ist Bekehrung?
    John Westerhoff: Stufen des Glaubens
    James Fowler: Glaubensinhalte und Bekehrung
Integration
Bekehrung im Neuen Testament
    »Umkehr«
    Beispiele der frühen Christen
    Wichtige Lektionen
Kinder gläubiger Eltern
    Bekehrung oder Wachstum?
    Der Gnadenbund

————————————

Der Glaubensstand von Kindern

Der Leser, der den ersten Teil dieses Buches durchgearbeitet hat, fragt sich vielleicht: »Wenn der Glaube sich ganz natürlich und gewissermaßen automatisch entwickelt, wo bleibt dann noch Raum für die Bekehrung?« – Tatsächlich hat die Angst, das Verständnis des Glaubens als Entwicklungsprozeß schließe die Bekehrung aus, dazu geführt, daß manche Evangelikale Fowlers Arbeiten äußerst mißtrauisch betrachten.

Traditionelle evangelikale Annahmen

Unter Kinderevangelisten ist das traditionelle Verständnis von Evangelisation noch am weitesten verbreitet. Damit meine ich nicht die Art, wie das Evangelium *präsentiert* wird, oder die Kommunikationsmethoden. Da hat es in den letzten zehn Jahren weitreichende und radikale Veränderungen gegeben – ich erinnere nur an den Einsatz audiovisueller Hilfsmittel, an Video, Pantomime usw. Im Bereich der Kinderarbeit haben die Christen den Anschluß an die Kommunikationsrevolution der säkularen Welt gehalten und haben die neuen Kommunikationsmöglichkeiten und -techniken vorbildlich und nutzbringend eingesetzt.

Mit dem »traditionellen Verständnis« meine ich vielmehr die Annahmen und Zielvorstellungen, die dem thematischen Aufbau der Verkündigung zugrundeliegen. Viele Evangelisten (und Eltern) gehen stillschweigend davon aus, daß sie Kinder zu einer »Entscheidung für Christus« führen müssen, die der Lebensübergabe entspricht, zu der Erwachsene in Evangelisationen aufgerufen werden. In einer typischen evangelistischen Kinderwoche wird deshalb eine Botschaft verkündigt, die folgende Elemente (oder zumindest die meisten davon) enthält: (a) Gott, der Schöpfer; (b) Der Mensch, ein Sünder; (c) Jesus, der Retter; (d) Die Antwort, die wir geben müssen; (e) Jesus, unser Freund. Die klassische Kinderwoche gipfelt am vorletzten oder letzten Tag im Ruf zur Buße, zum Glauben und zur bewußten Entscheidung, Christus nachzufolgen.

Bitte beachten Sie, was ich *nicht* gesagt habe! Ich behaupte nicht, daß jede einzelne Kinderwoche genau nach diesem Schema abläuft. Oft werden Ereignisse aus dem Leben Jesu behandelt werden und nicht eine Reihe von theologischen Themen. Doch irgendwo werden diese Themen auch beim Erzählen von Jesusgeschichten in der einen oder anderen Form auftauchen, zumindest (b), (c) und (d), bilden sie doch den Kern des Evangeliums. Eine Evangelisation ohne diese drei Punkte kann man sich kaum vorstellen. Ich behaupte auch nicht, daß die traditionelle Struktur schlecht ist. Das ist sie nämlich wirklich nicht. Gott hat sie seit vielen Jahren gebraucht und gesegnet. Ich selbst habe in den letzten dreizehn Jahren viele Ferienlager durchgeführt, denen diese traditionelle Struktur zugrundelag.

Doch gerade wenn uns die Verkündigung der Guten Nachricht Gottes für Kinder am Herzen liegt, müssen wir jetzt fragen, was wir von der Entwicklungspsychologie lernen können, um noch besser unser Ziel zu erreichen: Menschen aller Altersgruppen mit Christus bekanntzumachen. Vor allem müssen wir fragen, ob unser traditionelles Bekehrungsschema nicht zu »erwachsen« und eindimensional ist. Die Struktur unserer evangelistischen Verkündigung ist nämlich bis jetzt noch weitgehend auf das Ziel gerichtet, Glauben zu wecken, der auf einer (»erwachsenen«) Entscheidung aufbaut. Deshalb ist das typische Programm einer Kinderwoche so sehr auf die letzten Tage hin konzipiert, an denen die Kinder für die Botschaft von Gottes Versöhnungshandeln offen sein sollen. Indem wir an den ersten Tagen die Szene für die Botschaft vom Kreuz vorbereiten (Tatsache der Sünde / Notwendigkeit der Vergebung usw.) und anschließend betonen, wie schrecklich Golgatha war und was es Gott gekostet hat, hoffen wir, daß unsere kindlichen Zuhörer bereit werden, sich für Christus zu entscheiden.

Was ist Bekehrung?

Wir können diese Frage von zwei Seiten her angehen. Wir können *theologisch* fragen, was die Bibel mit Bekehrung meint, und wie sie mit dem Wirken des Vaters, des Sohnes und des Heiligen Geistes zusammenhängt. Wir können aber auch *entwicklungspsychologisch* fragen, wie die Prozesse der kindlichen Persönlichkeits- und Glaubensentwicklung, die wir im 1. Teil betrachtet haben, sich mit dem biblisch-theologischen Verständnis von Bekehrung in Einklang bringen lassen. Wir wollen in diesem Kapitel versuchen, beide Perspektiven einzunehmen, und beginnen mit den Modellen von Glauben und Bekehrung als Entwicklungsprozessen, wie John Westerhoff und James Fowler sie dargestellt haben.

John Westerhoff: Stufen des Glaubens

John Westerhoff geht von der Situation eines Menschen aus, der in einem christlichen Kontext aufgewachsen ist. »Bekehrung« beschreibt er als »radikale Abkehr von einem (durch Erziehung) ›vorgegebenen Glauben‹ und Hinwendung zu einem ›eigenen Glauben‹«.[1] In diesem Zusammenhang zeichnet er sein Modell der vierstufigen Glaubensentwicklung, mit dem wir uns schon beschäftigt haben: Bei anderen erlebter (vorgegebener) Glaube – Glaube als Zugehörigkeitsgefühl – Suchender Glaube – Eigener (persönlicher) Glaube. Die Bekehrung bildet die Brücke zwischen der dritten und vierten Stufe. Sie ist der »Akt der Hingabe«, bei dem ein Mensch sich auf eine neue und lebensverwandelnde Weise Gott ganz ausliefert. Westerhoff schreibt dazu:

> »Bekehrungserlebnisse mögen sich plötzlich oder allmählich vollziehen, dramatisch oder undramatisch, emotional oder rational, immer aber führen sie zu einer grundlegenden Veränderung im Denken, Fühlen und Wollen eines Menschen, kurz: in seinem ganzen Verhalten.«[2]

> »Bekehrung ... schließt eine Neuorientierung unseres Denkens, Fühlens und Wollens ein; die Überwindung von Gleichgültigkeit oder der bisherigen Frömmigkeits-

form. Deshalb ist, wie die Geschichte beweist, die Bekehrung selten ein einzelner emotionaler Ausbruch, ein einmaliges spektakuläres Ereignis, das beschrieben und genau datiert werden kann. Bekehrung ist in den allermeisten Fällen ein Prozeß, bei dem Menschen zunächst im Glauben einer Gemeinschaft aufwachsen (Religion des Herzens), dann auf einmal von Zweifeln heimgesucht werden und sich auf die intellektuelle Suche nach tragfähigen Antworten machen (Religion des Kopfes) und schließlich, als Jugendliche oder junge Erwachsene, Erleuchtung, Gewißheit und Identität erleben.«[3]

John Westerhoff: Stufen des Glaubens

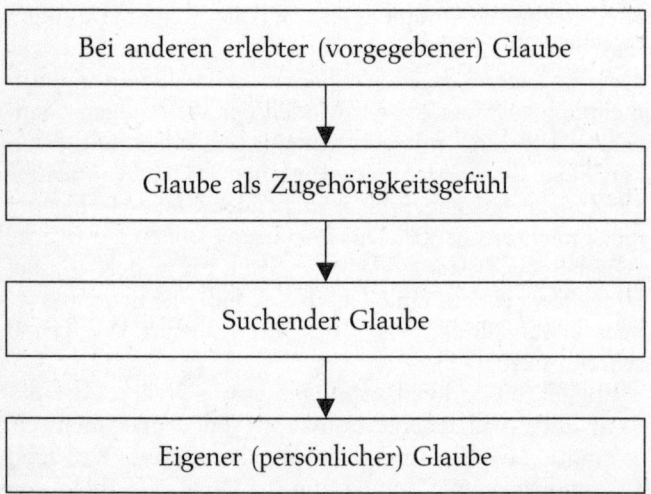

Bei anderen erlebter (vorgegebener) Glaube

Glaube als Zugehörigkeitsgefühl

Suchender Glaube

Eigener (persönlicher) Glaube

Nach Westerhoff ist die Bekehrung also sowohl das Ergebnis eines Augenblicks als auch das eines Prozesses. Der Entwicklungsprozeß gipfelt in einem Akt der Hingabe, in dem der einzelne sich selbst verleugnet und sich ganz Christus ausliefert. In diesem Augenblick schreitet er von dem Glauben, den er weitgehend von anderen übernommen hat, zu einem Glauben fort, der sein ganz persönlicher, eigener Glaube ist. »Ihr Glaube« wird »sein Glaube«. Er hat die Stufe des »eigenen Glaubens« erreicht.

Unterschiede zum klassischen evangelikalen Modell

Bis hierher stimmen Westerhoffs Ausführungen mit dem klassischen evangelikalen Bekehrungsmodell überein. Es gibt aber wichtige Unterschiede.

1. Westerhoff betont ausdrücklich, daß die Bekehrung immer eine Vorgeschichte hat. Die Lebensgeschichte des Bekehrten ist der Nährboden für seinen Glauben. Der Wachstumsprozeß in den Jahren vor der Bekehrung ist entscheidend wichtig:

> »Die Bekehrung ... ist niemals ein isoliertes Ereignis ohne Elemente des Wachstums (»nurture«)*. Wachstum und Bekehrung sind ein untrennbares Ganzes.«[4]

2. Den Zeitpunkt der Bekehrung setzt Westerhoff in der überwältigenden Mehrzahl der Fälle im späten Jugendalter und bei jungen Erwachsenen an. Das ist kein Zufall. Im Rahmen seines Entwicklungsmodells muß ein Mensch ja die verschiedenen Stufen des Glaubens durchlaufen haben, bevor er sich bekehren kann. Per Definition ist der Akt der Auslieferung die Folge der Unzufriedenheit mit dem früheren Glauben als Zugehörigkeitsgefühl und der Suche nach einem persönlichen Glauben, hinter dem der

---

* Der englische Begriff »nurture« hat ein weites Bedeutungsspektrum, das nicht durch einen entsprechenden deutschen Begriff abgedeckt werden kann. »Nurture« bedeutet »(Er)nährung, Nahrung« und dann im übertragenen Sinne »Erziehung, Unterricht, Bildung«. In unserer deutschen Übersetzung ist er je nach Zusammenhang mit »Wachstum« oder »Erziehung« bzw. verwandten Begriffen wiedergegeben. (Anm. des Übersetzers)

betreffende vorbehaltlos stehen kann. Diese Entwicklung kann natürlich frühestens im Jugendalter einsetzen.[5]

Folgerung aus Westerhoffs Analyse

Ob wir in allen Punkten mit Westerhoffs Analyse einverstanden sind oder nicht (vor allem mit seiner Verknüpfung von Bekehrung und Jugendalter), sie hat in jedem Fall für die Kinderevangelisation einige radikale Konsequenzen. Besonders ernsthaft werden wir uns mit der Frage auseinandersetzen müssen, ob wir vor dem Jugendalter überhaupt von einer Bekehrung im vollen biblischen Sinne sprechen können. Im Rahmen des Modells von Westerhoff scheint das nicht möglich zu sein, setzt doch da die Bekehrung einen Prozeß des Suchens und der Lebenshingabe voraus, die charakteristisch für das Jugend- und Erwachsenenalter sind, nicht aber für die Kindheit. Die inneren Abläufe, die zu der von Westerhoff beschriebenen verzweifelten Suche nach einem eigenen Glauben führen, lassen sich beim besten Willen nicht in den Entwicklungsstadien von Kindern unterbringen. Ein Kind in der Pubertät ist weder intellektuell noch emotional zu Reaktionen und Entscheidungen in der Lage, wie sie zur Bekehrung im Sinne des Modells von Westerhoff gehören.

Das Evangelium für Kinder

Was machen wir aber dann, wenn wir Kindern das Evangelium verkündigen? Nach Westerhoffs Logik befinden wir uns allenfalls im Vorfeld der Bekehrung, versuchen, einige Grundlagen für eine spätere Bekehrung zu legen. Erstens *streuen wir Samen für die Zukunft aus.* Kinder, die das Evangelium hören, mögen noch nicht für den Akt der Lebensübergabe und das Stadium des eigenen Glaubens bereit sein; aber sie können die Wahrheit speichern und für die Zeit aufbewahren, wenn sie »dran« ist. Ein zehnjähriges Kind, das an einem Ferienlager teilnimmt, erinnert sich vielleicht fünf oder sechs Jahre später bei der Suche nach einem tragfähigen Grund für sein Leben an das, was es in jener Woche über Jesus gelernt hat. Nun bekommt das zum erstenmal einen unmittelbaren Bezug zum eigenen Leben. Plötzlich (oder allmählich) geht ihm ein Licht auf, und es entdeckt den Sinn, nach dem es so lange gesucht hat. Die Saat geht auf.

Zweitens *bringen wir vielleicht ein Kind einfach dazu, sich an einer neuen Gruppe zu orientieren.* Erinnern wir uns daran, was wir im ersten Teil über die Entwicklungsphasen des Kindes gesagt haben: Die Kindheit und das frühe Teen-Alter sind die Zeit der Gruppenbildung. Die Kinder übernehmen die Überzeugungen der »Herde« oder wichtiger Erwachsener, z.B. der Eltern. Nach allem, was wir von der kindlichen Entwicklung wissen, ist es höchst unwahrscheinlich, daß ein Kind im Grundschulalter sich in einer Kinderwoche, in einem Lager oder in der Sonntagschule in einem »erwachsenen« Sinne bekehrt, d.h. die eigenständige Entscheidung trifft, sein Leben nach völlig neuen Maßstäben zu gestalten. Zu so weitreichenden und vielschichtigen Entscheidungen sind Kinder im allgemeinen noch gar nicht fähig. Wahrscheinlicher ist, daß das Kind, das während einer Kinderwoche, in der Jungschar oder Sonntagschule anscheinend eine Entscheidung für Christus trifft, sich in Wirklichkeit für die Zugehörigkeit zur Gruppe entscheidet. Das hat mit Unehrlichkeit überhaupt nichts zu tun. Der Entschluß, sich von ganzem Herzen einer neuen »Herde« anzuschließen (der Jungschar, der Gemeinde, der Sonntagschule, dem Bibelkreis . . .) kann aus tiefstem Herzen kommen. Gibt es für ein Kind in diesem Alter etwas Ehrlicheres und Wichtigeres, als sich mit Herz und Seele einer neuen Gruppe anzuschließen (besonders einer, die im allgemeinen nicht sehr populär ist) und deren Überzeugungen zu übernehmen? Hier ist die ganze Hingabe gefragt, zu der ein Kind überhaupt nur fähig ist.

Aber diese Hingabe bedeutet eben eher die Hingabe an eine Gruppe von Menschen und ihren Glauben als die persönliche Annahme eines Systems von Wahrheiten. Manchmal mag das einen festen persönlichen Glauben an die Person Jesu einschließen, manchmal das Ja zum gemeinsamen Glauben der Gruppe. Wir sollten solchen »Gruppen-« oder »Herdenglauben« nicht verachten oder als minderwertig betrachten. Die Treue zur Gruppe ist oft die höchste Form der Treue, die ein Kind außerhalb seiner unmittelbaren Familie beweisen kann. Erwarten wir doch von einem Kind keine typischen Erwachsenenreaktionen! Freuen wir uns statt dessen, wenn es auf unsere Verkündigung so antwortet, wie das seiner Entwicklungsstufe entspricht.

Das Phänomen des »Gruppenglaubens« erklärt vielleicht auch zwei widersprüchliche Erscheinungen, die sich bei Kinderwochen und anderen Veranstaltungen häufig beobachten lassen: Einerseits bekennen sich während solcher Wochen nicht selten viele Kinder zum Glauben oder bekunden den Wunsch, Jesus zum Freund zu haben; doch anderseits steigen anschließend viele wieder aus. Kinder, die begeistert mitgemacht haben, verlieren das Interesse. Kinder, die treu zu allen Versammlungen erschienen sind, kommen immer unregelmäßiger. Andere lassen sich zwischen den Kinderwochen überhaupt nicht blicken. (Das gilt vor allem für Gemeinden, die regelmäßig Kinderwochen durchführen.) In solchen Fällen liegt der Gedanke nahe, die betreffenden Kinder hätten nie eine echte Entscheidung getroffen. »Wenn sie Jesus wirklich nachgefolgt wären«, sagen wir uns, »wären sie ja jetzt nicht abgefallen. Also können sie gar nie echte Christen gewesen sein.«

Nun sind sie das wahrscheinlich tatsächlich nie gewesen – wenn »echtes Christsein« im Sinne des Bekehrungserlebnisses von Erwachsenen verstanden wird. Aber genau darum geht es mir ja: daß dies bei Kindern der falsche Beurteilungsmaßstab ist. Die Frage ist nicht, ob diese Kinder sich je wirklich bekehrt haben, sondern auf welcher Stufe des Glaubens sie sich befanden und befinden. Viele Kinder, die während einer Kinderwoche ein starkes Zugehörigkeitsgefühl zu einer christlichen Gruppe entwickeln, fühlen sich nach einer gewissen Zeit vielleicht zu einer ganz anderen Gruppe hingezogen. Das ist keine bewußte Zurückweisung Christi – es gehört einfach zum normalen Entwicklungsprozeß. »Jesus als Freund annehmen« bedeutet in dieser Phase oft: »Neue Freunde gewinnen, die sich auch dieser Gruppe angeschlossen haben«. (Die geistliche Formel, mit der der Evangelist die Beziehung beschreibt, hat eine ähnliche Funktion wie die Beitrittserklärung zu den Pfadfindern.) – Es kann auch bedeuten: »Ich akzeptiere, was diese Gruppe glaubt und für wichtig hält, und will mich dem anschließen.« (Das Problem dabei ist, daß sich so schwer feststellen läßt, was »akzeptieren« und »glauben« für ein Kind in dieser Situation bedeuten.) – Es kann aber auch signalisieren: »Mir gefällt, was in dieser Gruppe läuft, und ich mag die Leute, die sie leiten; deshalb bin ich bereit, zu tun, was sie von mir erwarten, um dazuzugehören.« Wenn also ein Buß- und Übergabegebet erwartet wird, wird das Kind ein solches Gebet fröhlich sprechen, wenn es nicht gerade als überzeugter Atheist erzogen worden ist. Noch einmal: Hüten wir uns vor dem Kurzschluß, das Kind sei in dieser Situation nicht ehrlich! Heuchelei ist eine typische Erwachseneneigenschaft. Es dürfte kaum Kinder geben, die, wenn ihnen die Kosten der Nachfolge deutlich erklärt worden sind, sagen werden, sie wollten Jesus als ihren Freund annehmen, ohne es wirklich zu meinen! Nur muß das im Rahmen des Verständnisses und der Verbindlichkeit gesehen werden, die auf der Stufe des »Glaubens aus Zugehörigkeitsgefühl« möglich sind.

Drittens kann es bei unserer Verkündigung des Evangeliums an Kinder geschehen, daß wir dabei den *Übergang von einer Stufe des Glaubens zur nächsten auslösen*. Der Vierzehnjährige, der das Evangelium hört, wird vielleicht zum erstenmal mit den grundlegenden Fragen von Leben und Tod konfrontiert und kommt damit in die Phase des suchenden Glaubens. Vielleicht. Das Nachdenken über letzte Fragen, d.h. suchenden Glauben, auszulösen, ist nicht leicht, wenn es einer Gruppe gutgeht und sie sich nie existentiell mit Schwierigkeiten und Leid auseinandersetzen mußte. In unserer Wohlstandsgesellschaft wachsen viele Teenager in einem geschützten Raum auf, gegen alle Stürme des Lebens abgeschirmt. Andere erleben die Kehrseite dieses wirtschaftlichen Klimas und wachsen in einer Atmosphäre der Unsicherheit auf. Beide Gruppen sind oft viel zu sehr mit sich selbst beschäftigt, um sich um »letzte Fragen« zu kümmern. Und doch: Wenn das Stadium des Fragens und Suchens erreicht wird (und sei es erst in den zwanziger oder dreißiger Jahren), kommt es oft vor, daß jemand, der als Kind oder Teenager das Evangelium gehört hat, sich nun auf einmal daran erinnert, was er Jahre zuvor gelernt hat.

Machen wir uns noch einmal klar: Jede der von Westerhoff beschriebenen Entwicklungsstufen ist eine Stufe *des Glaubens*! Das Kind kommt also nicht erst auf der letzten Stufe plötzlich zum Glauben. Nein, der ganze Prozeß ist von A bis Z ein Prozeß wachsenden Glaubens. Westerhoff bemerkt dazu:

> »Wir sollten nie vergessen, daß . . . Christus für uns alle gestorben ist und niemand von uns auf irgendeiner Stufe des Glaubens außer Reichweite seiner erlösenden Gnade ist.«[6]

Bei unserer Verkündigung muß es uns folglich darum gehen, den Glauben, den das Kind bereits hat, zu fördern und zur weiteren Entfaltung zu bringen.

Statistiken zeigen, daß die *Bekehrung* im Sinne von Westerhoff, also als Brücke zwischen dem suchenden und dem eigenen Glauben, vor allem eine Erfahrung des Teen-Alters ist. Eine Reihe von sechs Studien, die zwischen 1899 und 1959 in den USA durchgeführt wurden, ergaben ein Durchschnittsalter zwischen 12,7 und 16,6 Jahren für die Bekehrung. Außerhalb dieser Altersspanne waren Bekehrungen seltener und dünner gesät. Danach wäre also der Beginn des Jugendalters *die* Zeit der Bekehrung. »Das statistische Zahlenmaterial ist eindeutig und läßt nur den einen Schluß zu, daß die christliche Bekehrung ein Phänomen des Jugendalters ist.«[7]

Bedeutet das, daß es keine Kinderbekehrungen im eigentlichen Sinne geben kann? Um diese Frage zu beantworten, müssen wir uns einem anderen Entwicklungsmodell zuwenden.

James Fowler: Glaubensinhalt und Bekehrung

James Fowler akzeptiert Westerhoffs vier Stufen des Glaubens, aber er definiert »Bekehrung« so, daß sie nicht an das Jugend- oder Erwachsenenalter gebunden ist. Nach seinem Verständnis »hängt die Bekehrung mit Veränderungen in den Glaubens*inhalten* zusammen«. Sie können auf jeder Entwicklungsstufe eintreten, hat doch der Glaube eines Kindes (zumindest nach dem Kleinkindalter) immer auch irgendwelche rationalen Inhalte. Die Bekehrung muß nicht unbedingt einer Phase des Suchens oder der Verzweiflung folgen.

Fowler kann »Bekehrung« so definieren, weil er »Glauben« als »sinnstiftendes System« beschrieben hat, das es uns ermöglicht, unser Leben zu ordnen und ihm einen Sinn zu geben. Der Sinn, den wir unserem Leben geben, kann sich aber jederzeit ändern, nicht erst im Jugend- oder Erwachsenenalter. Wenn z.B. ein Kind, das von Hause aus nicht an Jesus glaubt, eine Kinderwoche oder einen Bibelkreis besucht, kann sich folgendes abspielen: Die Leiter der Veranstaltung oder der Gruppe sind ihm sympathisch; es merkt, daß der christliche Glaube in ihrem Leben eine sinngebende Rolle spielt; also erscheint ihm dieser Glaube plötzlich auch sinnvoll. Es wird sich infolgedessen vielleicht entscheiden, einige dieser Glaubensinhalte und -symbole in sein eigenes Leben zu integrieren. Ob dieser Glaube je eine beherrschende Rolle in seinem Denken und Leben spielen wird, muß sich zeigen; prinzipiell aber ist das möglich, sogar vor dem Jugendalter.

Im Rahmen des Modells von Fowler besteht also das Ziel der evangelistischen Verkündigung darin, dem Kind zu helfen, ein neues sinnstiftendes System für sein Leben zu übernehmen, dem die Beziehung zu Jesus Christus zugrundeliegt. Das sinngebende System muß keinesfall ein Erwachsenensystem sein. Es kann ganz und gar auf die jeweilige Entwicklungsstufe zugeschnitten sein und die Faktoren berücksichtigen, die wir im ersten Teil diskutiert haben. Wenn wir zum Beispiel eine Gruppe von Schulkindern vor uns haben, werden wir uns bemühen, dieses neue »sinngebende System« (welch ein abstrakter Begriff, den Fowler uns da zumutet!) in konkrete Erfahrungen und Tatsachen zu »übersetzen«. Wir werden bei jüngeren Kindern die Vorstellung von Gott als liebendem Vater in den Vordergrund stellen oder ähnliche Konzepte.

Nach Fowler kann also ein Mensch in jeder Lebens- und Glaubensphase bekehrt werden. Entscheidend ist ja für ihn die Veränderung des Glaubensinhalts und nicht das Erreichen einer bestimmten Stufe des Glaubens. Neben der so definierten Bekehrung spielen zwei weitere Erfahrungen eine Rolle, die oft ebenfalls als »Bekehrung« verstanden werden, aber im Sinne Fowlers keine Bekehrungserlebnisse sind, weil sie nicht auf eine Änderung des Glaubensinhalts zurückgehen.[9]

Die erste dieser Erfahrungen bezeichnet Fowler als *Intensivierungserfahrung*. Er meint damit eine Erfahrung, die den bereits vorhandenen Glauben eines Menschen vertieft (intensiviert), ohne daß sich dabei der Inhalt des Glaubens verändert. Beispiel: Ein Erwachsener ist früher einmal ein eifriger Christ gewesen, dann aber gleichgültig geworden. Er hat seinen Glauben nicht über Bord geworfen, nimmt ihn aber nicht mehr so wichtig. Während einer Veranstaltung in seiner Kirche wird sein Glaube neu entfacht, es kommt (in typischen Insiderbegriffen ausgedrückt) zu einem »Neuanfang« und »neuer Auslieferung / Hingabe an Christus«. Was hier geschehen ist, ist keine Bekehrung, denn der betreffende hat keinen neuen Glaubensinhalt gefunden, sondern er ist nur »zur ersten Liebe zurückgekehrt«.

Für die zweite Erfahrung gibt es keine passende Bezeichnung. Es handelt sich darum, daß jemand *durch ein Ereignis oder eine Erfahrung von einer Stufe des Glaubens auf eine andere katapultiert wird*. Dabei kommt es nicht zu einer Veränderung der Glaubensgrundlagen und des Glaubensinhalts. Die Bewegung mag zwar dramatisch und plötzlich sein, vollzieht sich aber innerhalb der Glaubensentwicklung, in der sich der betreffende bereits befunden hat. Ein Mann ist auf der Stufe des Glaubens aus Zugehörigkeitsgefühl stehengeblieben. Da ereignet sich ein Unglück in seiner Familie, seine Frau stirbt, und plötzlich wird der Mann auf die Stufe des suchenden Glaubens katapultiert. Er denkt über den Sinn bzw. die Sinnlosigkeit des Todes nach und merkt auf einmal, daß sein bisheriger oberflächlicher Glaube nicht mehr genügt. Er beginnt nach einem tieferen Glauben zu suchen, der ihm helfen kann, sein Leben zu bewältigen. Es genügt ihm nicht mehr, die Mei-

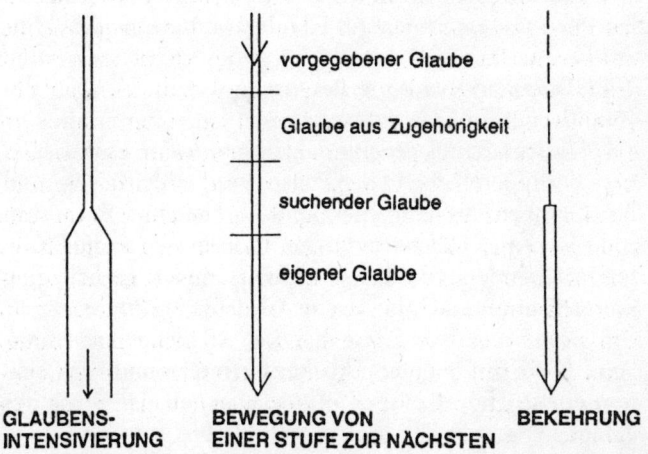

James Fowler: Glaubensinhalte

vorgegebener Glaube

Glaube aus Zugehörigkeit

suchender Glaube

eigener Glaube

GLAUBENS-INTENSIVIERUNG   BEWEGUNG VON EINER STUFE ZUR NÄCHSTEN   BEKEHRUNG

nung anderer nachzuplappern (»Sie ruht jetzt in Frieden. Denen, die Gott lieben, werden alle Dinge zum Besten dienen.«) Er muß ein »sinnstiftendes System« finden, in dem auch die tragischen Ereignisse Platz haben. Also bewegt er sich innerhalb seiner bisherigen Tradition und innerhalb seines Glaubens zur nächsten Stufe weiter, der Stufe des Reflektierens, der eigenen Suche. Wenn er Christ ist, wendet er sich nicht dem Buddhismus zu, um dort Antworten auf seine Fragen zu bekommen. Nein, er setzt sich intensiver mit der christlichen Lehre von der Auferstehung der Toten auseinander. Das ist nur ein Beispiel.

Bekehrung und Glaubensphasen – Fowlers fünf Möglichkeiten

Fowler behauptet, daß wir ausgehend von diesen drei Erfahrungen – Bekehrung, Intensivierung und Phasenwechsel – fünf Möglichkeiten der Beziehung der Bekehrung zu den Phasen oder Stufen des Glaubens unterscheiden können:

1. *Phasenwechsel ohne Bekehrung* wie im Beispiel des Mannes, dessen Frau gestorben ist.

2. *Phasenwechsel, der eine Bekehrung auslöst.* Ein Beispiel wäre der Jugendliche in der Phase des »Herdentriebs« und des »Glaubens aus Zugehörigkeit«, der beginnt, nach Sinn und Ziel seines Lebens zu fragen. Während er in die Phase des »suchenden Glaubens« eintritt, findet gerade eine Evangelisation statt, bei der er Christus annimmt.

3. *Bekehrung ohne Phasenwechsel*, z.B. bei einem elfjährigen Kind mit nichtchristlichem Hintergrund, das sich dem christlichen Glauben öffnet, aber auf der Stufe des »Glaubens aus Zugehörigkeitsgefühl« bleibt.

4. *Bekehrung, die einen Phasenwechsel auslöst.* Ein Teenager ist mit seiner Clique zu einer Evangelisation gegangen. Keiner von ihnen hat einen christlichen Hintergrund. Doch nun bekehren sich einige von ihnen bei dieser Evan-

gelisation. Ihr Glaubensinhalt ändert sich damit, aber sie sind noch alle auf der Stufe des Glaubens aus Zugehörigkeitsgefühl. Doch unser Teenager beginnt im Anschluß an seine Bekehrung, die Bibel zu lesen und über seinen Glauben nachzudenken. Er erkennt, daß er Christus die Herrschaft über alle Lebensbereiche überlassen muß. Seine Bekehrung hat einen Phasenwechsel ausgelöst.

5.*Bekehrung mit anschließender Phasenblockierung.* Stellen wir uns jemand vor, der sich in einem Kinderlager oder einer evangelistischen Kinderwoche bekehrt hat, aber mit wachsendem Alter nie im Glauben gereift ist. Diese Person kann einen aufrichtigen und tiefempfundenen Glauben haben, doch ist dieser Glaube im wesentlichen so naiv und unentwickelt geblieben, wie er bei der Bekehrung war. Wenn nun irgendwann einmal Zweifel und Fragen auftauchen, muß er sich entweder total abkapseln, oder er zerbricht. Leider gibt es in unseren Gemeinden viele Christen mit einem solchen Glauben, der in seiner Entwicklung steckengeblieben ist.

Bekehrung ist also etwas Vielschichtiges. Nach Fowlers Verständnis ist sie nicht unbedingt ein plötzliches, dramatisches Ereignis, sondern sie besteht aus Veränderungen in dem »sinngebenden System«, durch das wir unser Leben ordnen. Das gilt, ob das System unserem Glauben an Christus entspringt, irgendeinem anderen Glauben oder irgendeiner Ideologie. Die Veränderungen können sich plötzlich und dramatisch vollziehen, sie können sich aber auch ganz allmählich über einen längeren Zeitraum hinweg anbahnen.

Integration

Wir müssen aber noch einen Punkt klären: Schließen wir uns Westerhoffs Definition von Bekehrung an oder Fowlers? Westerhoffs Verständnis scheint Kinderbekehrungen auszuschließen, Fowlers dagegen scheint sie einzuschließen.

Der Kontrast ist gar nicht so stark, wie wir auf den ersten Blick meinen könnten. Wenn wir beide Definitionen genau miteinander vergleichen, merken wir nämlich, daß Westerhoff die der Bekehrung zugrundeliegende *Haltung* betont, während es Fowler um ihren *Inhalt* geht. Der Inhalt der christlichen Bekehrung ist in jedem Fall der Glaube an Christus. Der Erwachsene bzw. das Kind, der/das Jesus sucht, muß zu dem Punkt kommen, wo er/es sich Christus ganz ausliefert und ihn bittet, die Herrschaft in seinem Leben zu übernehmen. Eine so weitreichende Entscheidung würde Westerhoff einem Kind kaum zutrauen, setzt doch die Phase des Suchens, die dem Akt der Hingabe vorausgeht, Fähigkeiten voraus, die dem Kind noch fehlen. Fowler hingegen betont nicht die Hingabe (d.h. eine totale Lebensübergabe), sondern »Bekehrung« bedeutet für ihn *jede* Veränderung des Glaubensinhalts, und so gesehen ist Bekehrung natürlich auch in frühen Stadien des Glaubens möglich.

Vereinbaren lassen sich beide Modelle, wenn der Begriff »Hingabe« bzw. »Auslieferung« so weit gefaßt wird, daß schon Kinder dazu fähig sind. Es mag sein, daß Kinder noch nicht das Stadium des Reflektierens und Zweifelns durchleben können, das den suchenden Glauben kennzeichnet. Aber sie sind durchaus in der Lage, sich innerhalb der Grenzen des »Glaubens aus Zugehörigkeitsgefühl« Jesus anzuvertrauen. Der Zehnjährige, der ein Lager oder eine Kinderwoche »lässig gefunden hat« und nun begeistert im »Cevi« oder in der Jungschar mitmacht, vollzieht damit unter Umständen einen Schritt der Lebensübergabe. Zu einer guten Evangelisation gehört unbedingt der klare Hinweis, daß die Freundschaft mit Jesus immer auch die Bereitschaft einschließt, das ganze Leben zu übergeben. Selbst wenn das Kind das im Sinne des Vertrauens und Gehorsams gegenüber den Leitern der christlichen Gruppe interpretiert, schließt das immer noch einen Akt der Auslieferung ein.

Fowler und Westerhoff bieten uns also wertvolle entwicklungspsychologische Einsichten in das Wesen der Bekehrung, und wenn es zwischen ihnen auch gewisse Unterschiede gibt, können wir doch von beiden lernen. Nun wäre es aber völlig verfehlt, Bekehrung nur unter psychologischen Gesichtspunkten zu betrachten. »Bekehrung« ist ein *theologischer* Begriff und muß deshalb auch theologisch untersucht werden. Deshalb wenden wir uns nun dem Neuen Testament zu.

Bekehrung im Neuen Testament

Was versteht das Neue Testament unter »Bekehrung«? Wir wollen zunächst das neutestamentliche Wort für »Bekehrung« unter die Lupe nehmen. Dann wollen wir einige wichtige Beispiele betrachten, wie die frühen Christen sich bekehrt haben. Dabei werden wir darauf achten, wie der biblische Befund mit den Entwicklungsmodellen der Psychologie übereinstimmt.

»Umkehr«

Das allgemeinste und umfassendste griechische Wort für »Bekehrung« ist *epistrophae*. Das dazugehörige Verb *epistrepho* bedeutet eigentlich »(sich) umwenden«. Für die Schreiber des Neuen Testaments hat der Begriff eine dreifache theologische Bedeutung:

Erstens »geht es dabei um die *grundlegende Neuausrichtung des menschlichen Willens auf Gott,* um die Heimkehr des Menschen aus der Verblendung und Irre zu dem, der der Heiland aller Menschen ist«[10]. Es geht also nicht nur darum, daß einem sein altes Leben leid tut, sondern daß man sich bewußt und von ganzen Herzen entscheidet, sich zu ändern. Vor allem geht es um das Anerkennen der Tatsache, daß diese Änderung nur möglich ist, wenn man sich vorbehaltlos Christus zuwendet. Wer wirklich bekehrt wird, erkennt an, daß er von sich aus Gott gar nicht dienen kann; daß sein menschlicher Wille jederzeit durch Versuchung und Sünde verbogen werden kann. Wirkliche Umkehr, eine totale Lebenswende, ist nur möglich durch vorbehaltlose Auslieferung an Christus und ein in der Kraft der Gnade Gottes gelebtes Leben.

Zweitens bedeutet *epistrophae* einen *Herrschaftswechsel*. Vor der Bekehrung befinden sich die Menschen unter der zeitweiligen Herrschaft Satans (Epheser 2,1-2). Ohne es zu merken, schlagen wir seine Wege ein, leben nach seinem Diktat und werden von seiner Macht beherrscht. Wir sind im Reich der Finsternis, ob uns das paßt oder nicht. In Christus hat Gott jedoch über Satan triumphiert. Wenn wir bekehrt werden, bekommen wir einen neuen Herrn – Jesus Christus, der uns in seinem Reich des Lichts vollkommene Freiheit schenkt. Bekehrung bedeutet also einen kompletten Wechsel der Zugehörigkeit.

Drittens weist *epistrophae* auf die *Verwandlung des Lebens in jeder Hinsicht* hin. Bekehrung bedeutet nicht, daß beim alten sündhaften Ich ein paar Ecken und Kanten abgeschliffen werden; sondern sie führt zu einem Prozeß der radikalen Erneuerung. Das ist nur in der Kraft des Heiligen Geistes möglich. Auf uns gestellt, können wir uns zwar nach radikalen Veränderungen sehnen; aber wirklich bleibende Veränderungen kann nur der Geist Gottes in uns beginnen. Die Bekehrung selbst und ihre Auswirkungen sind das Werk des Heiligen Geistes.

Wenn nun theologisch gesehen die Bekehrung von A bis Z von Gott gewirkt ist, widerspricht das nicht all unseren Modellen der Glaubensentwicklung? Keineswegs! Gottes Gnade ist doch ebenso in den schöpfungsmäßigen

Entwicklungsprozessen am Werk wie in der Neuschöpfung durch den Heiligen Geist! Daß der Glaube sich im Laufe der Zeit weiterentwickelt und die verschiedenen Stufen oder Phasen durchläuft, geht auf dieselbe Ursache zurück wie die Krisis der Bekehrung: auf den lebendigen Gott.

Beispiele der frühen Christen

Wenn wir uns die Bekehrungsgeschichten der frühen Christen ansehen, stoßen wir auf die gleichen Prozesse. In der Apostelgeschichte werden fünf persönliche Bekehrungen berichtet:

1. Paulus: Apg 9 (vgl. auch Gal 1 und Röm 7);
2. Der Hofbeamte aus Äthiopien: Apg 8;
3. Kornelius: Apg 10;
4. Lydia: Apg 16;
5. Der Gefängnisaufseher von Philippi: Apg. 16.

Zwar sind diese Bekehrungen sehr individuelle Erfahrungen, aber bei genauerem Hinsehen fallen uns bestimmte Gemeinsamkeiten auf:

Die Rolle der Bibel

Die erste und wichtigste Gemeinsamkeit ist die *Rolle der Bibel* bei der Vorbereitung auf die Bekehrung bzw. bei der Deutung dieser Erfahrung. Wir denken dabei natürlich sogleich an Paulus, der als Pharisäer bestens im Gesetz und in den Propheten bewandert war. Allerdings war er ohne Gottes gnädiges Eingreifen blind für das, was die ihm so wohlvertrauten heiligen Schriften über Christus lehrten. Erst als er dem auferstandenen Herrn begegnet war, wurde sein Verständnis radikal verändert. Unter der Leitung des Heiligen Geistes konnte er auf der Grundlage seiner genauen Kenntnis des Alten Testaments eine christozentrische Theologie aufbauen.

Eine entscheidend wichtige Rolle spielte die Bibel auch bei den anderen. Der Hofbeamte aus Äthiopien hatte eben Jesaja 53 gelesen und dachte über diesen Text nach, als Philippus sich zu ihm gesellte. Philippus erklärte ihm, wie Jesus die Mission des leidenden Gottesknechtes erfüllt hatte. Da gingen ihm die Augen auf, und er wurde bekehrt. Im Fall von Kornelius weist Lukas ausdrücklich darauf hin, daß er »fromm und gottesfürchtig war mit seinem ganzen Haus«. Das dürfte zumindest grundlegende Kenntnisse des Alten Testaments voraussetzen. Darauf aufbauend verkündigte Petrus ihm das Evangelium von Jesus Christus. Lydia bekehrte sich aufgrund der biblischen Botschaft der Apostel, aber auch sie dürfte schon vorher mit der Bibel in Berührung gekommen sein: Lukas berichtet, daß Paulus und seine Begleiter ihr am Sabbat am Fluß begegneten, »wo wir dachten, daß man zu beten pflegte« (Apg 16,13), also offenbar an einer jüdischen Gebetsstätte. Was wir von anderen Stellen über Paulus' Art der Schriftauslegung in solchen Situationen wissen, läßt den Schluß zu, daß die Bibel Lydias Bekehrung mit auslöste und schon vorher ihr Leben und Denken beeinflußt hatte. Bleibt noch der Gefängnisaufseher. Es gibt keinerlei Hinweis auf irgendeinen Kontakt mit der Bibel vor seiner Bekehrung. Doch aus dem Bericht in Apg 16 geht eindeutig hervor, daß die Apostel »ihm und allen, die in seinem Hause waren, das Wort des Herrn sagten«. Die Botschaft der Bibel spielt also in den fünf Bekehrungsgeschichten eine entscheidende Rolle.

Das Wirken des Heiligen Geistes

Der zweite gemeinsame Faktor ist das *Wirken des Heiligen Geistes*. Paulus erwähnt zwar nicht ausdrücklich die Rolle des Heiligen Geistes bei seiner Bekehrung; doch unausgesprochen wird sie vorausgesetzt, wenn Paulus davon spricht, daß »Gott seinen Sohn in mir offenbarte« (Gal 1,15.16). Da wir wissen, daß es der Heilige Geist ist, der

Christus offenbart, spricht Paulus also an dieser Stelle vom Werk des Heiligen Geistes. Bei der Geschichte des Äthiopiers bildet das Handeln des Geistes den deutlich erkennbaren Rahmen. Philippus wird vom Geist aufgefordert, sich dem Hofbeamten anzuschließen. Der Mann erkennt dann die Wahrheit und läßt sich taufen. Anschließend wird Philippus vom Geist entrückt. Deutlicher kann die Rolle des Geistes kaum betont werden. Wieder anders ist es bei Kornelius. Bei seiner Bekehrung wird der Empfang des Heiligen Geistes durch die Gabe der Zungenrede beglaubigt (Apg 10,44-46). Daraus darf man kein für alle verbindliches Bekehrungsschema ableiten, wollte Gott doch hier offenbar unbezweifelbar deutlich machen, daß er nicht nur den Juden Bekehrung und Geistempfang gewähren wollte, sondern auch den Nichtjuden (s. Apg 11, bes. V. 15-18). Aber eines demonstrierte Gott hier unmißverständlich: daß die Bekehrung nicht menschlichem Willen und menschlicher Entscheidung entspringt, sondern immer auf das Wirken des Geistes Gottes zurückzuführen ist.

Eine vorausgehende Phase des Fragens und Suchens

Drittens fällt auf, daß (mit Ausnahme des Gefängnisaufsehers) bei allen *der Krisis der Bekehrung eine Phase des Fragens, der Suche oder des Zweifels vorausging.* Paulus' Damaskuserlebnis scheint am Ende einer Zeit innerer Konflikte zu stehen, in der er sich an der Steinigung von Stephanus beteiligt und die blutige Verfolgung der Christen angeführt hatte. Innerer Konflikte? Aber verfolgte Paulus die Christen denn nicht aus tiefster Überzeugung und in der Gewißheit, im Recht zu sein? Nun, Paulus' Fanatismus weist die klassischen Merkmale der Unsicherheit und Angst auf! Genau darauf spielt Jesus offenbar an, wenn er dem Verfolger auf der Straße nach Damaskus sagt: »Saul, Saul, was verfolgst du mich? *Es wird dir schwer sein, wider den Stachel zu löcken*« (Apg 26,14). Und bei dem Hofbeamten, bei Kornelius und bei Lydia war es ähnlich: Sie alle waren »Gottesfürchtige« auf der Suche nach Wahrheit.

Das Kennenlernen der biblischen Botschaft, das Wirken des Heiligen Geistes und eine Zeit des Suchens und Fragens – all das spielt bei der Bekehrung zu Christus eine Rolle. Ein weiterer Faktor kommt bei diesen Berichten noch hinzu, auf den wir hier allerdings nicht näher eingehen können: Die Eingliederung der Neubekehrten in die Gemeinschaft der Christen.

Wichtige Lektionen

Vier wichtige Lektionen für die evangelistische Kinderarbeit (und für den Umgang mit unseren eigenen Kindern) sollten wir aus den genannten Berichten der Apostelgeschichte lernen:

Erstens: *Die Bekehrung ist von A bis Z Gottes Werk.* Wir sollten sie nie als rein menschliches Handeln betrachten oder darstellen. In jedem Stadium ist Gott aktiv, auch bei den sogenannten »natürlichen« menschlichen Entwicklungsprozessen.

Zweitens: *Gott bedient sich der Mittel und Prozesse, die er dafür vorgesehen hat.* Sehen wir einmal von Paulus' Damaskuserlebnis ab, so kamen die Bekehrten stets durch zweierlei zum Glauben: Durch das direkte Wirken des Heiligen Geistes im Bekehrten und durch die Verkündigung von Boten, die unter der Leitung Gottes, aber mit rein menschlichen sprachlichen Mitteln Gottes Wort verkündigten. Der Verkündiger hat also eine wichtige Funktion.

Drittens: *Gott sprach jeden Bekehrten als Person mit einer ganz persönlichen Glaubensgeschichte an.* Jeder von ihnen war an einem Punkt angelangt, wo er sein bisheriges Glaubensfundament als unzureichend erlebte. Nur Christus konnte ihnen neuen Sinn vermitteln. Mit anderen Worten:

Die Bekehrten hatten schon einige Phasen des Glaubens durchlebt, ehe sie reif zur Bekehrung waren. Das spricht für das Anerkennen verschiedener stufenweiser Glaubensphasen im Prozeß der Bekehrung.

Viertens: *Wir müssen vorsichtig sein, Modelle von Erwachsenenbekehrungen auf Kinder zu übertragen.* Es ist aufschlußreich, daß die Apostelgeschichte kein einziges Beispiel einer Kinderbekehrung enthält. Wir können nicht mehr sagen, als daß die Berichte uns Hinweise darauf geben, wie Gott im Falle von Erwachsenen handelt, und daß er wohl bei Kindern entsprechend handeln dürfte. Aber das heißt dann auch, daß wir davon ausgehen müssen, daß die Punkte eins bis drei auf Kinder ebenso zutreffen wie auf Erwachsene. Jedenfalls läßt sich aus den in der Apostelgeschichte berichteten Fällen keine Technik und keine »Gebrauchsanleitung« herauslesen, Kinder so zu bekehren, als seien sie Mini-Erwachsene.

Kinder gläubiger Eltern

Wenn wir uns mit dem Thema »Bekehrung« befassen, dürfen wir einer Frage nicht ausweichen, die seit einiger Zeit Mitarbeiter in der Kinder- und Familienarbeit besonders beschäftigt: Wie sollen wir den geistlichen Status von Kindern aus christlichen Elternhäusern beurteilen? Sollen wir sie als Glieder des Reiches Gottes betrachten, solange sie sich nicht dagegen entschieden haben? Oder werden sie erst Glieder des Reiches Gottes, wenn sie sich bewußt dafür entscheiden, indem sie Christus annehmen?

Bekehrung oder Wachstum?

Über diese Frage ist schon viel diskutiert und geschrieben worden, und dies mit gutem Grund. Unser ganzes Verständnis von evangelistischer Arbeit unter Kindern und Familien hängt ja von klaren Zielvorstellungen ab. Vereinfacht ausgedrückt lautet die Alternative: Geht es uns bei Kindern aus christlichen Familien um Bekehrung oder um Wachstum (»nurture«)?

Die Antwort auf diese Frage hat weitreichende Konsequenzen für die Botschaft, die christliche Eltern und Kindermitarbeiter Kindern vermitteln. Sie bestimmt nämlich, ob wir Kinder zum Glauben rufen oder ob wir vorhandenen Glauben und eine bereits vorhandene Gottesbeziehung fördern und pflegen. Wenn sich alles am Ziel der Bekehrung orientiert, wird vorausgesetzt, daß ein Kind gläubiger Eltern auf genau die gleiche Art »gerettet werden« muß wie ein Kind ohne jeden christlichen Hintergrund. Das kann erschreckende Folgen haben, wie sich in der Seelsorge zeigt: Das Kind spürt, daß es seine Eltern nur zufriedenstellen kann, wenn es sich um irgendein »Bekehrungserlebnis« bemüht, aufgrund dessen es bei den Eltern und bei Gott »angenommen« wird. Kein Wunder, daß wir so vielen Jugendlichen und Erwachsenen aus christlichen Elternhäusern begegnen, die in ihrem Glauben Schiffbruch erlitten haben!

Das Traurigste ist, daß all das gar nicht nötig wäre. Wir haben uns schon in Kapitel 6 unter der Überschrift »Sünde und Verantwortlichkeit« mit den biblischen Belegen für die Überzeugung auseinandergesetzt, daß »alle Kinder in das große versöhnende Opfer eingeschlossen sind und zu Jesus Christus gehören, bis sie sich bewußt von ihm abwenden« (Inchley). Und entsprechend läßt sich auch aus biblisch-theologischer Sicht und in seelsorgerlicher Verantwortung festhalten, daß Kinder gläubiger Eltern Glieder des Reiches Gottes sind, solange sie nicht bewußt auf ihr Bürgerrecht verzichten.

Wichtige Denkanstöße kann uns auch ein Konzept der reformierten Theologie vermitteln, das zwar in einigen Punkten hinterfragt werden muß (und umstritten ist), aber in unserem Zusammenhang doch bedenkenswert ist: das Konzept des »Gnadenbundes«.

Der Gnadenbund

Um dieses Konzept zu verstehen, müssen wir uns mit dem biblischen Verständnis von Familiensolidarität beschäftigen. Nach den Worten von Paulus in 1. Korinther 7,14 sind die Kinder gläubiger Eltern (genauer: eines gläubigen Elternteils) »heilig«. Der Glaube des gläubigen Elternteils (in biblischer Zeit gewöhnlich des Familienoberhauptes) spannte sich gewissermaßen wie ein »Schirm« über die ganze Familie. Das Bundesverhältnis Gottes mit dem Stammvater schloß dessen Nachkommen mit ein.[11]

Klar erkennen läßt sich das im alttestamentlichen Bundesverständnis. In 1. Mose 17 schließt Gott einen Bund mit Abram, d.h. er trifft eine Verfügung, die Abram und seinen Nachkommen gilt. Gott verspricht Abraham und seinen Kindern und Kindeskindern Treue, Heil und Segen, und er erwartet ihre Treue. Wenn Abraham seinen Bundesverpflichtungen nachkommt, soll Abrahams Familie das verheißene Land in Besitz nehmen und in Frieden darin leben können. So kam es, daß Israel sich später als Bundesvolk betrachtete, von Gott erwählt und in eine besondere Beziehung zu ihm berufen. »Ich will euer Gott sein, und ihr sollt mein Volk sein«, wurde zur Parole der Nation (3. Mose 26,12).

Grundlage dieses Bundes war Gottes Gnade, seine unverdiente Zuwendung. Gott war der Initiator des Bundes, und er bot Abram seine Verheißung an. Der Bund wurde also nicht durch Glauben *ins Leben gerufen*, mußte aber im Glauben *empfangen* werden. Gottes gnädiges Angebot ging also allem Glauben voraus. Einerseits traf Gottes Verheißung Abram »aus heiterem Himmel« (1. Mose 12,2-3), doch anderseits antwortete Abram im Glauben. »Abram glaubte dem Herrn, und das rechnete er ihm zur Gerechtigkeit«, heißt es in 1. Mose 15,6.

Für alttestamentlich-hebräisches Denken (»Solidarität«!) repräsentierte Abraham als Stammvater seine Nachkommenschaft Israel. So wurde dem ganzen Volk der Bund angeboten. Und das war nicht nur auf die Erwachsenen beschränkt, die sich (in unserem heutigen Sinne) zum Glauben an den Gott Abrahams, Isaaks und Jakobs bekannten; nein, der Bund galt allen, die als Israeliten geboren waren, auch den Kindern.

Dies kam deutlich im Beschneidungsritus zum Ausdruck, der ja nicht nur ein Ritual war, sondern ein von Gott eingesetztes und befohlenes Zeichen, das auf den Einschluß in den Bund hinwies. Gott sagte Abram ganz klar: »Eure Vorhaut sollt ihr beschneiden. Das soll das Zeichen sein des Bundes zwischen mir und euch« (1. Mose 17,11). Und daß schon kleine Kinder in diesen Bund eingeschlossen waren, beweist der nächste Vers, in dem Gott befiehlt, daß auch sie das Zeichen der Aufnahme in den Bund bekommen sollen: »Jedes Knäblein, wenn's acht Tage alt ist, sollt ihr beschneiden bei euren Nachkommen. Desgleichen auch alles, was an Gesinde im Hause geboren oder was gekauft ist von irgendwelchen Fremden, die nicht aus eurem Geschlecht sind.«

Daraus wird in der reformierten Theologie dreierlei abgeleitet:

Erstens ist unübersehbar, daß *die Bundesbeziehung nicht auf Glauben, sondern auf Gnade beruht*. Andernfalls hätten Säuglinge im Alter von acht Tagen nicht dazugehören können. Hätte Gott ihre Annahme von ihrem aktiven individuellen Glauben abhängig gemacht, wären sie aus Gottes Bundesvolk ausgeschlossen gewesen.

Zweitens kommt hier etwas zum Ausdruck, was wir bereits gesagt haben: daß *der Glaube der Eltern die anderen Mitglieder des »Hauses« mit einschließt*. Das ist die eigentliche Bedeutung der zweiten Hälfte von Vers 12: Selbst die

Angehörigen des Haushalts, die nicht mit dem Familien-oberhaupt verwandt sind, sollen beschnitten werden als Zeichen dafür, daß auch sie in den Bund eingeschlossen sind. Im Licht von 1. Kor 7,14 betrachtet heißt das also für uns heute: In einer Familie, in der wenigstens ein Elternteil gläubig ist, wird sein bzw. ihr Glaube auch den übrigen Familienmitgliedern zugerechnet, solange diese Gott nicht bewußt ablehnen.

Drittens deutete die Beschneidung an, daß *Kinder als potentielle zukünftige Gläubige behandelt werden sollten und nicht als Ungläubige.* Die Rechte und Verheißungen der Bundesbeziehung galten schon ihnen. Niemand wäre es in den Sinn gekommen, sie als außerhalb des Gottesvolks stehend zu betrachten; nein, sie galten als dazugehörig, solange sie sich nicht ausdrücklich von Gott und seinem Segen trennten.

Dieses Beziehungsmuster (allerdings ohne das äußere Zeichen der Beschneidung) findet sich auch im Neuen Testament. Jedenfalls interpretieren viele Theologen die Verheißung der Rettung ganzer »Häuser« (z.B. Apg 11,14; 16,31) und die Berichte von der Bekehrung ganzer Häuser im Sinne dieser Bundessolidarität.

Die Konsequenzen dieses Konzeptes des Gnadenbundes liegen auf der Hand: Wir müssen Kinder von Christen als Glieder des Reiches Gottes betrachten, wenn und solange sie nicht Gottes Bundesverheißung zurückgewiesen haben. Das bedeutet, daß wir solche Kinder nicht zur Bekehrung drängen, sondern ihnen helfen, in ihrem Glauben zu wachsen und zu reifen. Wir müssen ihnen Mut machen, den Segen *in Anspruch zu nehmen,* der ihnen aufgrund ihres Status als Kindern des Bundes bereits zusteht. Wenn uns das einmal klargeworden ist, befreien wir uns als Eltern und Evangelisten von dem schrecklichen Druck, Kinder, die Gott schon angenommen hat, zu irgendeiner Art von Bekehrungserlebnis zu bringen. Und, was nicht weniger wichtig ist, wir nehmen unseren Kindern die Angst

und lassen sie das sein, wozu Gott sie schon gemacht hat:
Erben seines Gnadenbundes in Christus.

FOLGERUNGEN

Wir haben in diesem Kapitel gesehen, daß »Bekehrung«
sowohl vom Standpunkt unserer Theorien über die Glaubensentwicklung betrachtet werden muß als auch aus der
Perspektive der Heiligen Schrift. Gewisse Spannungen lassen sich nicht so einfach lösen, manche Fragen bleiben offen, über gewisse Aussagen der Entwicklungspsychologie
und bestimmte theologische Interpretationen von biblischen Aussagen kann man streiten. Aber wir sollten weiter
über dieses Thema nachdenken, denn es ist für unsere
Evangelisationspraxis und unser Verständnis von Erziehung zum Glauben bzw. Förderung des Glaubenswachs-
tums ungeheuer wichtig.

ANMERKUNGEN ZU KAPITEL 7

1 John Westerhoff, *Will Our Children Have Faith?*, New York (Seabury Press) 1976, S. 39.
2 Westerhoff, *a.a.O.*, S. 98.
3 Westerhoff, *a.a.O.*, S. 39.
4 Westerhoff, *a.a.O.*, S. 39.
5 Obwohl Westerhoff betont, daß alle Phasen des Glaubens in das Er-lösungsgeschehen hineingehören.
6 Westerhoff, *a.a.O.*, S. 99.
7 C. Johnson & H.N. Malony, *Christian Conversion: Biblical and Psychological Perspectives*, Grand Rapids (Zondervan) 1982, S. 45.
8 James Fowler, *Stages of Faith*, New York (Harper & Row) 1981, S. 281.
9 Fowler, *a.a.O.*, S. 285-286.
10 *Theologisches Begriffslexikon zum Neuen Testament*, hrsg. von L. Coenen, E. Beyreuther und H. Bietenhard, Wuppertal (R. Brockhaus) 1979², S. 70 (Art. »Bekehrung«).

11 Ausführlich wird die Bundestheologie dargestellt in L. Berkhof, *Systematic Theology*, London (Banner of Truth) 1966, S. 262-304. Vgl. auch den Artikel »Bund« im *Theologischen Begriffslexikon zum Neuen Testament*, S. 157- 165. Dort wird allerdings kritisch gefragt, »ob Gottes Zusage rein biologisch durch die Geschlechter weitergeht, wie dies für Israel galt« (S. 176).

8

Kind und Familie

Was bedeutet die »Familie« als Kontext für die Kinderarbeit?

Die Neuentdeckung der Familie
Die Familie in der Gesellschaft

===

Die Neuentdeckung der Familie

In den letzten Jahren scheinen die Kirchen plötzlich die Familie »entdeckt« zu haben. Verschiedene Veranstaltungs- und Gottesdienstformen sind speziell im Blick auf Familien entwickelt worden – Familiengottesdienste, Familiensonntage, Familienlager usw. Dafür gibt es viele Gründe. Angesichts rapider gesellschaftlicher Veränderungen soll die »Bastion Familie« gestärkt werden; man hat erkannt, daß man in den vielen Neubausiedlungen mit Hilfe einer familienorientierten Strategie am besten Interesse (und hoffentlich Glauben) wecken kann; man bemüht sich, das Vorurteil zu widerlegen, Kirche und Religion seien nur etwas »für alte Frauen und Kinder«; man hat neu entdeckt, wie sehr die Bibel die Familie (»das Haus«) als den Raum betont, wo Glaube wachsen und sich entfalten kann. All das hat zur gegenwärtigen »Familienbewegung« beigetragen.

Zuweilen hat das allerdings zu übereilten und oberflächlichen Annahmen geführt. So gehen z.B. viele davon aus, mit »Familie« meine die Bibel dasselbe wie wir heute, nämlich Vater, Mutter plus 2,3 Kinder: *die Kernfamilie.* Wie wir sehen werden, bedeutet »Familie« in der Bibel etwas ganz anderes.

Eine zweite weitverbreitete Annahme ist, die Ortsgemeinde müsse Gottesdienst, Evangelisation, Lehre und Gemeinschaftsleben ganz auf die Bedürfnisse der Kernfamilie abstimmen. In vielen Gemeinden scheint man bei der Programmgestaltung und in der Praxis des Gemeindelebens stillschweigend davon auszugehen, daß das, was für die Kernfamilie gut ist, auch für alle anderen das Richtige sei, ganz gleich, wie alt diese anderen seien, welche Stufe der geistlichen Reife sie erreicht hätten und welche geistlichen Bedürfnisse bei ihnen vorhanden seien. Das führt leider oft dazu, daß diejenigen, die von ihren eigenen Familien getrennt leben – z.B. Singles und ältere Leute – sich vom Gemeindeleben ausgeschlossen fühlen. Gemeindestrukturen und Gottesdienstformen, die sich vorwiegend an der Kernfamilie und ihren Bedürfnissen orientieren, können die übrigen Gemeindeglieder isolieren und ihnen das Gefühl vermitteln, sie seien Gemeindeglieder zweiter Klasse. Da mögen der Pfarrer, der Prediger oder die Gemeindeleitung noch so laut das Gegenteil verkündigen – die Gemeindepraxis spricht die deutlichere Sprache.

Gibt es eine adäquate Theologie der Familie, die wir unserer seelsorgerlichen und evangelistischen Praxis zugrundelegen können?

Die Familie in der Gesellschaft

Im Alten Testament

Im Laufe der ganzen Menschheitsgeschichte ist die Familie als durch Verwandtschaftsbande zusammengehaltene Einheit der grundlegende Baustein jeder menschlichen Gesellschaft gewesen. Allerdings hat man dieser Verwandtschaft je nach Kultur und Zeit unterschiedliche Ausdrucksformen gegeben. So war zum Beispiel in biblischer Zeit die *erweiterte Familie* das selbstverständliche Familienmodell. Dazu gehörten mehrere Kernfamilien mit Eltern und Kindern, aber auch die Groß- und Urgroßeltern sowie die Enkel. Die erweiterte Familie umfaßte also mehrere Generationen, dazu die im Haus bzw. auf dem Hof wohnenden Sklaven und Sklavinnen, Knechte und Mägde und andere Angestellte. Sie alle gehörten zur Familie.

Machen wir uns das an einem fiktiven Beispiel klar. Da ist Seth, ein vierzigjähriger Mann. Er ist verheiratet und hat vier Kinder. Er ist der älteste von fünf Brüdern. Wenn wir heute von Herrn Seths Familie sprechen, meinen wir damit das Ehepaar Seth und ihre Kinder.

Doch nun stellen wir uns Seth in der alttestamentlichen Gesellschaft vor. Dann meinen wir mit seiner Familie ihn, seine Frau und Kinder, gegebenenfalls die Frauen und Kinder seiner verheirateten Söhne, seine Brüder und deren Frauen und Kinder, seine Eltern und Großeltern, seine Cousins und deren Angehörige, seine Sklaven und anderen Angestellten samt ihren Verwandten ... Diese erweiterte Familie bildete eine selbständige wirtschaftliche Einheit und war eingebettet ins System des gegenseitigen Schutzes und der Hilfe der Sippe und des Stammes. Die alttestamentliche »Familie« war also auf jede erdenkliche Weise von innen und außen gestützt und geschützt.

Für die Kinder bedeutete das, daß sie in einer äußerst stabilen Struktur aufwuchsen.

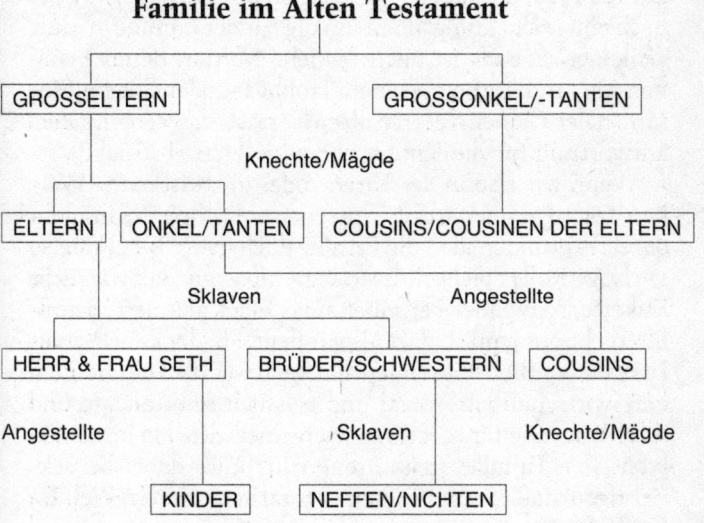

Familie im Alten Testament

Innerhalb der Familie fand jeder einzelne auch seine Identität. Er betrachtete sich nicht als von seinem »Haus« gesondertes Individuum und wurde auch von anderen nicht so gesehen. Unser Seth war also nicht einfach Seth, nein, er war Seth, der Sohn Rubens von der Sippe Libnis vom Stamme Benjamin usw. Das ganze Denken war vom Konzept der Familien- und Sippensolidarität durchdrungen: Einer für alle, alle für einen. (Die dunkle Kehrseite ist uns z.B. von der »Blutrache« her bekannt, wo u.U. eine ganze Sippe für das Vergehen eines einzelnen Sippenmitglieds zur Rechenschaft gezogen wird.)

Dieses Familienverständnis ist natürlich weltenweit von der Wirklichkeit unserer heutigen Kernfamilie entfernt! Und es hat überhaupt nichts mehr mit unserer Praxis der alleinerziehenden Mutter gemein, in der es kaum noch Spuren der Strukturen und Bindungen des »Hauses« gibt. (Dabei meine ich mit »alleinerziehende Mutter« nicht nur die Frau, die sich nach dem Tod des Ehepartners oder nach einer Scheidung allein um die Kinder kümmern muß. »Alleinerziehend« ist auch manche Mutter, deren Mann von seinem Beruf, von seinen Hobbys – oder seinem Einsatz in der Gemeinde! – so absorbiert ist, daß er seine Verantwortung für die Kinder auf seine Frau abschiebt!)

Wenn wir also in der Kirche oder in christlichen Werken von »Familienarbeit« sprechen und ihre Wichtigkeit damit begründen, daß die Familie doch in der Bibel eine so wichtige Rolle spielt, müssen wir aufpassen, daß wir nicht Etikettenschwindel betreiben. Die Bibel definiert »Familie« nicht nur ganz anders als wir heute, in der Gesellschaft zur Zeit der Bibel (besonders in Israel) war die Familie auch eine wirtschaftlich, sozial und geistlich selbständige und selbsttragende Einheit. Wer nach einer »Rückkehr zu den biblischen Familienstrukturen« ruft, muß dabei berücksichtigen, daß wir heute in einer total veränderten Welt leben.

Bisher haben wir hauptsächlich das Alte Testament im Blick gehabt. Wie sieht es denn im Neuen Testament aus?

Im Neuen Testament

Die griechische Sprache des Neuen Testaments hat (wie die hebräische Sprache des Alten) überhaupt »kein Wort für jene soziale Kleingruppe, die wir als ›Familie‹ bezeichnen.«[1] Das griechische Wort *oikos* (»Haus«) bezeichnet wie sein alttestamentliches Gegenstück die erweiterte Familie, die Sippe, die Wohn- und Hausgemeinschaft aller, die »unter einem Dach« leben, einschließlich der Angestellten usw. Daran anknüpfend ist im Neuen Testament dann auch häufig vom »Haus« (= »Familie«) Gottes die Rede.

Dieses Konzept wird in verschiedenen Hinsichten entfaltet.

Die ganze Kirche Gottes

Oft wird mit dem Begriff »Haus/Familie« die ganze Kirche Gottes beschrieben. Wie Israel als »Haus Gottes« bezeichnet worden war (4. Mose 12,7), so betrachteten sich auch die Christen, das »neue Israel«, zu Recht als »sein Haus« (Hebr 3,2-6; Eph 2,19 u.a.).

Warum bediente sich der Verfasser des Hebräerbriefes dieses Bildes? Weil er den Christen ihre Verwurzelung in Gottes Heilsgeschichte mit Israel zeigen wollte. Sie sollten nicht die alttestamentlichen Strukturen kopieren; aber sie sollten erkennen, daß sie durch den Glauben an Jesus Christus in einer gleichartigen Beziehung zu Gott und zueinander standen wie die Juden.

Das hatte bestimmte Konsequenzen. Erstens und vor allem mußten sie begreifen, daß sie nicht ein Verein von Individualisten waren, von denen sich jeder nur um sich selbst kümmerte, sondern eine Gemeinschaft mit »Familiensinn«, »Hausgenossen Gottes«. Und daß eine ähnliche Solidarität, wie sie in der »Familie« des Alten Testaments geherrscht hatte, nun auch die Familie der Christen prägen muß. Auch wenn sie nicht blutsverwandt waren, waren sie aufgrund ihrer Einheit in Christus nicht weniger verpflichtet, einander zu unterstützen, zu fördern und zu schützen.

Dies wiederum bedeutete, daß das christliche »Haus« zwei weitere Funktionen der alttestamentlichen »Familien«-struktur berücksichtigen muß. Erstens die Förderung von geistlichem Leben und Glaubenslehre. Die Familienstruktur in Israel, also die oben dargestellte erweiterte Familie, war ein ideales Umfeld für soziales Lernen, und in diesem Rahmen fand auch die religiöse Erziehung des Kindes statt. Wenn der Verfasser des Hebräerbriefes das Bild des »Hauses« nun auf die frühen Christen überträgt, macht er ihnen damit auch gleichzeitig diese Verantwortung deutlich.

Fürsorge und Solidarität

Die zweite zu berücksichtigende Funktion des alttestamentlichen »Hauses« ist die der Fürsorge und gegenseitigen Hilfe. Die Familie im Alten Testament war ein Ort der Geborgenheit, der Bestätigung und der Zugehörigkeit gewesen. Die Familie (im weitesten Sinne des Wortes) war der Ort, wo der einzelne »die Substanz und die praktische Verwirklichung seines Status als Glied des Bundesvolkes Gottes erfuhr«.[2] In Zeiten der Not wurde er von der Familie unterstützt. In Zeiten der Freude freute sich die ganze Sippe mit ihm.

Darüber hinaus waren nicht nur die Blutsverwandten, sondern auch die Sklaven und anderen Angestellten in die schützende Struktur der Hausgemeinschaft eingebettet. Sie alle galten als Glieder der erweiterten Familie. In gleicher Weise wurde das neutestamentliche »Haus Gottes« ermahnt, sich besonders derer anzunehmen, deren Bande der Blutsverwandtschaft aus irgendwelchen Gründen zerrissen waren (z.B. Witwen und Waisen). Solche Glaubens»geschwister« sollten nicht das Gefühl haben, sie ständen ohne Verwandte da; nein, sie sollten herzlich in ihre neue Familie, die Gemeinde, aufgenommen werden. »Ihr seid nicht mehr Gäste und Fremdlinge, sondern Mitbürger der Heiligen und *Gottes Hausgenossen*«, schrieb Paulus den Christen in Ephesus (Eph 2,19).

Die Familiensolidarität verband alle »Hausgenossen« (Blutsverwandte, Sklaven, Knechte, Mägde . . .) zu einer festen Einheit. Das Handeln des einen galt als das Handeln aller, besonders wenn dieser Eine das Familienoberhaupt war. Wenn er also einen Vertrag abschloß oder irgendeinen anderen wichtigen Schritt vollzog, galt das als Schritt des ganzen »Hauses«. Wie wir noch sehen werden, müssen wir dieses Prinzip bei der Interpretation wichtiger neutestamentlicher Texte unbedingt berücksichtigen.

Die örtliche Gemeinde

Die Bilder, mit denen die Kirche als Ganzes gezeichnet wurde, und die Verpflichtungen, die dadurch zum Ausdruck kamen, wurden auch auf die örtlichen Gemeinden übertragen. Das bot sich geradezu an, begannen doch die ersten Gemeinden als *Haus*gemeinden.

> »Daß die örtlichen christlichen Kirchen in Bildern aus dem Bereich von Familie und Haushalt beschrieben wurden, wurde sehr durch die historische Tatsache begünstigt, daß viele von ihnen aus bekehrten Haushalten hervorgegangen waren und sich auch in Privathäusern versammelten.«[3]

Spuren davon finden wir überall im Neuen Testament. An mehreren Stellen ist erkennbar, daß die Bekehrung des Familienoberhauptes offenbar als Bekehrung der ganzen Familie galt. Ein Beispiel dafür ist der Gefängnisaufseher von Philippi in Apostelgeschichte 16. Er war für die Verwahrung von Paulus und Silas verantwortlich, als bei einem Erdbeben die Gefängnistüren aufsprangen. Da der Aufseher befürchtete, daß seine Gefangenen entwichen seien, wollte er Selbstmord begehen, wurde aber von Paulus daran gehindert. Als er anschließend fragte, was er tun müsse, um gerettet zu werden, gab Paulus ihm die aufschlußreiche Antwort: »Glaube an den Herrn Jesus, so wirst du *und dein Haus* selig« (Apg 16,31).

Wenige Stunden später war schon die ganze Hausgemeinschaft (Verwandte, Hausangestellte usw.) getauft – »alle die Seinen« (V. 33). Nun ist unwahrscheinlich, daß jedes einzelne Mitglied des Haushaltes ein persönliches Bekehrungserlebnis gehabt hatte wie der Gefängnisaufseher selbst. Die Erklärung, die am besten dem entspricht, was wir über das Familienleben in biblischer Zeit wissen, ist: Der Glaube des Familienoberhauptes wurde allen anderen Hausgenossen *als ihr eigener Glaube* zugerechnet.

Ein weiteres Beispiel folgt zwei Kapitel später (Apg 18,1-8). In Korinth predigte Paulus in der jüdischen Synagoge. Lukas berichtet, der Synagogenvorsteher Krispus sei »mit seinem ganzen Hause zum Glauben an den Herrn gekommen«. Wieder ist kaum anzunehmen, daß sich alle Angehörigen des Haushalts gleichzeitig bekehrten. Viel wahrscheinlicher ist, daß (nach dem Prinzip der Familiensolidarität) der Glaube von Krispus als Glaube seines ganzen Hauses galt. Das hat wichtige Konsequenzen für unsere heutige Arbeit unter Familien.

Kinder und Familien zuerst?

Was wir bisher über das biblische Familienverständnis gesagt haben, ist außerordentlich wichtig für unsere evangelistische und seelsorgerliche Strategie. Etwas vergröbernd dargestellt, können wir das Verhältnis von Gemeinde und Familie unter drei Überschriften zusammenfassen.[4]

1. Die Gemeinde als Kontext für das Familienleben

Daß in unseren modernen Gesellschaften die Struktur der erweiterten Familie zugunsten der Kernfamilie aufgegeben worden ist, hat dazu geführt, daß vielen Familien die Unterstützung und Hilfe fehlt, die ihnen in früheren Generationen durch die übrigen Angehörigen der Sippe zuteil geworden wäre. Verstärkt wird die Isolation der Kernfamilie durch die größere Mobilität. Das moderne Gegenstück zur Sippe des Herrn Seth lebt wahrscheinlich nicht mehr in derselben Stadt (geschweige denn unter einem Dach), sondern wohnt unter Umständen im ganzen Land verstreut.

In dieser Situation wird die örtliche Gemeinde zur erweiterten Familie. In ihrem Leben und ihrer Gemeinschaft finden die einzelnen Familieneinheiten ihre Identität im Rahmen der Versammlung von Familien, die sich unter dem Schirm der Gemeinde zusammengefunden haben. Nicht Blutsverwandtschaft verbindet die Menschen, sondern Glaubensverwandtschaft. Und während sie ihre verwandelten und verwandelnden Beziehungen in der Bindung an Christus ausleben, werden sie im Glauben und in der Liebe immer fester zusammengeschweißt. Das wiederum wirkt sich auf die einzelnen Familien aus, deren Familienleben durch die Gemeinschaft gestärkt und bereichert wird.

Aber Vorsicht! Eine familienorientierte Gemeinde kann der Versuchung erliegen, bald nur noch um sich selbst zu kreisen. Da werden Familien gefestigt, erfreuen sich ihrer gegenseitigen Hilfe und ihrer schönen Gemeinschaft und verlieren den Blick für andere. Schließlich wird die Gemeinde zum Familienghetto. Die Gemeindeglieder genießen die Atmosphäre eines gemütlichen Klubs. Eine solche Kirche verliert die Schau für die Menschen außerhalb ihrer Mauern, betet nicht mehr für sie und evangelisiert natürlich auch nicht mehr. Dabei sind Gebet und Evangelisation wichtige Gradmesser für die geistliche Gesundheit der Gemeindefamilie.

2. Die Gemeinde als Modell für das Familienleben

Was macht eine Familie anziehend? Daß die einzelnen Familienangehörigen einander lieben und unterstützen! Dasselbe gilt für die Gemeinde. Die Fürsorge füreinander und die Gemeinschaft der Christen überzeugen Außenstehende, daß der christliche Glaube Leben vermittelt. Das bedeutet, daß die Ortsgemeinde einfach dadurch, daß sie als Familie Gottes lebt und handelt, evangelisiert – oft ohne sich dessen überhaupt bewußt zu sein. Umgekehrt werden Qualitäten wie Integrität, Ehrlichkeit und Liebe, die (hoffentlich) die Gemeindefamilie kennzeichnen, anderen eine Ahnung davon vermitteln, was Gottes Gnade im Leben jeder Familie zustande bringen kann. Wir dürfen uns allerdings nichts vormachen und in einen unrealistischen Idealismus verfallen. Zum Familienleben von Christen und Nichtchristen gehören Schmerzen und Konflikte, denn wir alle müssen ein Leben lang lernen, miteinander zu leben und auszukommen. Dennoch bleibt die Tatsache, daß in der Gemeindefamilie und in den einzelnen christlichen Familien, aus denen sich diese Gemeindefamilie zusammensetzt, der Geist Christi eine neue Lebensqualität und Gemeinschaftsfähigkeit hervorbringt, an denen das Reich Gottes Außenseitern zeichenhaft demonstriert wird.

3. Die Gemeinde als alternative Familie

Die Auflösung der Großfamilie in der Moderne hat dazu geführt, daß es heute viele alleinstehende Menschen ohne jeden Anschluß an ihre natürliche Familie gibt. Ältere Alleinstehende, Witwen und Witwer, Unverheiratete verschiedenen Alters, Verheiratete, die aufgrund ihrer Arbeit oder anderer Lebensumstände von ihren Familien getrennt sind – sie alle sind der stützenden Strukturen der Kernfamilie beraubt.

Diesen Gruppen kann die Ortskirche als alternative Familie dienen. Viele Großstadtgemeinden erfüllen genau diese Funktion. Der Pfarrer einer Kirche im Herzen Londons sagte mir einmal: »Meine Gemeinde ist so etwas wie ein Durchgangslager für junge Singles, die für eine gewisse Zeit ihres Lebens in London sein müssen.« Unter solchen Umständen muß die Gemeinde ein Gespür für die vielen verschiedenen Bedürfnisse der Gemeindemitglieder und Gottesdienstbesucher entwickeln. Was für eine Vorstadtgemeinde mit vielen Kernfamilien richtig ist, kann für eine Innenstadtgemeinde völlig unangebracht sein. »Familiengottesdienst« wird hier bedeuten, daß die ganze Gemeinde sich als *Gottes* Familie erlebt, und nicht, daß Eltern mit ihren Kindern auf ihre Kosten kommen.

Aber selbst wenn eine Gemeinde zu einem großen Teil aus Kernfamilien besteht, muß bei der Gestaltung des Lebens und Gottesdienstes der Gemeinde die Gesamtheit der Gemeindemitglieder berücksichtigt werden. Myrtle Langley, eine ehemalige Missionarin, beschreibt ihre Erfahrungen als unverheiratete Frau in einer ganz normalen Gemeinde:

> »Es mag viele überraschen, daß ausgerechnet in der Kirche, in der Gemeinschaft der Gläubigen, im Volk Gottes, alleinstehenden Menschen, besonders Frauen, die größten Schmerzen zugefügt werden. In vielen Kirchen, vor allem solchen evangelikaler Prägung, ist der zentrale Gottesdienst der Woche ein ›Familiengottesdienst‹, der zuweilen wenig mehr als eine überalterte und übergroße Sonntagschulstunde ist. Und die wichtigsten kirchlichen Organisationen werben gewöhnlich um ›Ehefrauen‹, ›Mütter‹, ‹Ehepaare‹, ›Kinder‹, ›die Unterfünfunddreißigjährigen‹ und ›die Älteren‹! Und wo bleibt der Rest?«[5]

Die Gemeinde

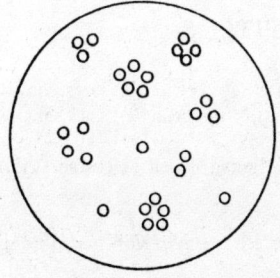

Kontext für das Familienleben

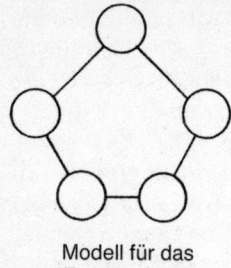

Modell für das
Familienleben

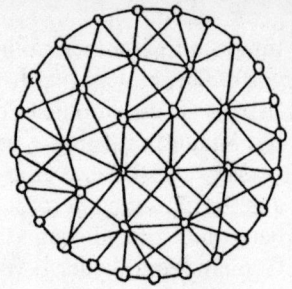

Alternative Familie

FOLGERUNGEN

In den sozialen Umbrüchen unserer Zeit kann es, wenn wir die Gemeinde als Familie betrachten, nicht darum gehen, die Struktur der erweiterten Familie oder der Kernfamilie zu kopieren. Es kommt vielmehr darauf an, daß wir im kirchlichen Leben die *Qualität* der Beziehungen verwirklichen, die nach biblischem Ideal das Familienleben kennzeichnen: Liebe, Fürsorge, Gerechtigkeit, gegenseitige Unterstützung und Bestätigung. Solche Beziehungen können ohne Rücksicht auf Alter und Familienstand in einer Gemeinschaft angestrebt werden. Dann kann das Konzept der »Familie Gottes« eine Gemeinde einen und zur Förderung des örtlichen Leibes Christi dienen.

ANMERKUNGEN ZU KAPITEL 8

1 *Theologisches Begriffslexikon zum Neuen Testament,* hrsg. von L. Coenen, E. Beyreuther & H. Bietenhard, Wuppertal (R. Brockhaus) 1979[2], S. 637 (Art. »Haus«).
2 Christopher Wright, *Living as the People of God,* Leicester (IVP) 1983, S. 194.
3 Wright, *ebda.*
4 Die Struktur dieses Teils verdanke ich meinem Kollegen Gordon Oliver.
5 Myrtle Langley, *Equal Woman,* Basingstoke (Marshalls) 1983, S. 169.

9

Was wir lehren

Drei Kernfragen der heutigen Verkündigung

Die Trinitätslehre und ihre Bedeutung für die evangelistische Verkündigung:

Verkündigen des Vaters
Verkündigen Jesu
Verkündigen des Geistes

Die Trinitätslehre und ihre Antworten auf drei zentrale Probleme heutiger evangelistischer Verkündigung:

THEMA 1: Die Vaterschaft Gottes

»Abba, Vater«
Müssen wir von Gott ausschließlich als Vater sprechen?
Im Alten Testament
Im Neuen Testament
Folgerungen für die Verkündigung
Für unsere Botschaft
Für unsere Methodik

THEMA 2: Warum die Inkarnation so wichtig ist

Eine zentrale Lehre des Christentums
Inkarnation und evangelistische Verkündigung
Ein Gott, der alles liebt, was er geschaffen hat
Ein Gott, der die ganze Schöpfung erlöst

THEMA 3: Kinder und der Geist

Erkenntnisse aus dem Neuen Testament
  Wie war die Gemeinde in Korinth beschaffen?
  Prüfsteine für die Echtheit
  Was für Leute sollten die Gaben ausüben?
  Wozu sollen die Gaben dienen?
Wie steht es bei Kindern?
  Gaben im Kontext des Gottesdienstes
  Entwicklungspsychologische Bedenken

Evangelistische Verkündigung und die Trinität

Wenn wir um eine einfache Definition von »Evangelisation« gebeten würden, was würden wir sagen? »Evangelisation bedeutet Verkündigung der guten Nachricht«? ». . . anderen von Christus erzählen«? ». . . Menschen zur Buße und zum Glauben führen«? In der Praxis geht es bei der evangelistischen Verkündigung meistens um die Person Jesu. Man erzählt von seinem Leben und Dienst als Vorgeschichte zum wichtigsten Teil seiner Mission – seinem Tod. Wir müssen uns allerdings fragen, ob diese Praxis richtig ist. Wirklich biblische evangelistische Verkündigung (nicht nur an Kinder) muß beim Fundament des christlichen Glaubens einsetzen. D.h. sie darf sich nicht ausschließlich auf Christus konzentrieren, sondern muß den dreieinen Gott bezeugen, den Vater, den Sohn und den Heiligen Geist. Ich will in diesem letzten Kapitel ansatzweise zu zeigen versuchen, daß und wie die Trinität die wesentliche Struktur der Botschaft des Evangeliums prägt. Wenn wir das erkennen, kann das unsere Evangelisationsmethoden grundlegend verändern. Betrachten wir zunächst drei Verkündigungsweisen, die sich jeweils auf eine der drei Personen der Dreieinigkeit konzentrieren und dabei die beiden anderen vernachlässigen. Um der Klarheit willen ist dabei manches überspitzt dargestellt.

Verkündigen des Vaters

Das »Vater-Evangelium« rühmt die Eigenschaften Gottes des Vaters, spielt aber die Wichtigkeit des Sohnes und des Geistes herunter. Wir enden dann bei einer Botschaft, die Gott als den Schöpfer verherrlicht und seine Liebe betont, mit der er seine Geschöpfe am Leben erhält und versorgt – die aber kaum etwas über die Sünde, über Buße und die Notwendigkeit der Erlösung durch den Sohn zu sagen hat. Und der Heilige Geist ist im Rahmen dieses »Vater-Evangeliums« kaum mehr als eine unpersönliche Kraft.

Im Extremfall wird daraus ein Wohlfühlevangelium. Gottes Liebe wird dann so einseitig hervorgehoben, daß sie ohne Bedingungen und ohne Einschränkungen alle Menschen zu versöhnen scheint. »Wenn Gott der Schöpfer aller Menschen ist«, so wird argumentiert, »dann ist er ganz gewiß auch ihr Vater und wird keinen von ihnen verstoßen!«

Die große Schwäche dieser Position ist, daß sie unweigerlich die Sünde verharmlost und den Tod Christi entwertet. Ja, in extremen Ausprägungen des »Vater-Evangeliums« läßt sich kaum noch begründen, warum Jesus überhaupt sterben mußte. Anderseits besteht die große Stärke der Verkündigung des Vaters darin, daß die profunde Wahrheit ernstgenommen wird: Gott kümmert sich um seine ganze Schöpfung und nicht nur um die Menschen, die Christus Treue geschworen haben. Wem das als Binsenweisheit erscheint, der sollte bedenken, daß es in der Geschichte des Christentums immer wieder viele Gruppen gegeben hat und gibt, die den Wert der Schöpfung oder des menschlichen Körpers verneinen und behaupten, durch den Sündenfall sei die ganze materielle Schöpfung rettungslos verdorben, und nur der Geist des Menschen könne gereinigt vor Gott erscheinen.

Gewiß, so extrem wird diese These heute nur noch von wenigen vertreten, aber in abgeschwächter Form begegnen wir ihr bei den Christen auf Schritt und Tritt. Wie oft wird behauptet (oder indirekt angedeutet), daß Gott mehr am Zustand unserer Seelen oder unserem »geistlichen« Leben interessiert sei als an unserem Körper? Wie oft vermitteln wir in unserer evangelistischen Verkündigung den Eindruck, daß es bei unserer Gottesbeziehung wesentlich um etwas Innerliches geht, um die Begegnung seines Geistes mit unserem Geist? Dieses Verständnis widerspricht fundamental der biblischen Lehre, daß Gott uns als ganze Menschen geschaffen hat, nicht als körperlose Geister, und uns in Christus auch als ganze Menschen erlöst.

Wir merken also: Das Verkündigen des Vaters ist wichtig und vermittelt unaufgebbare Wahrheiten. Doch ein reines »Vater- Evangelium«, das die Person und das Wirken des Vaters nicht in Bezug zum Sohn und zum Heiligen Geist setzt, führt zur Verkündigung mit Schlagseite.

Verkündigen Jesu

Auch das »Jesus-Evangelium« kann verabsolutiert werden und damit zu einseitig sein. Natürlich gehört »Christus ist für unsere Sünden gestorben und am dritten Tag auferweckt worden« zum Kern des Evangeliums. Aber es ist eben längst nicht alles. Wir haben die neutestamentliche Lehre über Jesus nicht mit dem Hinweis auf Karfreitag und Ostern ausgeschöpft. Der Tod Jesu muß im theologischen Zusammenhang der Absichten Gottes mit der ganzen Welt und der besonderen Rolle der Christen in Gottes

Heilsplan gesehen werden. Meinen wir doch nicht, wenn wir vom Kreuz als Gottes Mittel zur Vergebung der Sünde und von der Notwendigkeit unserer Antwort auf Gottes Angebot gesprochen hätten, hätten wir auch nur zu ermessen *begonnen*, warum und wozu Gott seinen Sohn gesandt hat! Evangelistische Verkündigung, die das Leben Jesu nur als notwendiges Vorspiel zu seinen letzten vierundzwanzig Stunden behandelt, steht in der großen Gefahr, die Zuhörer zu falschen Schlüssen zu verleiten. Die Antwort auf die Frage: »Warum ist Jesus gestorben?« lautet nicht einfach: »Um uns von unseren Sünden zu erlösen.« Es steckt viel, viel mehr dahinter!

Eine zweite Schwäche der Jesus-Verkündigung erweist sich im weiteren Leben des Gläubigen, nachdem er sich Jesus Christus anvertraut hat. Wenn die ganze Verkündigung des Evangeliums darauf konzentriert gewesen ist, Christus als das Gegenüber des Glaubens darzustellen, führt das leicht dazu, daß anschließend auch nur der Sohn angebetet wird. Nur an Jesus werden Bitten gerichtet; nur ihm wird dafür gedankt, daß er am Kreuz sein Leben hingegeben hat; das Lob gilt ausschließlich dem auferstandenen Christus für seinen Segen; Nachfolge bedeutet einzig und allein Gehorsam dem Sohn gegenüber.

Was wir bei der Vater-Verkündigung gesagt haben, gilt auch hier: Das alles ist nicht falsch, aber einseitig. Jesus selbst sah seinen Dienst in Verbindung mit seinem Vater und dem Geist. Er suchte nicht seine eigene Ehre, sondern die des Vaters. Vor allem verkündigte er, in seinem Kommen offenbare sich der Vater. Wenn wir das begriffen haben, leuchtet uns auch ein, wie gefährlich es ist, die Aufmerksamkeit (fast) ausschließlich auf Christus zu lenken. Wir laufen damit Gefahr, den Anschein zu erwecken, als sei der Sohn wichtiger als der Vater, oder den Vater völlig aus dem Blick zu verlieren.

Verkündigen des Geistes

Millionen von Christen in aller Welt haben in der geistlichen Erneuerungsbewegung, die in den vergangenen Jahren viele Kirchen erfaßt hat, neue Lebensmöglichkeiten entdeckt. Darüber kann man sich nur freuen. Allerdings dürfen wir nicht die Augen davor verschließen, daß die Neuentdeckung und Neubetonung der vergessenen dritten Person der Dreieinigkeit auch einige Probleme mit sich gebracht hat. In der evangelistischen Arbeit besteht die Gefahr, daß die spektakulären Begleiterscheinungen der Erneuerung das biblische Verständnis und die biblische Erfahrung Gottes als Vater, Sohn und (nicht nur) Heiliger Geist in den Hintergrund drängen.

Mit anderen Worten, allzu leicht wird das Evangelium im Sinne einer Reihe von dramatischen Erfahrungen – wie Heilungen, Zungenreden und anderen Zeichen und Wundern – verkündigt. Wenn diese ausbleiben, meint man, entweder sei nicht das »volle Evangelium« gepredigt worden, oder den Hörern fehle es am nötigen Glauben.

Im Neuen Testament wird jedoch das Wirken des Heiligen Geistes nicht nur in aufsehenerregenden Ereignissen gesehen, sondern genauso im ganz Alltäglichen, Unscheinbaren. Auch unsere Theologie des Heiligen Geistes muß von einem trinitarischen Standpunkt ausgehen. Wir müssen das Wirken des Geistes als Folge der Gemeinschaft des Geistes mit dem Vater und dem Sohn verstehen. Nur so können wir Zeichen und Wunder richtig in den Gesamtzusammenhang des Evangeliums einbetten.

Ich betone das so, weil in gewissen christlichen Kreisen das »Geist-Evangelium« heutzutage als das Heilmittel gegen den Niedergang des christlichen Glaubens in einer säkularisierten Gesellschaft angepriesen wird. Da die Kirche im Leben der meisten Menschen und in der Gesellschaft eine immer unwichtigere Rolle spielt, ist eine theologische Schule zu der Überzeugung gelangt, daß die ungläubige und skeptische Welt nur noch dadurch von der Wahrheit Christi überzeugt werden kann, daß die Macht Gottes auf spektakuläre Weise demonstriert wird. Demzufolge wird nur dort wirklich evangelisiert, wo es als Beweis der Königsherrschaft Gottes zu Zeichen und Wundern kommt. Bei der Verkündigung geht es dann weniger um den Aufruf zu Buße und Glauben als um die Überzeugung durch übernatürliche Zeichen. Dazu bildet eine wirklich trinitarische evangelistische Verkündigung das notwendige Korrektiv.

Und nun?

»Was hat das alles mit Kindern zu tun?« mag sich der eine oder andere Leser gefragt haben. Nun, wir müssen bedenken, daß die Kinderevangelisation zwar einerseits ihre eigenen, mit der kindlichen Entwicklung zusammenhängenden, Fragen aufwirft, andererseits aber im Gesamtrahmen von Evangelisation betrachtet werden muß. Das gilt ganz besonders im Hinblick auf biblisch-theologische Fragen, auch wenn man zuweilen der Überzeugung begegnet, es müsse eine »Theologie für Kinder« geben, die sich gänzlich von dem unterscheide, was für Erwachsene wichtig und gültig sei.

Ich halte das für falsch. Es stimmt zwar, daß die biblisch-theologischen Wahrheiten und Lehren schon immer in die Sprache und Denkstrukturen von Erwachsenen gekleidet worden sind. Aber das bedeutet noch lange nicht, daß die biblische Wahrheit, die Erwachsene hören müssen, sich in ihrer Substanz von dem unterscheidet, was Kinder hören müssen. Jawohl, in unserer Präsentation des Evangeliums müssen wir berücksichtigen, was die moderne Entwicklungspsychologie uns über die Entfaltung der kindlichen Denkstrukturen, über ihre psychische und soziale Entwicklung, über die Stufen ihres Glaubens und ihrer moralischen Urteilsfähigkeit gelehrt hat. Doch die Wahrheit, die Gott uns über sich selbst offenbart hat – über sich als Vater, Sohn und Heiligen Geist –, diese Wahrheit ist für alle Altersstufen wahr und gilt nicht nur für Erwachsene. Worauf es ankommt, ist, daß wir uns darum bemühen, sie so zu vermitteln, daß wir der Botschaft und den Zuhörern gerecht werden.

Damit kommen wir zurück zur Trinität. Wie wir gesehen haben, kann man sich in der evangelistischen Verkündigung weitgehend oder ausschließlich auf eine der Personen der Dreieinigkeit beschränken. Aber wir müssen uns noch vor einer weiteren Gefahr hüten. Man könnte ja meinen, trinitarische Verkündigung bedeute einfach, die drei Verkündigungsmodelle nebeneinanderzustellen, wie im folgenden Diagramm angedeutet:

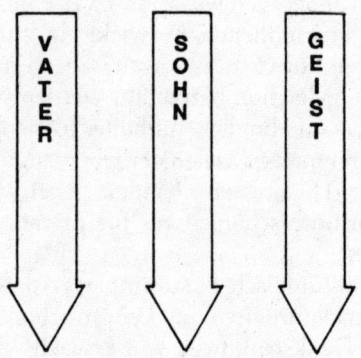

Evangelisation

Damit verpassen wir aber den entscheidenden Punkt: Dreieinigkeit bedeutet ja nicht, daß da drei Personen unabhängig voneinander existieren und hier und da vielleicht gewisse Gemeinsamkeiten haben. Dreieinigkeit bedeutet die ständige Beziehung und Einheit von Vater, Sohn und Geist, wie es die nächste Zeichnung anzudeuten versucht. Im Mittelpunkt unserer evangelistischen Verkündigung, ob sie sich nun an Kinder wendet oder an Erwachsene, steht die unauflösliche Beziehung zwischen den drei Personen der Gottheit. Damit erscheint vieles von dem, was heute als »Evangelisation« bezeichnet wird, in einem ganz anderen Licht.

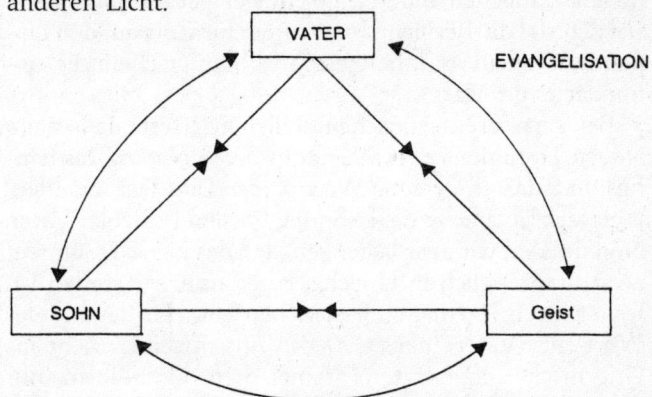

THEMA 1: Die Vaterschaft Gottes

Als wir uns im 1. Teil mit der Geschichte von Elisabeth und Michael beschäftigt haben, ist uns aufgefallen, wie wichtig das Elternbild für das Gottesbild und die Entwicklung des Glaubens ist. Nun müssen wir aber – und das ist ebenso wichtig – klären, was wir eigentlich meinen, wenn wir von der Vaterschaft *Gottes* sprechen. Die Arbeit unter Kindern und Familien in der heutigen Gesellschaft wirft eine Reihe wichtiger Fragen zum Vatersein Gottes auf. So müssen wir z.B. überlegen, ob es angebracht ist, Gott in rein männlichen Begriffen zu beschreiben. Und wir müssen uns Gedanken darüber machen, was »Familienarbeit« in einer Umwelt bedeuten könnte, in der die Scheidungsrate steigt und es immer mehr alleinerziehende Mütter und Väter gibt. Wir wollen fragen, was die Bibel dazu sagt und wie uns das helfen kann, unsere Arbeit an Kindern und Familien zu verbessern.

Abba, Vater

In den Evangelien finden wir nicht weniger als einhundertsiebzig Mal die Bezeichnung »Vater« für Gott auf den Lippen Jesu, allein im Johannesevangelium erscheint es einhundertneun Mal.

Bei genauerem Hinsehen stellen wir fest, daß es im Neuen Testament zwei Wörter für »Vater« gibt. Das häufigste ist das griechische Wort *pataer*. Dies war die allgemein gebräuchliche Bezeichnung für den irdischen Vater. Nun müssen wir aber bedenken, daß das Neue Testament zwar ursprünglich in Griechisch geschrieben worden ist, Jesus jedoch Aramäisch gesprochen hat. Hier lautete das Wort für »Vater« *abba*. Es erscheint in seiner nicht ins Griechische übersetzten aramäischen Grundform nur dreimal im Neuen Testament, in Markus 14,36; Römer 8,15 und Galater 4,6. Die Forscher sind sich einig, daß die in *abba* enthaltenen Inhalte im neutestamentlichen Gebrauch von *pataer* mit eingeschlossen sind, daß Jesus dieses Wort *abba* allerdings in einer besonderen Weise gebrauchte, was Markus und Paulus veranlaßte, es an den genannten drei Stellen unübersetzt als Fremdwort in ihren griechischen Text zu übernehmen. Worin das Besondere des Gebrauches bei Jesus bestand, werden wir gleich sehen.

Was meinte Jesus also, wenn er von Gott als Vater sprach? Dazu müssen wir zunächst fragen, was »Vatersein« zur Zeit Jesu bedeutete; und anschließend beobachten, welchen ganz spezifischen Inhalt er dem Wort *abba*/ Vater in Hinblick auf Gott gab.

Zunächst eine negative Abgrenzung: Zur Zeit des Neuen Testaments war der Begriff der Vaterschaft nicht senti-

mental befrachtet wie in unserer Gesellschaft. Der »Vater«
in der Welt Jesu war nicht der gutmütige »alte Herr«, der
sich vom unwiderstehlichen Charme seiner heißgeliebten
Nachkommenschaft manipulieren läßt. Nein, er war
unangefochten Herr im Haus, dessen Wille Befehl war.
Was er sagte, das galt. Das spiegeln auch die »christlichen
Haustafeln« des Neuen Testaments wider, Verhaltensan-
weisungen der Apostel für das christliche »Haus«, in denen
die Kinder zum Gehorsam gegenüber den Eltern verpflichtet werden. Das war im Rahmen der damaligen Gesell-
schaftsordnung also nicht außergewöhnlich; Erstaunen
muß hingegen der Befehl an die Väter ausgelöst haben,
den Kindern mit Achtung zu begegnen (z.B. Kol 3,20-21).

Unser modernes Elternbild, das weitgehend vom Kind
und seinen Rechten her definiert ist, hat nichts mit der damaligen Wirklichkeit gemein. Heute leben viele Väter und
Mütter ganz für ihre Kinder. Die Wünsche des Kindes
(meistens seine »Bedürfnisse« genannt) bestimmen weitgehend die Abläufe im Haushalt. Die Eltern orientieren
sich in ihrem ganzen Lebensstil am Kind.

Dies ist ganz gewiß nicht das Bild, von dem Jesus aus-
ging. Wenn er Gott »Vater« nannte, geschah dies von einer
Grundhaltung aus, für die der Vater nicht der »Papi« war,
sondern der »liebe Vater« – in der also Liebe und Hochach-
tung zusammenkamen.

In diesem Zusammenhang ist die geschichtliche Entwicklung des Wortes *abba* aufschlußreich. »Es war ursprünglich ein in der Sprache des Kleinkindes beheimate-
tes Lallwort: Wenn ein Kind entwöhnt wird, ›lernt es *abba*
(Papa) und imma (Mama) sagen‹«. Bereits in vorchristli-
cher Zeit »blieb die Vateranrede *abba* nicht auf die Kinder-
sprache beschränkt, sondern wurde auch von den erwachsenen Söhnen und Töchtern gebraucht. Dabei trat der ver-
niedlichende Charakter des Wortes (›Papa‹) zurück; *abba*
gewann jenen innigen familiären Klang, der im Deutschen
etwa in den Worten ›*du lieber Vater*‹ empfunden wird.«[1]

Zur Zeit Jesu deutete die Anrede *abba* also ein inniges Verhältnis mit dem Vater und Achtung vor ihm an.

Damit kommen wir zu den drei Bibelstellen, wo Gott selbst mit ›*abba*‹ angeredet wird. Es ist bedeutsam, daß alle drei Stellen im Zusammenhang mit dem Gebet stehen.

Gethsemane

In Markus 14,36 betet Jesus der Sohn im Garten Gethsemane zu seinem Vater. In wenigen Stunden wird Jesus gekreuzigt werden. Unmittelbar vorher hat Markus berichtet, daß Jesus »anfing zu zittern und zu zagen« und »sich auf die Erde warf und betete, daß, wenn es möglich wäre, die Stunde an ihm vorüberginge« (V.33- 35). In dieser Situation sprach Jesus Gott als »Abba, mein lieber Vater« an. Im Augenblick größter innerer Not wendet er sich an den, der ihm in seiner Liebe ganz nah und dabei allmächtig ist.

Das zeigt mehr als irgendein anderer Vers in den Evangelien, wie unzulänglich es ist, *abba* einfach mit »Papa« zu übersetzen. Es ist unvorstellbar, daß der Sohn Gottes inmitten seines inneren Kampfes unmittelbar vor seinem Tod im Lallen der Babysprache mit seinem himmlischen Vater gesprochen hat. Hier rennt nicht das verängstigte Kind in die schützenden Arme seines starken Papis; nein, hier schüttet der erwachsene Sohn seinem Vater, den er liebt und achtet und der auch ihn liebt und achtet, das Herz aus und gesteht ihm seine Angst. Vater und Sohn sind einander gleichwertige Partner, eine fundamentale Beziehung auf gleicher Ebene, die in der modernen evangelistischen Verkündigung oft übersehen wird.

Am Ende steht der Gehorsam. Der Wille des Vaters wird im Sohn erfüllt. Wir dürfen nicht in den Fehler verfallen anzunehmen, Jesus sei irgendwie zum Sterben gezwungen worden. »Niemand nimmt es (=mein Leben) von mir, ich selber lasse es«, erklärt Jesus in Johannes 10,18. Und aus den Berichten der Evangelien geht klar hervor,

daß Jesus als die menschgewordene zweite Person der Dreieinigkeit nach dem inneren Ringen in Gethsemane freiwillig
in den Tod ging. In der Anrede Gottes als *abba* offenbart sich
also nicht nur das gehorsame Vertrauen Jesu zu seinem Vater, sondern auch seine Autorität als der, der vom Vater geliebt und geachtet ist.

Adoption

Römer 8,15 und Galater 4,6 sprechen von unserem Vor-
recht, Gott ›Abba‹ zu nennen, weil er uns adoptiert und als
Kinder in seine Familie aufgenommen hat. Christus ist der
Sohn Gottes, und wir dürfen uns als seine Schwestern und
Brüder betrachten und haben dasselbe Recht wie er, Gott als
unseren »lieben Vater« anzureden. Wir sind nicht mehr
Sklaven, sondern Erben, weil Gott uns durch seinen Sohn Je-
sus Christus das Sohnesrecht verliehen hat.

Wie unfaßbar groß dieses Geschenk ist, merken wir unter
anderem daran, daß nirgendwo im Alten Testament oder in
aus der Zeit Jesu überlieferten jüdischen Gebeten Gott direkt als ›Abba‹ angeredet wird. Den Juden wäre das respekt-
los und plump vertraulich erschienen. Daß Jesus sich diese
Anrede erlaubte, war revolutionär; daß seine Jünger es ihm
nachtaten, das war unfaßbar. Wer in aller Welt durfte sich
herausnehmen, so mit dem Herrscher des Alls zu reden?!?

Gott als »Vater« anzusprechen – sei es als *Abba* oder als
Pataer –, kennzeichnet eine neue, vertraute Beziehung, die
uns den Atem verschlägt. Es ist keine »Papi«-Beziehung,
sondern die Beziehung zu unserem »lieben Vater«. Indem
wir so mit Gott reden, treten wir in die Gegenwart dessen,
den ursprünglich nur der eingeborene Sohn als Vater anreden konnte, der uns aber eingeladen hat, uns wie sein Sohn
an ihn zu wenden. Wenn wir mit unserem Vater sprechen,
dann niemals in einem gleichgültigen Ton, sondern als Menschen, die darüber staunen, daß sie Gott mit diesem herzli-
chen und doch ehrfürchtigen Titel anreden dürfen.

Müssen wir von Gott ausschließlich als Vater sprechen?

Die feministische Bewegung hat uns gezwungen, sehr ernsthaft über unser Reden von Gott nachzudenken. Was bedeutet das eigentlich, wenn wir Gott vorwiegend in männlichen Begriffen beschreiben? Können wir das auch weiterhin tun? Darf Gott in unserer Vorstellung männlich sein? Gewiß, das sind keine Fragen, die den meisten Kindermitarbeitern unter den Nägeln brennen. Und doch sind sie, wie wir sehen werden, wichtig, weil davon abhängt, wie wir Kindern Gott beschreiben.

Einige feministische Theologinnen gehen so weit zu fordern, wir müßten alle Beschreibungen Gottes in männlichen Begriffen aufgeben: sie seien Produkte einer patriarchalischen biblischen Kultur und keine wirkliche Offenbarung Gottes. Aber man muß gar nicht so weit in eine radikale Richtung gehen (die enorme Konsequenzen für unser Bibelverständnis und unsere Lehre von Gott hat). Wenn wir nämlich genau hinsehen, stellen wir fest, daß in der Bibel selbst eindeutig weibliche Bilder von Gott gezeichnet werden, die den männlichen zur Seite gestellt werden müssen. Dann können wir der Kritik begegnen, die Bibel sei wesentlich sexistisch.

Wir können dann auch unser Verständnis von Familie in einen theologischen Zusammenhang einbetten. Wir begegnen hier einem seltsamen Paradox: Wenn wir an menschliche Familien denken, kommen uns unweigerlich Mutter, Vater und Kinder in den Sinn (vielleicht auch noch die Großeltern). Wenn wir jedoch das Bild der Familie auf Gott anwenden, beschränken wir uns fast immer ausschließlich auf die männlichen Eigenschaften Gottes. Ebensogut könnten wir bei menschlichen Familien immer nur von Kindern und *Vätern* sprechen!

Wie oft predigen wir, in unseren irdischen Familien müsse sich das Wesen Gottes, unseres himmlischen Vaters, widerspiegeln: väterliche Liebe, väterliche Standhaftigkeit und Zuverlässigkeit, väterliche Kraft, väterliche Autorität ... Solche Merkmale und Qualitäten müßten in unseren menschlichen Familien ausgelebt werden. Das Vatersein Gottes bildet den Maßstab für unser Verständnis eines guten Familienlebens.

Nun kommen wir auf diese Weise aber nicht an den Kern unseres Problems heran. Unsere Theologie der Familie muß bei unserer Theologie Gottes einsetzen. Und so landen wir wieder bei der Frage, ob es richtig ist, Gott in ausschließlich männlichen Begriffen vorzustellen, oder ob nicht auch weiblich von Gott geredet werden muß.

Wenn wir auch nur ein wenig nachdenken, merken wir, wie problematisch ein rein männliches Gottesbild ist, nicht zuletzt für eine Theologie der Familie. Schließlich gehören zu einer menschlichen Familie normalerweise Vater *und* Mutter. Eine Familie mit nur einem Elternteil halten wir in der Regel nicht für ideal. Wir betonen, wie wichtig beide Eltern für ein gesundes Familienleben sind. Und wenn schon nur ein Elternteil für die Kinder sorgen kann, halten wir die alleinerziehende Mutter gewöhnlich für besser geeignet als den alleinerziehenden Vater.

Das steht in einem so starken Gegensatz zur theologischen Betonung der Vaterschaft Gottes, daß es uns nachdenklich machen muß. Wenn wir überzeugt sind, daß für eine heile menschliche Familie beide Elternteile wichtig sind, müssen wir dann nicht überlegen, was das für unsere Vorstellung von Gott bedeutet? Wenn die ganze Schöpfung (einschließlich der menschlichen Familie) Gottes Wesen widerspiegelt, muß Gott doch auch das Urbild menschlicher Mutterschaft sein und nicht nur das Urbild menschlicher Vaterschaft!

Diese Fragen zu stellen, hat mit Anpassung an den heutigen theologischen Trend oder eine »modernistische« Theologie überhaupt nichts zu tun. Sie tauchen unweigerlich auf, sobald wir uns mit dem Thema beschäftigen, was wir meinen, wenn wir Gott unseren himmlischen Vater nennen. Glücklicherweise sind wir nicht auf Vermutungen und menschliche Konzepte angewiesen, sondern finden in der Bibel selbst Hinweise und Andeutungen, die uns weiterhelfen können.

Im Alten Testament

Den ersten Hinweis finden wir in 1. Mose 1: Gott beschließt, »Menschen zu machen in unserem Bild, uns ähnlich« (V. 26; Elberfelder Übersetzung). Und wie drückt sich diese Gottesbildlichkeit aus? In der Erschaffung des Mannes und der Frau und nicht in der Erschaffung allein des Mannes! Die Bibel berichtet: »Und Gott schuf den Menschen nach seinem Bild, nach dem Bild Gottes schuf er ihn; als Mann und Frau (wörtlich: männlich und weiblich) schuf er sie« (V. 27; Elberfelder Übersetzung).

Wenn die Bibel ausdrücklich betont, daß das Abbild männliche und weibliche Elemente enthalten muß, um Gottes Wesen widerzuspiegeln, verbietet sich eigentlich jenes rein männliche Reden von Gott. Da Gott sich durch sein Bild ausdrückt, müssen wir nicht nur von der Vaterschaft Gottes sprechen, sondern auch von seiner Mutterschaft, auch wenn anzuerkennen ist, daß das Vaterbild in der Heiligen Schrift vorherrscht.

Weitere Hinweise aus dem Alten Testament:

Psalm 17,8	Gott soll den Beter beschützen, wie eine Vogelmutter ihre Jungen schützt.
Psalm 22,10	Gott wird als Hebamme beschrieben, die bei der Geburt des Kindes geholfen hat und nun zuschaut, wie das Kind an der Brust der Mutter ruht.
Jesaja 49,15	Gott vergleicht sich mit einer Mutter.
Jesaja 66,13	Gott tröstet wie eine Mutter sein Volk Israel (vgl. Ps 131,2).

Ebenso aufschlußreich sind die Stellen, an denen in männlichen *und* weiblichen Begriffen von Gott geredet wird:

Psalm 123,2   Gott ist der Herr und die Herrin der Knechte und Mägde.

Jesaja 42,13-14   Gott ist ein Kriegsmann und eine Gebärende.

Am eindrücklichsten ist aber 5. Mose 32,18. Dort sagt Gott von sich selbst: »Den Felsen, der dich gezeugt, täuschtest du und vergaßest den Gott, der dich geboren.« Gott offenbart sich hier also selbst als Vater (»Felsen, der dich gezeugt«) und als Mutter (»Gott, der dich geboren« – leider bei Luther mit »gemacht« übersetzt). Dies ist nun wirklich alles andere als ein rein männliches Gottesbild!

Im Neuen Testament

Das Neue Testament enthält ähnliche Bilder wie das Alte, allerdings weniger. Wir werden jedoch sehen, daß dies teilweise ausgeglichen wird durch eine Christologie, die weibliche Aspekte einschließt.

Wie im Alten Testament enthält auch das Neue Bilder von Geburt und Stillen. Das wohl bekannteste ist Johannes 3,5, wo Jesus dem Pharisäer Nikodemus sagt: »Wenn jemand nicht aus Wasser und Geist geboren wird, kann er nicht in das Reich Gottes eingehen.« Hier hat der Heilige Geist die Mutterrolle. Die Anwendung des Familienbildes wird also auf den dreieinen Gott ausgeweitet. Jedenfalls ist das Mutterbild deutlich erkennbar. Jesus vertieft es noch mit seinen Worten: »Was aus dem Fleisch geboren ist, ist Fleisch, und was aus dem Geist geboren ist, ist Geist« (V. 6) und der Wiederholung: »aus dem Geist geboren« in V. 8.

Ähnlich erinnert Petrus die Gläubigen daran, daß ihre Beziehung zu Gott der Beziehung von Säuglingen zu ihrer Mutter gleicht:

»Denn ihr seid wiedergeboren nicht aus vergänglichem

Samen, sondern aus unvergänglichem durch das lebendige und bleibende Wort Gottes . . . seid wie neugeborene Kinder begierig nach der geistigen, unverfälschten Milch – damit ihr durch sie wachset zur Errettung –, wenn ihr (wirklich) geschmeckt habt, daß der Herr gütig ist« (1. Petrus 1,23; 2,2).

Dieser Abschnitt ist in zweierlei Hinsicht wichtig. Erstens weist Petrus durch den Ausdruck »unvergänglicher Same« auf die Analogie hin zwischen dem Zeugungsakt bei der normalen menschlichen Fortpflanzung und dem göttlichen »Zeugungsakt«, der die Wiedergeburt des Christen bewirkt. Wie die natürliche Geburt auf Befruchtung durch männlichen Samen zurückgeht, so ist die geistliche Geburt auf den Samen des himmlischen Vaters zurückzuführen, und dieser »Same« ist das Wort Gottes. Nun weist Petrus uns aber zweitens ebenso einprägsam auf Gottes *mütterliches* Handeln hin, »stillt« er doch die neugeborenen Christen. Wie das Baby nach der Muttermilch schreit, so sollen wir uns nach der geistigen Milch sehnen, nachdem wir einmal die Güte von Gottes »Muttermilch« geschmeckt haben!

Dies ist ein erstaunliches Bild. Wir überlesen es leicht, weil wir den Text meistens in Hinblick auf die neugeborenen Glaubenden lesen, die noch schwach sind und gesunder Nahrung bedürfen. Wir wenden den Abschnitt also in einem seelsorgerlichen Zusammenhang an, konzentrieren uns auf seine Aussagen über die Gläubigen und übersehen, daß er wichtige Aussage über Gott macht: daß Gott nämlich in männlichen und weiblichen Bildern beschrieben werden muß. Nur so ergibt dieser Text überhaupt einen Sinn.

Wenden wir uns nun Christus zu. Der bekannteste Hinweis auf die weibliche Dimension Gottes in Jesus findet sich in Matthäus 23,37. Hier trauert Jesus über die zukünftige Zerstörung Jerusalems und vergleicht sich mit einer Henne:

»Jerusalem, Jerusalem, die du tötest die Propheten und steinigst, die zu dir gesandt sind! Wie oft habe ich deine Kinder versammeln wollen, wie eine Henne ihre Küken versammelt unter ihre Flügel ...«

Der Vergleichspunkt ist klar: Jesus liebt mit einer Mutterliebe, die ihre Kinder schützen und vor Unheil bewahren möchte. Die Tatsache, daß Jesus ein Mann war, tilgt nicht die Weiblichkeit Gottes in ihm.

Schließlich müssen wir uns noch mit einem etwas komplizierteren neutestamentlichen Sachverhalt auseinandersetzen. Er ist so wichtig, daß wir ihn nicht außer acht lassen dürfen. Ausgangspunkt ist die Personifizierung der Weisheit im Alten und Neuen Testament sowie (ebenso wichtig) in der jüdischen religiösen Literatur der Zeit zwischen den Testamenten.

Der Gedanke der Weisheit als Person mag uns seltsam erscheinen, betrachten wir doch Weisheit als etwas Abstraktes. Wir sagen, daß jemand Weisheit besitzt oder weise ist; aber wir betrachten die Weisheit nicht als Person. Anders die Bibel. Auch sie spricht an manchen Stellen davon, daß Weisheit die kennzeichnende Qualität einer geschichtlichen Gestalt wie Salomo ist (vgl. 1. Kön 3,28). Doch in anderen Büchern des Alten Testaments und vor allem in der nachexilischen Literatur wird die Weisheit zunehmend als Person und nicht als abstrakte Qualität dargestellt.

Ein zentraler Abschnitt ist Sprüche 8. Den langen Text sollte man in der Bibel nachlesen. Hier seien nur einige wichtige Punkte genannt:

1.Die Weisheit wird als Person gezeichnet, die Gott offenbart und verkündigt.

2.Die Weisheit sorgt für Recht und Gerechtigkeit (20).

3.Die Weisheit war schon vor aller Schöpfung an Gottes Seite (22-30).

4.Die Weisheit war Gottes »Werkmeister« (30).

Zweierlei sollte besonders beachtet werden. Erstens werden in den Sprüchen der Weisheit genau die Eigenschaften zugeschrieben, die im ersten Kapitel des Johannesevangeliums als Kennzeichen des Wortes Gottes (=Christi) genannt werden. Und zweitens ist die personifizierte Weisheit sowohl in den Sprüchen als auch anderswo eine Frau!

Einerseits wird die Weisheit also weiblich geschildert, anderseits wird ihr *Wesen und Handeln* mit Christus identifiziert. Demnach wären also die *weiblichen Wesensmerkmale* der Weisheit auch im Wesen Christi zu finden! Dies ist ein starkes Argument dafür, die weibliche Dimension des dreieinen Gottes ernstzunehmen.

Zusammenfassend läßt sich sagen, daß sich sowohl im Alten als auch im Neuen Testament eindeutige Hinweise auf die weibliche Seite Gottes finden. Wichtige Indizien sind die Gottesbildlichkeit der ganzen Menschheit, Männern und Frauen, die Bilder der Mütterlichkeit Gottes in beiden Testamenten und die auf Christus übertragene Weisheitslehre. Welche Folgerungen ergeben sich daraus für unsere evangelistische Arbeit?

Folgerungen für die Verkündigung

Für unsere Botschaft

Wenn wir die Argumente der vorausgegangen Seiten ernst nehmen, wird sich das auf unsere Verkündigung zunächst einmal so auswirken, daß wir aufhören, Gott ausschließlich in männlichen, patriarchalischen Begriffen zu zeichnen. Problematisch ist das vor allem deshalb, weil wir Gott oft mit einem speziellen Verständnis von Männlichkeit identifiziert haben. Männlichkeit ist in unserer westlichen Gesellschaft meistens mit körperlicher Härte, Stärke, Macht, Durchsetzungsvermögen usw. gleichgesetzt worden. Folglich liegt die Gefahr nahe, den »männlichen« Gott (besonders im Alten Testament) als eine Art kosmischen Rambo zu betrachten, der allmächtig und rücksichtslos allen seinen Willen aufzwingt. Diesem Zerrbild Gottes müssen wir begegnen, indem wir an die weiblichen Züge Gottes in der Bibel erinnern.

Ich behaupte nicht, daß es einfach sein wird, unser Reden von Gott kritisch zu überprüfen und den Gott der Bibel unverzerrt zu verkündigen. Und denken wir nur an die Kinder, die mit Action-Serien im Fernsehen gefüttert worden sind, in denen die Helden typische Machos sind: Wie schwer wird es sein, ihnen zu vermitteln, daß Gott allmächtig, aber nicht willkürlich und rücksichtslos ist! Und doch müssen wir ihnen Gott so verkündigen, wenn wir der Bibel treu sein wollen. Wir müssen eine für Kinder verständliche Theologie entwickeln, die sowohl der Allmacht Gottes als auch seiner liebenden Zuwendung gerecht wird.

Für unsere Methodik

Die Verkündigung der Vaterschaft Gottes ist eines der schwierigsten Probleme für alle, die in der evangelistischen Kinder- und Familienarbeit stehen. Das hat nicht so sehr theologische als vielmehr soziologische Gründe. In den letzten zehn Jahren ist die Zahl der Alleinerziehenden-Familien sprunghaft gestiegen, und der alleinerziehende Elternteil ist in den meisten Fällen die Mutter. So ist eine Generation von Kindern herangewachsen, die zu einem großen Teil keine oder sehr schmerzliche Erinnerungen an den eigenen Vater hat. Die Vorstellungen und Bilder, die das Wort »Vater« bei vielen Kindern auslöst, sind negativ und verzerrt.

So ist es nicht verwunderlich, daß manche Christen laut darüber nachdenken, ob man in der Verkündigung an Kinder überhaupt noch von Gott als dem Vater sprechen sollte. Wenn ein Kind mit seinem eigenen (menschlichen) Vater nur schlimme Erfahrungen gemacht hat, wird es, so befürchten sie, bewußt oder unbewußt jede Lehre von Gott ablehnen, in der das Vaterbild eine Rolle spielt.

FOLGERUNG

Was können wir dazu sagen?

Erstens muß betont werden, daß trotz aller negativen Vater-Erfahrungen *in unserer Gesellschaft noch genügend gesunde und positive Vaterbilder vorhanden sind, aufgrund derer vaterlose Kinder oder Kinder mit schlechten Vätern begreifen können, was gute Vaterschaft ist.* Selbst in gesellschaftlichen Bereichen, in denen Familien mit nur einem Elternteil vorherrschen, haben die meisten Kinder doch noch irgendwelche direkten Kontakte zu und Erfahrungen mit »heilen« Familien. Hier können sogar einmal Fernsehprogramme helfen, in denen vielfach die Normalität der typischen »Vater-Mutter-und-zwei-Kinder« Familie betont wird. In einem Umfeld, in dem es mehr oder weniger viele Alleinerziehenden-Familien gibt, ist in der Kinderarbeit also besonders viel Fingerspitzengefühl gefragt (nicht zuletzt den Müttern gegenüber, die unter Umständen schmerzlich unter ihrem Alleinsein leiden), aber das bedeutet nicht automatisch, daß überhaupt nicht mehr von Gott als dem Vater gesprochen werden kann.

Zweitens müssen wir daran denken, daß *ein Verständnis der mütterlichen wie der väterlichen Seiten Gottes denen, die unter Kindern und Familien arbeiten, helfen kann, an den entsprechenden Stellen die mütterlichen Aspekte zu betonen,* ohne dazu auf die Mariologie oder auf das Konzept der Kirche als geistliche Mutter zurückgreifen zu müssen. Wem dies zu weit hergeholt erscheint, der sollte bedenken, daß der Marienkult besonders blüht, wenn die Weiblichkeit Gottes geleugnet worden ist, und daß der englische Mothering Sunday (nicht mit dem »Muttertag« zu verwechseln) seinen Ursprung im Anerkennen der Mutter Kirche hat.

Drittens müssen wir beachten: *Indem wir die Weiblichkeit wie die Männlichkeit Gottes bejahen, bejahen wir auch die Wichtigkeit menschlicher Weiblichkeit und Mutterschaft.* Das kann in Alleinerziehenden-Familien besonders wichtig sein, wo eine Frau allein der Familie vorsteht. Die Tatsache, daß Gott weibliche Eigenschaften hat, verleiht dem Weiblichen eigenen Wert und eigene Würde, statt es nur als Anhängsel oder Gegenüber des Männlichen zu betrachten. Und die positiven Qualitäten der Elternschaft werden nicht theologisch auf den Vater eingegrenzt, ist Gott doch der Vater und die Mutter im Himmel.

Viertens müssen wir aber trotz all des bisher Gesagten festhalten, daß wir *nicht frei sind, das Bild von Gott als dem Vater einfach beiseitezuschieben.* Die Tatsache, daß die weibliche Dimension Gottes übersehen oder mißachtet worden ist, gibt uns nicht das Recht, nun ein rein männliches Gottesbild durch ein rein weibliches zu *ersetzen.* Biblisch gehört beides zusammen, und es wäre verhängnisvoll, das eine gegen das andere auszuspielen. In unserer Arbeit unter Kindern und Familien müssen wir ständig betonen, daß Gott sich uns mit weiblichen *und* männlichen Eigenschaften offenbart hat; und daß wir als einzelne aufgerufen sind, sowohl die männlichen als auch die weiblichen Wesenszüge Gottes in unserem Leben widerzuspiegeln.

THEMA 2: Warum die Inkarnation so wichtig ist

Die Sonntagschule der Stefansgemeinde ist eine ganz normale Sonntagschule. Sie ist gut besucht, und die Lehrer sind ehrlich auf das geistliche Wohl ihrer Kinder bedacht. Sehen wir uns einige der Kinder und Lehrer an, um eine Vorstellung davon zu bekommen, wie die Dinge dort laufen.

Peter ist neun Jahre alt. Er gehört zu einer Familie, in der es an nichts fehlt, was man so kaufen kann. Seine Mutter und sein Vater sind beide berufstätig und können sich deshalb alles leisten, was gerade Mode ist, die neuesten technischen Geräte und natürlich den jährlichen Neuwagen. Peter hat nicht nur seinen eigenen PC, sondern auch den dazugehörigen Drucker, damit er seinen Namen in verschiedenen Schrifttypen ausdrucken kann. In Peters Familie bestimmt materieller Besitz nicht nur den Lebensstil, sondern auch das Lebens*ziel*.

Claudia kommt vom anderen Ende des sozialen Spektrums. Ihr Vater ist schon seit einiger Zeit arbeitslos, und so ist die Familie auf das Wenige angewiesen, was die Mutter mit ihrem Teilzeitjob verdient. Kein Wunder, daß Claudia Peter mehr als nur ein bißchen beneidet. Trost findet sie in dem Gedanken, daß Jesus auch kein reiches Elternhaus hatte. Und was hat doch der Sonntagschullehrer letztens gesagt? Gott ist mehr an unserer Seele und unserem Geist interessiert als an unserem Besitz. Na, da ist Claudia aber froh!

Der zehnjährige *Daniel* hat ein christliches Elternhaus, das ihm Liebe und Geborgenheit vermittelt. Seine Eltern gehen zur Kirche, lesen regelmäßig die Bibel und beten jeden Tag. Jeden Mittwochabend trifft sich bei ihnen ein Hauskreis, und die Leute rühmen immer wieder die tolle Atmosphäre in der Familie. In diesem Hause gehen bescheidener materieller Wohlstand und evangelikal geprägtes Christsein Hand in Hand. Daniel hat sich nie ein anderes Leben gewünscht, und auch von seinen Eltern hat er nie Klagen gehört.

Und nun die Sonntagschullehrer.

Michael ist Lehrer von Beruf. Er ist ein in der Wolle gefärbter Evangelikaler, seit er sich vor Jahren während einer

Großevangelisation bekehrt hat. Warum er in der Sonntagschule mitarbeitet? Das ist für ihn sonnenklar: damit sich die Kinder bekehren. Die jungen Leute sollen mit Gott ins Reine kommen und dann ihren Freunden und Angehörigen Jesus bezeugen. So vergeht keine Sonntagschulstunde ohne eine klare Aufforderung zur Entscheidung für Jesus. Das Kreuz steht im Brennpunkt der ganzen Verkündigung. »Inkarnation« ist für Michael nichts als einer von vielen theologischen Begriffen.

Rahel ist eine Charismatikerin, wie sie im Buche steht. Das Thema, das für sie »dran« ist, ist Erweckung. Manchmal kann sie ganz schön penetrant sein, aber im allgemeinen ist sie »ein netter Kerl«, und die Kinder in ihrer Klasse haben sie gern. Sie ist sehr darauf bedacht, ein gereinigter Kanal für den Geist zu sein, und wünscht sich für »ihre« Kinder, daß sie die Fülle des Geistes erfahren und sich nicht von den Stricken des Materialismus und des Fernsehens umgarnen lassen.

David arbeitet in einer Versicherungsfirma. Er hat sich als Teenager in einem Bibellesebundlager bekehrt. Während seiner Studienzeit arbeitete er leitend in der Studentenmissionsgruppe an seiner Hochschule mit. In jüngster Zeit hat er jedoch einen Ökotrip begonnen. Seine Wohnung gleicht seither einer Kreuzung von Bioshop und Drittweltladen. Er und seine Frau haben ganz auf Vollwertkost umgestellt, und sie sowie einige ihrer Freunde sind in der Gemeinde als die »Birkenstock-Maffia« bekannt (nach den Sandalen, die sie tragen). David möchte gern die Kinder in seiner Sonntagschulklasse für seinen neuentdeckten Lebensstil begeistern.

Aufgrund glücklicher Umstände sind wir an einen Tonbandmitschnitt der letzten Sitzung der Sonntagschullehrer herangekommen. Hier ein Auszug:

Michael: Ich mach mir Sorgen um die Kinder. Sie driften irgendwie vom Evangelium weg. Sie lassen sich viel zu sehr von der Welt gefangennehmen.

David: Langsam, langsam! Wir müssen ihnen doch beibringen, wie sie in Gottes Welt leben sollen. Sie müssen lernen, richtig mit der Schöpfung umzugehen!

Michael: Okay, aber zuerst mal müssen sie zu Christus finden. Schließlich steht ihr ewiges Seelenheil auf dem Spiel!

Rahel: Ihr habt beide recht, aber ich meine, daß wir vor allem das Wirken des Geistes verkündigen müssen. Wenn sich die Kinder vom Geist leiten lassen, wissen sie schon, wie sie sich verhalten sollen.

David: Theoretisch schön und gut; aber seht euch doch unsere Kinder an. Vollgestopft mit Materialismus. Peter ist das Paradebeispiel. Wenn die zu Hause an einem Abend all ihren technischen Schnickschnack anstellen, bricht die Stromversorgung zusammen!

Rahel: Die einzige Antwort auf den Materialismus ist die klare Lehre über den Geist Gottes! Wenn die Kinder vom Geist erfüllt sind, machen sie sich nichts mehr aus materiellen Dingen. Schließlich sind die Welt und das Fleisch in der Gewalt Satans, und nur durch geistliche Kampfführung können wir seine Macht brechen.

Michael: Geschwister, das alles lenkt uns doch nur von unserer eigentlichen Aufgabe ab. Wir müssen das Evangelium predigen. Das Kreuz ist das einzige Heilmittel für die Welt. Ich meine, wir müssen dafür sorgen, daß jedes Kind bei jeder sich bietenden Gelegenheit von Golgatha hört.

Unser Bild der Stefansgemeinde mag manchem als Parodie erscheinen, aber es enthält mehr als das berühmte Körnchen Wahrheit. Peter, Claudia und Daniel sind, was ihren Hintergrund und ihre Einstellung betrifft, typische Sonntagschulkinder in einer durchschnittlichen evangelikalen Gemeinde. Und in ähnlicher Weise repräsentieren Michael, Rahel und David – leicht überzeichnet – die verschiedenen Strömungen in vielen heutigen Gemeinden.

In beiden Gruppen herrscht beträchtliche Unsicherheit.

Die Erwachsenen haben ganz unterschiedliche Auffassungen von der Aufgabe des Sonntagschullehrers; vom zentralen Inhalt der christlichen Botschaft; von der Bedeutung des Evangeliums; vom Verhältnis zwischen Reich Gottes und Welt; vom Wesen des Lebens als Christ. Wenn aber die Lehrer so verschiedene Vorstellungen haben, wirkt sich das unweigerlich auf die Kinder aus. Sie sind allerdings weniger an theologischen Fragen interessiert, sie schlagen sich mit praktischen Problemen herum. Claudia mit ihren finanziellen Sorgen ist ein gutes Beispiel dafür.

Welche Art von Theologie brauchen diese Lehrer und Kinder? Was könnte ihnen aus ihrer Unsicherheit heraushelfen? Lehrer und Kinder der Stefansgemeinde müssen unter anderem die Wahrheit der *Inkarnation* entdecken.

Eine zentrale Lehre des Christentums

Von Jesus als dem »im Fleisch gekommenen« Gott zu sprechen, bedeutet, von einem Geheimnis zu sprechen. Von allen christlichen Lehren ist die Lehre von der Inkarnation eine der am schwersten zu verstehen. Und doch gehört sie unaufgebbar zum Christentum. Der Theologe Kenneth Leech hat das so ausgedrückt: »Ohne die Inkarnation, den Glauben an das fleischgewordene Wort, kann es kein Christentum geben, keine christliche Theologie, keine christliche Spiritualität.«[2]

Das sind starke Worte. Aber die Kirche hat stets darauf bestanden, daß Christus nur als Gott, der ein Mensch aus Fleisch und Blut geworden ist, richtig verstanden wird. Im Neuen Testament wird das Bekenntnis, daß »Jesus Christus in das Fleisch gekommen ist«, als Prüfstein dafür genannt, ob jemand zu Recht behaupten kann, vom Geist Gottes geleitet zu sein:

»Liebe Freunde, glaubt nicht allen, die vorgeben, den Geist zu besitzen! Prüft sie, um herauszufinden, ob ihr

Geist von Gott kommt. Denn diese Welt ist voll von falschen Propheten. An folgendem Merkmal könnt ihr erkennen, ob es sich um den Geist Gottes handelt: Jeder, der anerkennt, daß Jesus Christus ein Mensch von Fleisch und Blut wurde, hat den Geist Gottes. Jeder, der das abstreitet, hat nicht den Geist Gottes« (1. Joh. 4,1-3).

In den ersten Jahrhunderten gab es erbitterte Diskussionen über das rechte Verständnis der Person Jesu Christi. Es wimmelte von Irrlehren, die den Glauben bedrohten – Arianismus, Doketismus, Apollinarismus, um nur drei zu nennen. Namen, die uns fremd sind, waren damals im Munde aller, die um die Bewahrung der Wahrheit über Jesus kämpften. Die Tatsache, daß man damals so heftig um die Inkarnationslehre stritt, zeugt von ihrer Wichtigkeit. Sie war (und ist) nicht nebensächlich, sondern gehört zum Kern der christlichen Verkündigung und Praxis.

Der Streit wurde im Jahre 451 auf dem berühmten Konzil von Chalcedon beigelegt. Dort wurde ein Bekenntnis formuliert, das Jesus Christus als »vollkommen in der Gottheit und . . . vollkommen in der Menschheit, . . . wirklich Gott und wirklich Mensch« bezeichnete. Danach ist Jesus also nicht einfach ein besonderer Mensch; er ist aber auch nicht ein göttliches Geistwesen, das nur scheinbar Mensch war. Nein, Jesus ist auf eine für uns nicht faßbare Weise Gott im Fleisch.

Inkarnation und evangelistische Verkündigung

Michael, Rahel, David und wir meinen vielleicht, das sei reine theologische Theorie. Doch die Lehre von der Menschwerdung Gottes in Christus macht drei Aussagen über Gott, die unseren Dienst entscheidend prägen können und sollten. Wenn wir sie den Problemen unserer fiktiven Sonntagschullehrer und -kinder gegenüberstellen, mer-

ken wir, welche Bedeutung die biblische Lehre von der Inkarnation für unsere heutige evangelistische Arbeit hat. In
der Inkarnation offenbart Gott sich als:

Ein Gott, der alles liebt, was er geschaffen hat

Wenn wir ständig nur von der Sünde reden, immer nur davor warnen, wie schlecht und schlimm doch alles ist, setzen wir den Wert und die Würde von Gottes Schöpfung
herab. Auch den Wert und die Würde der Menschen. Die
Inkarnation erinnert uns daran, daß Gott seine Schöpfung
außerordentlich wichtig nimmt. Warum wäre er sonst
Mensch geworden und hätte das Leben seiner Geschöpfe
geteilt? Michael und Rahel stehen in der Gefahr, in die Falle der Gnostiker zu tappen, einer frühen Sekte, die behauptete, Gottes Erlösungshandeln habe mit der materiellen Welt überhaupt nichts zu tun. Eine Untergruppe hielt
den Körper und alles Materielle nicht nur für völlig unwichtig (so daß man damit machen konnte, was man wollte), sondern verdammte es als schlecht und böse. Wieder
eine andere Gruppe, die Arianer, argumentierten, Gott sei
so hoch über der Welt, so transzendent, daß er unmöglich
ein Mensch geworden sein könne. Damit hätte er sich ja
mit einer materiellen Existenz befleckt, und das sei undenkbar.

Daraus ergab sich die Folgerung, daß Christus nicht
ganz Gott *und* ganz Mensch gewesen sein konnte. Er mußte entweder ein Mensch mit einer außergewöhnlichen
geistlichen Dimension gewesen sein, ein Mensch, den der
Geist mit einzigartigen Fähigkeiten ausgestattet hatte,
oder er war gar kein Mensch gewesen, sondern ein Geistwesen, das die Gestalt eines Menschen angenommen hatte
– eine Art Gespenst mit menschlichen Zügen. So oder so
war klar, daß Jesus nicht als Gott im Fleisch verstanden
werden konnte.

Nun würden sich Michael und Rahel zu Recht dagegen verwahren, mit diesen Irrlehrern verglichen zu werden. Sie werden sich zum Bekenntnis von Chalcedon bekennen. Allerdings beweisen sie durch ihre Haltung, daß sie beide das Christsein als etwas wesensmäßig Innerliches betrachten – als geistliches Leben. Für Michael bedeutet Erlösung, im Herzen mit Gott ins Reine kommen; und Rahels Denken kreist ständig um die Fülle des Geistes. Die geschaffene Welt ist dagegen von zweitrangiger Bedeutung. Sie ist die Umwelt, die wir zum Leben brauchen – aber verglichen mit dem geistlichen Bereich ist sie völlig unwichtig.

Francis Schaeffer hat das als die »neue Über-Geistlichkeit« bezeichnet. Sie wurzelt seiner Überzeugung nach in der antiken griechischen Philosophie Platos, derzufolge alle materiellen Aspekte des Lebens wesensmäßig minderwertig oder gar schlecht sind. Entsprechend konnte nur der sogenannte »geistliche« Bereich als Sphäre des Handelns Gottes anerkannt werden:

»Weil der Platonismus den Körper verachtete, war der Körper suspekt, nur die Seele war gut. So gab es eine Tendenz, zu handeln, als komme es einzig und allein darauf an, daß die Seele eines Menschen gerettet werde und in den Himmel komme.«

Das hat laut Schaeffer zur Folge:

»Die Person verschwindet. Nur die Seele ist wertvoll, und dieser Wert ist himmlischer Natur und hat sehr wenig mit dem gegenwärtigen Leben zu tun – mit dem Körper, dem Intellekt und der Kultur.«[3]

Michael und Rahel, die auf ihre unterschiedliche Art so viele Christen von heute repräsentieren, sind Vertreter dieser »Über-Geistlichkeit«. Für sie besteht die Aufgabe des christlichen Kindermitarbeiters darin, Kinder zu einer inneren geistlichen Heilserfahrung zu führen. Alles andere ist unwichtig: Gott ist nur am geistlichen Bereich des Lebens interessiert. Beim Evangelium und im Leben als Christ geht es ausschließlich um eine innere Bekehrung und das Vertrauen zu Jesus. Ziel des Gläubigen ist es, Gott zu kennen und sich am Leben im Geist zu freuen.

Dem widerspricht die Inkarnation radikal. Jesus kam eben nicht als Geist in menschlicher Verkleidung in diese Welt, sondern in ihm wurde Gott selbst ein Mensch aus Fleisch und Blut. Das beweist, wie wichtig Gott die materielle Schöpfung nimmt. Wir dürfen die Inkarnation nicht einfach als das notwendige Vorspiel zum Kreuz betrachten, so als habe Jesus als Mensch auf die Erde kommen müssen, weil wir in menschlichen Körpern gefangene Sünder sind. Seine Menschwerdung war kein notwendiges Übel. Im Gegenteil, in seiner Inkarnation *bejahte* Gott ausdrücklich seine geschaffene Welt. Er wurde Mensch, weil er seine Schöpfung liebt und sich mit ihr identifiziert. In seiner Inkarnation gab Gott neu seiner Freude über seine Schöpfung Ausdruck: »Und Gott sah, daß es gut war.«

Ein Gott, der die ganze Schöpfung erlöst

Wenn wir akzeptieren, daß Gottes Liebe der ganzen Schöpfung gilt und nicht nur dem Teil, den wir willkürlich »geistlich« nennen, ergeben sich daraus einige weitreichende Konsequenzen. Die erste und nächstliegende ist, daß wir es ablehnen müssen, das Leben in zwei Bereiche aufzuteilen – eine höhere, geistliche Ebene, die Gott wichtig ist und die er erlöst, und eine niedrigere, irdische Ebene, die belanglos ist oder von Satan beherrscht wird und deshalb unerlöst ist.

Dieses Zwei-Bereiche-Denken wird von der Inkarnation durchkreuzt. Wenn Gott nur beabsichtigt hätte, unseren Geist oder unsere Seele zu erlösen, dann hätten die Doketisten recht gehabt, die behaupteten: Jesus war nicht Gott im Fleisch und starb nicht im Fleisch; er war vielmehr ein Geistwesen, das lediglich die *Erscheinung* eines Menschen annahm. Demgegenüber betont Johannes sowohl in seinem Evangelium als auch in seinem ersten Brief, daß das Bekenntnis zu Jesus als dem in das Fleisch gekommenen Gott der Prüfstein dafür ist, ob unsere Aussagen über ihn stimmen. Hätte Gott uns nur irgendwie »geistlich« erlösen wollen, wäre die Inkarnation nicht nur überflüssig gewesen, sie wäre weitgehend sinnlos. Nur wenn wir die Bedeutung Jesu als Gott *im Fleisch* verstehen, begreifen wir auch, wie sehr Gott das materielle Leben bejaht. Die am Kreuz geschehene Erlösung umspannt nicht nur unsere Seelen, sondern die gesamte Schöpfung. Gott ist Teil dieser Welt geworden, um sie in ihrer Gesamtheit zu befreien.

In der evangelistischen Verkündigung dürfen wir also nicht die Tatsache unterschlagen, daß Jesus sowohl wahrer Gott als auch wahrer Mensch war. Wir dürfen ihn weder als außergewöhnlichen, aber rein menschlichen Wundertäter darstellen, noch als himmlisches Geistwesen, das zufällig wie ein Mensch aussah. Wir müssen vielmehr Kindern (und übrigens auch Erwachsenen) predigen, daß in Jesus Gott ganz und gar Mensch geworden ist, wie wir ganz und gar Menschen sind, und daß er damit bewiesen hat, daß er uns als ganze Menschen liebt. Wir werden dann jede falsche Trennung zwischen Geistlichem und Materiellem aufgeben. Beides ist in die Inkarnation eingeschlossen, und beides steht unter der Zusage der Liebe Gottes.

Ein Gott, der sich um die Welt kümmert

Wenn wir die Bibel ernst nehmen, müssen wir jede Andeutung zurückweisen, Gott sei viel zu hoch und erhaben, als daß er etwas mit der Welt zu tun haben könnte. Der Verfasser des Hebräerbriefes stellt eindeutig klar, daß die Welt nur deshalb fortbesteht, weil Christus sie von Tag zu Tag durch sein machtvolles Wort erhält:

> »Am Ende der Zeit hat er (Gott) zu uns gesprochen durch den Sohn. Durch ihn hat Gott die Welt geschaf-

fen. Darum hat Gott auch bestimmt, daß ihm am Ende alle Dinge gehören sollen. In dem Sohn Gottes leuchtet die Herrlichkeit Gottes auf, denn er entspricht dem Wesen Gottes vollkommen. *Durch sein starkes Wort hält er das Weltall zusammen*« (Hebr. 1,2-3).

Die Inkarnation bedeutet aber noch mehr. Sie besagt, daß Gott sich durch seine Menschwerdung in den *menschlichen* Alltag hineingab. Indem er das alltägliche Leben ganz gewöhnlicher Menschen teilte, gab er ihm bleibenden Wert und eine unermeßliche Bedeutung.

Darüber hinaus ließ Jesus keinen Zweifel daran, daß seine Jünger seinem Vorbild, seiner Liebe zur Welt und ihren Menschen, nacheifern sollten. Wenn sie seine Nachfolger sein wollten, müßten sie auch lieben, wie er geliebt hatte. Glaube und »geistliche« Erfahrungen seien nicht nur zur eigenen Erbauung und für eine private Frömmigkeit da. Der Heilige Geist würde seine Gaben nicht austeilen, damit die Beschenkten sich daran freuen könnten, wie man sich auch an anderen Geschenken freut. Nein, seine Gaben würden *Dienst*gaben sein, um andere damit zu stärken und zu unterstützen und um Gottes Gegenwart zu demonstrieren.

Auch die Speisungs- und Heilungswunder Jesu haben eine inkarnatorische Bedeutung. Gewiß waren sie auch (aber nicht nur) Machtdemonstrationen, Zeichen, daß das Reich Gottes angebrochen war. Doch daneben bewiesen sie, daß das Irdisch-Materielle geliebt und ernstgenommen werden sollte. Die Menschen sollten geheilt und mit Nahrung versorgt werden, weil sie in Gottes Augen wertvoll sind. Gott sorgte auch für ihre körperlichen Bedürfnisse, weil die Menschen nicht einfach verkörperte Geister sind, sondern ganze Personen, die als ganze Personen das Bild Gottes widerspiegeln. Gregor Palamas bemerkte dazu im 14. Jahrhundert: »Das Wort ›Mensch‹ bezeichnet weder allein die Seele noch allein den Körper, sondern beides zusammen, sind sie doch gemeinsam im Bilde Gottes geschaffen.«[4]

Die auf der Hand liegende Konsequenz für unsere evangelistische Praxis ist: Wenn Gott die Welt geliebt und sich mit ihr identifiziert hat, indem er ein Mensch aus Fleisch und Blut wurde, dann müssen auch wir sie lieben, und zwar nicht nur, um darin Seelen zu retten. Dazu noch einmal ein Zitat von Kenneth Leech:

> »Wenn wir den Glauben an die Inkarnation ernst nehmen, ergibt sich daraus als wichtige Konsequenz, daß der geistliche Mensch die Welt weder verachtet noch fürchtet noch sich daraus zurückzieht. Nein, er muß von einer leidenschaftlichen und tiefen Liebe zur Welt erfüllt sein, sieht er doch in den materiellen Dingen der Welt Gottes Schöpfung und in den Menschen der Welt das Angesicht Christi.«[5]

Michael und Rahel neigen also zu einem Glauben und einem Evangelium, in denen die Inkarnation nicht ernst (genug) genommen wird. Sie tun das, wie viele Christen, ohne es zu merken und aus den besten Motiven. Doch wenn es um das Ausleben der Wahrheit geht, reichen die edelsten Motive nicht: Die *Verkündigung* des Evangeliums muß der *Wahrheit* des Evangeliums gerecht werden, und das heißt, sie muß ohne Abstriche auch die Inkarnation predigen.

Praktische Anwendung

Wir wollen abschließend überlegen, was sich in Sonntagschule und Kindergottesdienst ändern würde, wenn wir konsequent die biblische Lehre von der Inkarnation berücksichtigten. (Das gleiche gilt übrigens für unsere christliche Unterweisung in der Familie und für Hauskreise und andere Erwachsenengruppen.)

Erstens würden wir aufhören, so über die »Welt« zu reden, als sei sie nicht von Gott geliebt. Wir würden lernen, positiv über sie zu sprechen, weil sie auch als materielle Welt in Gottes Augen wertvoll ist und nicht nur als der Ort eine Rolle spielt, an dem nun einmal zufällig Millionen von unerlösten Seelen wohnen.

Zweitens würden wir versuchen, in unseren Kindern Liebe zur Schöpfung als Gottes persönlichem Werk zu wecken. Wir können und sollen uns an der Welt, ihrem Leben und den Menschen in dieser Welt freuen, weil alles Gott gehört und von ihm gemacht worden ist. Wenn Gott sah, daß seine Schöpfung gut war, so können auch wir das sehen, selbst in der gefallenen und von den Folgen der Sünde entstellten Schöpfung.

Drittens würden wir unseren Kindern helfen, dankbar all das Gute anzunehmen, das Gott ihnen gegeben hat, ohne sich davon gefangennehmen zu lassen. Erinnern Sie sich an Claudia? In ihrem Fall war besonders problematisch, daß sie sich aufgrund der Haltung ihres Sonntagschullehrers *zwischen* materiellen Dingen und dem geistlichen Leben entscheiden mußte. Die Inkarnation lehrt uns dagegen, daß das Materielle und das Geistliche nicht gegeneinander ausgespielt werden müssen.

Viertens würden wir unseren Kindern zeigen, daß Gottes (materielle und geistliche) Gaben weise und nicht selbstsüchtig gebraucht werden sollen. Daß man nicht immer mehr Güter anhäuft, um mehr und noch mehr zu haben oder um die Nachbarn zu übertrumpfen. Der Besitz bekäme damit seinen angemessenen Stellenwert – als Chance, damit auch anderen zu helfen und zu dienen.

Fünftens und letztens würden wir unseren Kindern unsere eigene brennende Sorge für Gottes Welt und ihre Menschen mitteilen; eine Fürsorge, die in unserem Verständnis der Inkarnation wurzelt. Der Apostel Paulus, dem man ganz gewiß nicht nachsagen kann, er sei zu wenig »geistlich« gewesen, verlor dennoch nicht den Blick für das Ergehen der Schöpfung, auch der nicht-menschlichen Geschöpfe. Gerade in Römer 8, wo er vom neuen Leben der Christen aus Gottes Geist spricht, finden sich seine bekannten Worte:

>*Alle Geschöpfe* warten sehnsüchtig darauf, daß Gott seine Kinder vor aller Welt mit . . . Herrlichkeit ausstattet . . . Er hat seinen Geschöpfen die Hoffnung gegeben, daß sie eines Tages vom Fluch der Vergänglichkeit erlöst werden. Sie sollen dann nicht mehr Sklaven des Todes sein, sondern am befreiten Leben der Kinder Gottes teilhaben« (Römer 8,19- 21).

FOLGERUNG

Evangelistische Verkündigung mit der Antriebskraft solchen inkarnatorischen Glaubens könnte ungeheuer viel in Gang setzen. Das Leben einzelner würde verwandelt, Gemeinschaften würden geheilt und Gottes Welt würde mit Achtung behandelt werden von Christen, deren Leben von der Liebe berührt wurde, mit der *Gott* seine Schöpfung liebt. Wir würden lernen, mit einer inkarnatorischen Liebe zu lieben, die nicht zuläßt, daß die Gemeinde zum geistlichen Ghetto oder das Evangelium zu einer bloßen Methode zur Rettung von Seelen wird. Kurz: Die Nachfolger Christi würden christusähnlich werden und dem gleichen, der »in das Fleisch gekommen ist«.

Die Inkarnation ist also nicht nur eine wichtige Lehre, die man glauben muß, sondern sie ist eine Wahrheit, die ausgelebt werden will. Sie unterstützt unsere evangelistische Verkündigung (sowohl an Kinder als auch an Erwachsene), indem sie uns deutlich macht, wer Jesus wirklich war und welche Beziehung Gott zu seiner Welt hat. Außerdem stellt sie uns vorbildlich vor Augen, was für Menschen wir sein müssen, wenn wir das Evangelium glaubwürdig und wirksam verkündigen wollen. Wenn wir als Christen aktiv die Liebe Gottes verkörpern, wie Christus die Liebe seines Vaters verkörperte, dann werden diejenigen, die Christus in uns sehen, mit dem eigentlichen Kern des Evangeliums konfrontiert.

THEMA 3: Kinder und der Geist

»Unterdrückt nicht das Wirken des heiligen Geistes!« forderte Paulus die Christen in Thessalonich zwei Jahrzehnte nach dem Tod Christi auf (1. Thess 5,19). Zweitausend Jahre später ist dieser Text so etwas wie eine Parole von Millionen von Christen, die von der geistlichen Erneuerungsbewegung erfaßt worden sind. Wenn anglikanische Bischöfe in aller Öffentlichkeit im Geiste tanzen, dann muß etwas geschehen sein! Was in unserer modernen Zeit als Rinnsal an den Rändern des kirchlichen Lebens begann, ist zum mächtigen Strom angeschwollen, der mitten durch die Kirchen fließt.

Damit hat die Diskussion ein neues Stadium erreicht. In den meisten Ländern der Welt werden die Theologie und die Praxis der Geistesgaben (Charismen) weithin akzeptiert. Das Reden in Zungen und dessen Interpretation, die Gaben der Prophetie und der Krankenheilung und andere von Paulus genannte Gaben werden nicht mehr als ungesunder Enthusiasmus weniger Spinner abgetan. Viele Kirchen haben die Charismen in ihr Leben und ihren Gottesdienst integriert.

In den Großkirchen und den klassischen Freikirchen hat man das auf die Erwachsenen beschränkt. Inzwischen wird jedoch gefragt: Sind die Gaben des Heiligen Geistes auch für Kinder da? Sollten wir Kinder ermutigen, unter Berufung auf 1. Kor. 12,31 danach zu streben und sie zu empfangen? Noch konkreter gesprochen: Gehört zur evangelistischen Verkündigung nicht nur der Aufruf, Gottes Erlösung anzunehmen, sondern auch die Einladung, die Gaben des Geistes zu empfangen, wie es in manchen Kreisen gefordert wird?

Diejenigen, die Kinder zum Empfang der Geistesgaben ermutigen wollen, begründen das etwa so:

1. Die Gaben sind Segnungen des Geistes Gottes für Gottes Volk. Kinder zählen genauso zu Gottes Volk wie Erwachsene. Also sind die Charismen für Kinder wie für Erwachsene bestimmt.

2. Die Geistesgaben gehören zur Erfahrung der Menschen, die zu Christus gehören, »in ihm« sind. Jesus hat gesagt, daß die Kinder zu ihm gehören, und er wies diejenigen zurecht, die Kinder daran hindern wollten, zu ihm zu kommen. Das muß doch auch bedeuten, daß die Kinder Empfänger seines Segens sind. Dazu gehören auch Geistesgaben.

3. Alle Christen haben den Heiligen Geist empfangen, als sie Christus aufgenommen haben. Wenn Kinder Christus aufnehmen, empfangen auch sie den Heiligen Geist und damit auch seine Gaben.

4. Wenn Kinder das Geschenk der Erlösung annehmen können, sind sie auch in der Lage, die Gaben des Geistes anzunehmen.

Diese Argumente scheinen logisch und ohne innere Widersprüche. Doch sind sie wirklich stichhaltig? Entsprechen sie dem biblischen Befund? Das Thema wird so kontrovers diskutiert, daß wir uns gründlich biblisch-theologisch damit auseinandersetzen müssen.

Wir werden uns die Stellen im Neuen Testament ansehen, an denen über die Geistesgaben gesprochen wird, und fragen, was sie für unser spezielles Thema hergeben. Dabei werden wir besonders folgendes zu klären versuchen: Was macht das Wesen der Geistesgaben aus? Was ist ihr Zweck? Bedeutet ihre Eigenart, daß sie nur für Erwachsene bestimmt sind, oder berechtigt uns das Neue Testament zu der Behauptung, daß auch Kinder sie erhalten und ausüben sollen? Gibt es klare neutestamentliche Prinzipien, die den Gebrauch von Geistesgaben durch Kinder entweder verbieten oder befürworten könnten?

Das sind große Fragen. Sie müssen im Lichte dessen behandelt werden, was wir über die kindliche Entwicklung gesagt haben. Wenn es stimmt, daß jeder Mensch verschiedene Phasen des Glaubens durchläuft, die mit seiner körperlichen, sozialen und psychischen Entwicklung zusammenhängen, wie läßt sich das dann mit der Erfahrung der Charismen und mit einer biblischen Gabentheologie vereinbaren? Das Neue Testament ist unsere Grundlage für die Beantwortung theologischer Fragen und letztgültige Autorität in allen Glaubensfragen; aber wir müssen uns auch damit beschäftigen, wie Theologie und geistliche Erfahrung mit dem in Einklang zu bringen sind, was wir über das Wachstum und die Entwicklung eines Menschen wissen.

Wir werden im folgenden so vorgehen, daß wir uns zunächst mit den theologischen Fragen beschäftigen und anschließend die aufgeworfenen Fragen aus entwicklungspsychologischer Sicht beleuchten. Am Schluß wollen wir unsere Folgerungen aus beiden Perspektiven zusammenfassen.

Erkenntnisse aus dem Neuen Testament

Im gesamten Neuen Testament spielt das Thema »Geistesgaben« eine eher untergeordnete Rolle. Das meiste dazu findet sich in den Briefen von Paulus, vor allem im zwölften bis vierzehnten Kapitel seines ersten Briefes an die Gemeinde in Korinth. Hier finden wir so etwas wie eine Gabentheologie, die uns einige Anhaltspunkte für den richtigen Gebrauch der Charismen in der Gemeinde gibt.

Es ist interessant, darüber nachzudenken, wieviel wir überhaupt über die Charismen wüßten, wenn Korinth nicht eine so problematische Gemeinde gewesen wäre! Paulus handelt das Thema »Geistesgaben« nämlich nicht im Rahmen einer abstrakten theologischen Unterweisung ab, sondern er muß sich mit ganz konkreten Schwierigkeiten auseinandersetzen, die in Korinth im Zusammenhang mit dem Gebrauch der Gaben aufgetreten sind. Folglich haben wir in 1. Kor 12-14 nicht so etwas wie eine »Betriebsanleitung« für Geistesgaben vor uns, sondern Reaktionen auf eine außerordentlich schwierige Gemeindesituation. Das sollte uns davon abhalten, Paulus' Kommentare als Regelwerk zu lesen, das einfach aus seinem ursprünglichen Zusammenhang herausgelöst und der Gemeinde am Ende des 20. Jahrhunderts in ihrer völlig anderen Situation übergestülpt werden könnte. Wenn wir das bedenken, können wir in aller gebotenen Vorsicht Parallelen zwischen Korinth und uns aufzuspüren versuchen und erhalten auf diese Weise vielleicht wenigstens ein paar Fingerzeige. Zunächst müssen wir jedenfalls versuchen, so genau wie möglich die Situation zu rekonstruieren, in die Paulus hineingeschrieben hat.

Wie war die Gemeinde in Korinth beschaffen?

Korinth war eine große Hafenstadt. Sie lag an einer wichtigen Handelsstraße, die von Norden nach Süden führte, und am west- östlichen Seeweg. Die Stadt blühte, und leider blühten auch alle möglichen Formen der Korruption. Ihr Ruf, besonders unmoralisch zu sein, reichte schon weit in die Vergangenheit zurück und hatte dazu geführt, daß »Korinthisieren« zum neugebildeten Ausdruck für Hemmungslosigkeit und Unmoral wurde.

Die aus dem Heidentum bekehrten Christen mußten nicht nur der Korruption der Stadt widerstehen, sondern auch den Auswirkungen des heidnischen Götzendienstes. Götzenopfer gehörten zum Alltag, und das Stadtbild wurde vom Tempel der Aphrodite beherrscht, der Göttin der Liebe mit ihren Tausenden von Tempelprostituierten.

Kein Wunder, daß in einer solchen Umwelt auch die

Gemeinde eine Menge Probleme hatte. In seinem Brief muß Paulus sich mit vielem auseinandersetzen: Spaltungen, Streit, Eifersucht (1,11-13); gerichtlichen Auseinandersetzungen zwischen Gemeindegliedern (6,1-8); einem schlimmen Fall von Inzest (5,1-5); außerehelichem Geschlechtsverkehr, sogar zwischen Christen und Tempeldirnen (6,15-20); Diskussionen über Fleisch, das den Götzen geopfert worden war (8,1-13); Mißständen beim Abendmahl, zu dem manche sogar betrunken erschienen (11,17-22); chaotischen Zuständen beim Gottesdienst (14,33); mangelnder Liebe (13); der Leugnung der Auferstehung Christi (15,12); und der Bestreitung der Apostolizität des Paulus (4,1-3.15; 9,1-2). Kurz: die Gemeinde in Korinth befand sich in einem jämmerlichen, ungeistlichen Zustand.

In diesem Kontext waren die Gaben des Heiligen Geistes wirksam! Beachten wir, daß Paulus die Echtheit dieser Gaben an keiner Stelle unter Hinweis auf die mangelnde geistliche Reife der Gemeinde bestreitet. Er sagt nicht, Leute wie die Korinther könnten nie Gottes Gaben haben oder ausüben. Schließlich hatte Paulus selbst die Gemeinde gegründet (3,10) und wußte, daß trotz aller Probleme echter Glaube in der Gemeinde vorhanden war. In einem Kommentar zum 1. Korintherbrief heißt es: »Paulus bestreitet weder, daß es in der Gemeinde solche Phänomene geben darf, noch behauptet er, daß sie an sich schon ein Beweis für die Gegenwart und das Handeln des Geistes Gottes sind.«[6]

Das bedeutet allerdings nicht, daß Paulus jedem, der das Gefühl hatte, der Geist Gottes sei über ihn gekommen, unkritisch abnahm, daß er tatsächlich die angeblichen Gaben des Geistes hatte. Er ruft vielmehr zu einer reifen Unterscheidung des Richtigen vom Falschen, des Echten vom Imitat, auf. Der Maßstab ist, so erinnert er seine Leser, die Beziehung des Gläubigen zu Jesus Christus.

»Ich komme nun zu den Fähigkeiten, die der Geist Gottes schenkt ... keiner kann sagen: ›Jesus ist der Herr!‹, wenn er nicht vom heiligen Geist erfüllt ist« (1Kor 12,1.3).

Paulus meint damit nicht, die bloße Formel »Jesus ist der Herr« beweise schon den echten Gehorsam eines Menschen Christus gegenüber – jeder kann die Worte nachplappern. Aber das Leben des Christen, der angeblich eine Gabe des Geistes bekommen hat, reflektiert seine Unterwerfung unter die Herrschaft Christi in all ihren geistlichen und ethischen Dimensionen. Eine Gabe sollte nur dann als vom Geist Gottes inspiriert anerkannt werden, wenn der (angeblich) Begabte ein Leben führte, das Christus entsprach.

»Die wahrhaft christliche Parole lautet *Jesus ist der Herr* ... Sie ist nicht deshalb wahr, weil sie die richtige oder orthodoxe Formel ist, sondern weil sie das richtige Verhältnis zu Jesus ausdrückt: der Sprecher erkennt seine Autorität an und bezeichnet sich selbst als den Knecht dessen, den er als Herrn bekennt.«[7]

Die Korinther müssen also anerkennen, daß manche ihrer Gaben Fälschungen sein könnten und daß es nicht ausreicht, einfach zu behaupten, man spreche unter der Inspiration des Geistes. Paulus mahnt auch deshalb zur Vorsicht, weil ekstatische Äußerungen, besonders das Reden in unverständlichen Lauten, im heidnischen Gottesdienst gang und gäbe waren. Einige der Christen in Korinth, die aus dem Heidentum bekehrt worden waren, hatten in ihrer früheren Religion unter Umständen heidnische Geistesgaben ausgeübt. Deshalb fordert Paulus die Korinther so nachdrücklich auf, angebliche Inspirationen nicht kritiklos anzuerkennen, sondern alles, was gesagt oder getan wird, einer Reihe von einfachen Tests zu unterziehen. Das steht hinter seiner Aussage: »Als ihr noch Ungläubige wart, habt ihr etwas Ähnliches erlebt. Ihr wißt, wie ihr vor den toten Götzen in Ekstase geraten seid« (12,2). Es war denkbar, daß jemand scheinbar eine Gabe des Geistes Got-

tes ausübte und doch nicht unter der Leitung des Heiligen
Geistes handelte, sondern aus einer noch nicht ganz aufge-
gebenen Bindung an seine heidnische Zeit heraus oder aufgrund eines Täuschungsmanövers des Versuchers.

Prüfsteine für die Echtheit

Über Echtheit und Unechtheit entschieden für Paulus
nicht Gefühle. Wer behauptete, er habe eine Gabe des Geistes Gottes, mußte bereit sein, sich einem vierfachen Test
zu unterziehen:

1. *Das Leben des Gläubigen muß mit seiner Behauptung,
er werde von Gott geleitet, übereinstimmen.* Paulus verlangte
keine Vollkommenheit, aber er erwartete, daß im Leben
des Christen die Frucht des Geistes ebenso sichtbar war
wie die Gaben des Geistes. Das Leben des Gläubigen und
seine angeblichen Gaben mußten einander entsprechen.
Entscheidend war dabei die Liebe. Wenn z.B. ein Christ behauptete, eine Gabe wie die des Zungenredens oder der
Prophetie zu haben, aber gleichzeitig lieblos war, dann waren seine Gaben entweder nicht echt, oder er brauchte
noch weitere Belehrung. Jedenfalls glich er in seiner Lieblosigkeit noch einem dröhnenden Gong oder einer lärmen-
den Pauke (13,1) – und wenn er noch so beredt seine Frömmigkeit zur Schau stellte.

In seinen Briefen an die Epheser und Galater führt Paulus das weiter aus. In beiden Briefen (Eph 4 und 5; Gal 5)
betont er, daß »im Geist leben« nicht nur bedeutet, die Gaben des Geistes zu empfangen und zu praktizieren, sondern auch die Frucht des Geistes reifen zu lassen. Diese
Frucht im Leben des Gläubigen besteht in Liebe, Freude,
Frieden, Geduld, Freundlichkeit, Güte, Treue, Nachsicht
und Selbstbeherrschung (Gal 5,22-23), verbunden mit
dem Bemühen, die Einheit und den Frieden zu wahren
(Eph 4,1-3).

Dies alles zeugt von geistlicher Reife. Es handelt sich dabei nicht um freiwillige Extras, sondern darin erweist sich die Echtheit des Lebens als Christ. Paulus weiß sehr wohl, daß solche Frucht nicht über Nacht wächst; und doch besteht er darauf, daß diejenigen, die behaupten, sie seien vom Geist erfüllt und geleitet, nicht nur die Gaben, sondern auch die Frucht des Geistes vorweisen müssen, wenn ihre Behauptung ernst genommen werden soll.

2. *Die Substanz der Gabe muß der christlichen Wahrheit entsprechen.* So kann »wenn der Geist Gottes von einem Menschen Besitz ergreift, . . . dieser nicht sagen: ›Jesus sei verflucht!‹« (12,3). Es ist aufschlußreich, daß wir an einer anderen Stelle des Neuen Testaments einen ähnlichen Prüfstein finden (1. Joh 4,1-3).

3. *Die Gabe muß die Gemeinde erbauen.* Wir werden gleich darauf zurückkommen.

4. *Die Gabe muß von anderen in der Gemeinde beurteilt werden* (14,29). Dieser Vers kann dreierlei bedeuten:

a) Eine Gabe sollte von denen beurteilt werden, die die gleiche Gabe haben (Propheten beurteilen eine Prophetie, Heiler Heilungen usw.);

b) eine Gabe sollte von den leitenden Leuten der Gemeinde beurteilt werden;

c) eine Gabe sollte von der ganzen Gemeinde beurteilt werden.

Aus dem Text geht nicht eindeutig hervor, welche dieser Möglichkeiten Paulus gemeint hat, aber eins ist klar: Gaben sollten von reifen, verantwortungsbewußten Gemeindegliedern beurteilt werden und nicht einfach als echt akzeptiert werden, weil der (angeblich) Begabte das behauptet. Das muß in der seelsorgerlichen Praxis unbedingt beachtet werden.

Die Situation in Korinth war also sehr komplex und seltsam. Einerseits Unmoral, falsche Lehren und ungeistliches Leben – und andererseits geistliche Gaben. In ein und derselben Gemeinde! Das führt uns zur nächsten Frage.

Was für Leute sollten die Gaben ausüben?

Paulus ist der Auffassung, daß nur die Leute mit ihrer Behauptung, Gaben des Geistes zu haben, ernstgenommen werden sollten, die durch ihre Lebensführung ethische und geistliche Reife beweisen. Ausgerechnet in diesem Zusammenhang erwähnt der Apostel in aufschlußreicher Weise Kinder. In 14,20 vergleicht Paulus die geistliche Unreife der Korinther mit der natürlichen Unreife von Kindern:

»Brüder, denkt nicht wie Kinder (*paidia*)! Im Handeln sollt ihr unschuldig wie Kinder sein, aber im Denken müßt ihr erwachsen sein.«

Dieser Vers – und das ist im Zusammenhang unserer Fragestellung wichtig – erscheint da, wo Paulus die Bedingungen für den legitimen Gebrauch der Geistesgaben diskutiert. Paulus vergleicht die Korinther mit Kindern, weil Kinder von Natur aus noch unreif sind. Wenn die Korinther aber geistliche Gaben praktizieren, sollen sie eben nicht wie Kinder sein, sondern reife Erwachsene. Nur das ist angemessen.

Der Gegensatz zwischen den unreifen Kindern und den reifen Erwachsenen, den Paulus hier herausstellt, deutet an, daß Kinder im allgemeinen zu unreif sind, um Gaben des Geistes auszuüben. Natürlich mag es Ausnahmen geben, aber die Reife, die für den rechten Gebrauch der Gaben vorausgesetzt wird, ist im wesentlichen eine Erwachsenenqualität. Wenn das nicht der Sinn von 14,20 ist, was denn sonst?

Was Paulus unter »Unreife« versteht, hat er schon in Kapitel 3 deutlich gemacht. Dort hat er das Bild der Kindheit benutzt, um seinen Lesern einen Spiegel vorzuhalten:

»Zu euch, Brüder, konnte ich bisher nicht reden wie zu Menschen, die vom Geist bestimmt sind. Ich mußte euch behandeln wie Menschen, die von ihrer selbstsüchtigen Natur bestimmt werden und im Glauben noch Kinder sind. Darum gab ich euch Milch, keine feste Nahrung, weil ihr die noch nicht vertragen konntet. Auch jetzt könnt ihr das noch nicht; denn ihr seid immer noch im Bann eurer selbstsüchtigen Natur. Ihr rivalisiert miteinander und streitet euch. Das beweist doch, daß ihr nicht aus dem Geist Gottes lebt, sondern so handelt wie alle anderen Menschen auch!« (1Kor 3,1-3). Unreife ist demnach Mangel an ethischer Lebensqualität und an Einsicht, daß die Herrschaft Christi nach einem neuen Lebensstil ruft. Reife zeigt sich dagegen in wirklich christusgemäßer Demut und Liebe. Dazu aber ist ein erwachsenes Verständnis des Todes und der Auferweckung Christi, der Bedeutung des Geistes und des Sinns der Schrift (4,6) nötig.

All das setzt die Fähigkeiten von Erwachsenen voraus. Damit soll nicht gesagt sein, daß Kinder Christus nicht vertrauen können oder daß der Geist Gottes nicht in ihrem Leben wirkt. Aber es wird auf der Ebene geschehen, die der natürlichen Reife des Kinderalters entspricht.

Der Besitz und Gebrauch geistlicher Gaben, argumentiert Paulus, muß von einem reifen Erweis der Frucht des Geistes begleitet sein. Beides zusammen setzt eine Reife voraus, die ein Kind noch nicht haben kann.

Wozu sollen die Gaben dienen?

In seinem Dialog mit den Korinthern greift Paulus zwei verbreitete Irrtümer über den Zweck der Charismen auf. Wir müssen genau darauf achten, was Paulus sagt, weil heute zum Teil mit ähnlichen Argumenten begründet wird, warum Kinder (und Erwachsene) sich um die Gaben des Geistes bemühen sollten.

Irrtum Nummer 1: Charismen werden gegeben, um Ungläubigen die Gegenwart Gottes zu beweisen.

Dieser Ansicht begegnet man vor allem in Zusammenhang mit der Gabe der Krankenheilung. Die Evangelisten, die mit »Zeichen und Wundern« evangelisieren, gehen davon aus, daß spektakuläre Manifestationen übernatürlicher Kraft den Ungläubigen von der Wahrheit des Evangeliums überzeugen und ihn zum Glauben führen werden. So ist z.B. John Wimber überzeugt, daß solche Zeichen und Wunder für die heutige evangelistische Verkündigung normativ sind. »Durch diese Begegnungen mit dem Übernatürlichen erfahren die Menschen die Gegenwart und Macht Gottes . . . Widerstand gegen das Evangelium wird auf übernatürliche Weise überwunden, und die Bereitschaft, die Behauptungen Christi ernst zu nehmen, ist gewöhnlich sehr groß.«[8]

Dies ist nicht der Ort für eine ausführliche Auseinandersetzung mit »power evangelism«, der Evangelisation durch Machttaten, Zeichen und Wunder. Wenn es stimmt, daß die Charismen in erster Linie einen evangelistischen Zweck haben, dann läßt sich natürlich auch verteidigen, daß schon Kinder angehalten werden, danach zu streben und sie zu gebrauchen. Aber wenn wir auch anerkennen müssen, daß Gott in seiner Gnade durch den Gebrauch von Geistesgaben zu Ungläubigen redet, scheint uns doch ein genaues Lesen von 1.Kor 12 und 14 daran zu hindern, sie als normale Werkzeuge der Evangelisation zu propagieren. Lassen Sie mich das erklären.

In keinem der beiden Kapitel deutet Paulus an, die Gaben hätten primär einen evangelistischen Zweck. Auf zwei Gaben geht er wegen ihrer Wirkung auf Ungläubige näher ein, und zwar auf die Zungenrede und die Prophetie. Doch in beiden Fällen, sagt er, werden die Wirkungen zwiespältig sein. Wenn Außenstehende im Gottesdienst Zungenreden hören, werden sie in ihrem Unglauben bestärkt werden: »Sie werden euch bestimmt für verrückt erklären« (14,23). Wenn sie prophetische Botschaften hören, werden sie von ihrer Schuld überführt werden und sich Gott zuwenden: »Er wird sich niederwerfen, wird

Gott anbeten und bekennen: ›Gott ist mitten unter euch!‹« (14,25).

Nirgendwo kommt Paulus einer evangelistischen Zweckbestimmung der Geistesgaben näher als hier. Doch die Basis ist viel zu schmal für das Gebäude, das die »Zeichen und Wunder«-Bewegung darauf errichtet hat, und zwar aus mehreren Gründen.

Erstens: Wenn der Apostel glaubte, daß die Charismen primär für die »power«-Evangelisation verliehen worden seien, warum erklärte er das nicht genauer? Und warum gab er keine klaren Richtlinien für ihren Gebrauch im Zusammenhang mit der evangelistischen Verkündigung? Nachdem er so ausführlich Anweisungen für die rechte Ordnung im Gemeindeleben und den rechten Gebrauch der Gaben im Gottesdienst gegeben hatte, warum nicht auch für die Evangelisation? Sollen wir angesichts des Zustandes der korinthischen Gemeinde, ihrer vielfältigen Verirrungen, ihrer Ungeistlichkeit und Unreife tatsächlich glauben, Paulus hätte es unterlassen, in diesem wichtigen Punkt Klarheit zu schaffen, wenn die Gaben wirklich primär einen evangelistischen Zweck hätten?

Zweitens: Paulus bemerkt zwar, daß prophetisches Reden Ungläubige von der Gegenwart Gottes überzeugen kann; aber er propagiert es nicht als normatives evangelistisches Werkzeug. Im textlichen Zusammenhang geht es ihm ja um etwas völlig anderes. Er will den Korinthern, die regelrecht prophetie- und zungensüchtig waren, zeigen, daß das prophetische Reden die erstrebenswertere der beiden Gaben ist, weil es wenigstens verständlich ist. Nicht zufällig betont er in 14,19: »In der Gemeindeversammlung spreche ich lieber fünf verständliche Sätze, um andere im Glauben zu unterweisen, als zehntausend Wörter, die keiner versteht.« Wenn Paulus sagt, prophetisches Reden überzeuge Außenstehende, empfiehlt er damit nicht seinen Gebrauch als Mittel zum Zeugnis. Er versucht einfach, die Korinther von ihrer Fixierung aufs Zungenreden zu lösen. »Wenn ihr denn unbedingt so viel von den Charismen erwarten müßt«, sagt er ihnen, »dann fördert wenigstens das prophetische Reden statt des Zungenredens, denn das kann man zumindestens verstehen.« Das ist etwas völlig anderes als die Werbung dafür im Rahmen der Evangelisation durch Zeichen und Wunder!

Drittens: Im Brief an die Korinther geht es Paulus nicht um das Erreichen von Nichtchristen; sein Hauptanliegen ist der Aufbau und die Stärkung der Gemeinde. Damit kommen wir zu einem zweiten Mißverständnis der Geistesgaben.

Irrtum Nummer 2: Die Gaben sind primär zur eigenen Erbauung da; sie heben den Gläubigen auf eine neue Stufe des geistlichen Lebens, wo sein Leben mit Gott und seine Spiritualität vertieft und bereichert werden.

Der grundlegende Fehler besteht darin, daß die Nebenwirkungen der Gabe (persönliche Erbauung des Begabten) mit dem eigentlichen Zweck (Stärkung des ganzen Leibes Christi) verwechselt wird. Paulus sagt glasklar, daß die Charismen zum Wohl der Gemeinde gegeben sind und nicht zur Förderung des Begabten: »Was nun der Geist in jedem einzelnen von uns wirkt, das ist *zum Nutzen aller* bestimmt« (12,7). »Ihr legt großen Wert auf die Gaben des Geistes; aber ihr müßt euch vor allem um die bemühen, die beim *Aufbau der Gemeinde* helfen« (14,12).

Paulus unterstreicht das, indem er den Zweck der Gabe der Zungenrede erklärt. Er streitet ihren Wert nicht ab, fordert aber, daß sie stets so gebraucht wird, daß andere mit davon profitieren. Das Zungenreden ist nicht einfach zur privaten Erbauung da, jedenfalls nicht, wenn es im Gottesdienst praktiziert wird. Welchen Sinn soll es dort haben, wenn jemand in unverständlichen Lauten betet? Es mag dem betreffenden ein gutes Gefühl vermitteln, erfüllt aber nicht den grundlegenden Zweck, für den der Geist Gottes seine Gaben gegeben hat: zum Nutzen aller. Die

Mindestforderung, die Paulus an den stellt, der im Gottesdienst in Zungen betet, ist: er soll um eine Übersetzung bitten (14,13). Und wenn es in der Gemeinden keinen Übersetzer gibt, so soll die Gabe nicht ausgeübt werden (14,28). »Noch lieber wäre es mir«, sagt Paulus, »ihr alle würdet prophetische Weisungen empfangen. Das ist viel wichtiger, als in unbekannten Sprachen zu reden. Denn davon *hat die Gemeinde nur etwas*, wenn es einer übersetzen kann« (14,5).

Das mag hart klingen, doch die Gemeinde von Korinth, in der es zuweilen wirklich drunter und drüber ging, brauchte ein klares Wort. Paulus will ihnen einhämmern, daß die Gaben des Geistes zum Nutzen aller gebraucht werden müssen und nicht nur wenigen dienen dürfen.

Was meint Paulus denn, wenn er vom »Aufbau« oder der »Erbauung« der Gemeinde spricht? Nun, gewisse Christen benutzten die Gaben, die Gottes Geist ihnen gegeben hatte, um selbst davon zu profitieren und bei anderen groß herauszukommen (»Seht mal, wie fromm ich bin: Ich kann in Zungen reden!«). Doch daneben gab es auch andere, die ihre Gaben benutzten, um von sich selbst weg auf Gott oder auf die Bedürfnisse der Mitmenschen zu weisen. Gaben, die so benutzt werden, bauen die Gemeinde auf, »erbauen« sie: sie ermutigen und stärken die Gemeindeglieder oder fordern sie heraus. Sie werden nicht für einen Egotrip mißbraucht.

Wie kommt man dahin? Paulus zeigt das durch die Gegenüberstellung von Zungenreden und prophetischem Reden. Die Korinther hatten das Zungenreden zur größten Gabe erhoben. Wer nicht in Zungen redete, galt als ungeistlich. Paulus stellt diese Rangordnung auf den Kopf, indem er erstens die Gabe, in unbekannten Sprachen zu reden, ans Ende statt an den Anfang seiner Gabenliste in Kapitel 12 stellt; und indem er sie zweitens mit der Gabe, Weisungen von Gott zu empfangen (Prophetie), vergleicht.

Prophetie wird als Beispiel für eine Gabe genannt, die in der Gemeinde ihrem eigentlichen Zweck entsprechend eingesetzt wird: »Wer ... Weisungen von Gott empfängt, kann sie an andere weitergeben. Er hat für sie Hilfe, Ermunterung und Trost. Wenn einer in unbekannten Sprachen spricht, hat nur er selbst etwas davon. Wer Weisungen Gottes weitergibt, dient der ganzen Gemeinde« (14,3-4). Der Vorrang der Prophetie ist also darin begründet, daß die ganze Gemeinde davon profitieren kann und nicht nur der Begabte selbst. Deshalb wird sie auch als Vorbild für die anderen Gaben dargestellt: sie alle sollten dem Nutzen aller dienen. »Da ihr nach Geistesgaben strebt, gebt euch Mühe, daß ihr damit vor allem zum Aufbau der Gemeinde beitragt« (14,12; Einheitsübersetzung). Diese Mahnung an die frühen Christen gilt auch uns heute.

Wie steht es bei Kindern?

Was bedeutet das in bezug auf Kinder? Zunächst einmal fällt auf: Bei allem, was Paulus über die Gaben des Geistes und ihren rechten Gebrauch lehrt, taucht die Frage, wie und ob Kinder sich um sie bemühen und sie praktizieren sollten, überhaupt nicht auf. Offenbar geht Paulus stillschweigend davon aus, daß nur die Erwachsenen sie ausüben sollen. Kinder werden nur ein einziges Mal im Zusammenhang mit den Charismen erwähnt, und dann ausgerechnet negativ: Als Beispiel für Unreife, die einen angemessenen Umgang mit den Geistesgaben unmöglich macht (14,20). Was wir schon im Zusammenhang mit den spektakulären Geistesgaben als Werkzeugen für die Evangelisation sagten, gilt auch hier: Wenn die Gaben von Kindern gebraucht werden sollten, ist es mehr als verwunderlich, daß Paulus kein Wort darüber verliert. Wenn selbst Erwachsene gewisse Regeln für ihren rechten Gebrauch nötig haben, Kinder aber nicht erwähnt werden, obwohl

Paulus ihnen natürliche Unreife bescheinigt, kann das doch nur bedeuten, daß es Paulus überhaupt nicht in den Sinn kommt, Kinder könnten Charismen gebrauchen!

Zweitens müssen wir bedenken, wozu die Gaben da sind und wozu nicht. Wir haben schon gesehen, daß sie weder den Zweck haben, Nichtchristen zu beeindrucken, noch den Begabten groß zu machen. Von der Bibel her kann man also nicht argumentieren, Kinder sollten angehalten werden, sich um Geistesgaben zu bemühen, weil die Gaben sie zu Christus bekehren oder ihr Leben mit Gott vertiefen könnten. Aus entwicklungspsychologischen Gründen (auf die wir noch ausführlicher eingehen werden) produzieren wir, wenn wir Kinder zu charismatischen Erfahrungen drängen, auf lange Sicht eher geistliche Schädigungen als bleibende geistliche Frucht. Wenn uns in unserer Arbeit oder als Eltern das geistliche und seelische Wohlergehen junger Menschen anvertraut worden ist, die noch so leicht zu beeinflussen sind, müssen wir uns vor jeglicher Manipulation hüten. Es wäre unverantwortlich, bei ihnen einfach einmal etwas »auszuprobieren« und mit ihrem Herzen und ihrem Geist Schindluder zu treiben, um unser eigenes theologisches oder geistliches Ego zu befriedigen!

Drittens ist schwer zu sehen, wie der Zweck, den die geistlichen Gaben Paulus zufolge haben – Aufbauen der Gemeinde –, von Kindern so erfüllt werden kann, wie es Paulus vorschwebt. Wenn Paulus von Aufbau/Erbauung spricht, meint er damit unter anderem Stärkung, Ermutigung, Zurechtweisen und Trösten, und das alles setzt die Verständnismöglichkeiten und die Dienst- und Lehrfähigkeiten von Erwachsenen voraus. Erbauung geschieht ja zentral durch die Weitergabe des Wortes Gottes, und diese Weitergabe geschieht, wie Paulus betont (14,19), *mit dem Verstand*. Genau darum geht es, wie wir gesehen haben, bei der Gegenüberstellung von Zungenreden und prophetischem Reden. Das eine erbaut mehr als das andere, weil es »mit dem Verstand« geschieht und deshalb auch für andere »verständlich« ist.

Wenn wir die Logik der Argumentation von Paulus begriffen haben, können wir nicht mehr denen zustimmen, die die Ansicht vertreten, Kinder sollten zu charismatischen Erfahrungen ermutigt werden. Die geistige und geistliche Reife, die Voraussetzung für den rechten Gebrauch der Geistesgaben ist, ist bei Kindern nur in den allerseltensten Fällen vorhanden. Andere »erbauen« kann nur der, der seinen Zuhörern den Willen Gottes erläutern kann. Dazu sind aber eine wesentliche erwachsene Denkstruktur und reife geistliche Erfahrung nötig.

Die Alternative wäre eine Lehre der »Inspiration per Gartenschlauch«: Danach ist der Gabenträger dem Wirken des Geistes Gottes völlig passiv ausgeliefert. Er hat keinen Einfluß auf die Ausübung der Gabe. Gott kanalisiert seine Machtwirkungen einfach durch ihn, wie ein Gärtner Wasser vom Wasserhahn durch den Schlauch in den Garten leitet. In beiden Fällen hat der »Schlauch« absolut keinen Einfluß darauf, was er transportiert. Er ist nichts als ein willenloses Werkzeug.

Tatsächlich haben viele Christen genau dieses Bild von der Ausübung der Charismen: Der Gläubige ist ein »Kanal« für Gottes Macht statt eines kreativen Partners Gottes, mit dem Gott zusammenarbeiten will. Wenn das stimmte, dann allerdings könnten Kinder ebensogut Kanäle für die göttliche Inspiration sein wie Erwachsene. Doch dann müssen wir diesen Gedanken auch konsequent zu Ende denken. Wenn charismatische Erfahrungen einfach darin bestehen, daß der Geist Gottes sich geistlicher Kanäle bedient – warum sollte er sich dann nur Erwachsener und Kinder bedienen? Warum sollte er nicht (nach dem Vorbild von Bileams Esel) auch Tiere benutzen?

Aber so ist das Wesen der Inspiration eben nicht. Weil sie dieser irrigen Ansicht waren, erhoben die Korinther das Zungenreden über alle anderen Geistesgaben. Indem Paulus sie jedoch so nachdrücklich aufforderte, ihren Verstand zu gebrauchen, und ihnen unmißverständlich zu verstehen gab, daß er selbst der Gabe der prophetischen Rede den Vorzug gab, wollte er offenkundig klarstellen, daß der Christ kein passives Instrument des Geistes Gottes ist, durch das der Geist seine Gaben wirksam werden läßt. Nein, die Gaben unterstehen der Kontrolle der Begabten und sind ihrem Willen unterworfen. Deshalb kann Paulus seine Leser auffordern, wenn im Gottesdienst kein Übersetzer zugegen sei, solle der Zungenredner schweigen, auch wenn er sich noch so sehr zum Reden in anderen Sprachen gedrängt fühle (14,28). Und deshalb kann er behaupten: »Wer Weisungen von Gott empfängt, hat es in seiner Gewalt, wann er sie weitergibt« (14,32). Wenn es nicht so wäre, könnte Paulus sich ja seine Aufforderungen und Appelle in 1.Kor 12-14 sparen. Warum an willenlose »Kanäle« appellieren? Indem Paulus die Korinther zum Überdenken und zur Änderung ihrer charismatischen Praxis auffordert, behandelt er sie weder als passive Werkzeuge des Geistes noch als unmündige Kinder, sondern als reife Partner Gottes.

Gaben im Kontext des Gottesdienstes

Noch ein letzter Punkt im Zusammenhang mit der Frage nach den Gaben des Geistes und den Kindern. Die einzige systematische neutestamentliche Unterweisung zum Thema Geistesgaben stellt diese in einen ganz bestimmten Kontext: den Gottesdienst der Gemeinde. Die einzige Struktur, die Paulus für die regelmäßige Ausübung der Charismen anerkennt, ist der geordnete Gottesdienst des Leibes Christi. In Paulus' Theologie ist das zum Gottesdienst versammelte Gottesvolk die sichtbare Darstellung des Leibes Christi. Durch das Leben des Gottesvolkes in der Gemeinschaft der örtlichen Kirche wirkt der Geist.

Deshalb gibt Paulus Anweisungen für die Ordnung im Gottesdienst und nennt von Gott bestimmte Dienstämter, die mit den übrigen geistlichen Gaben in einem Atemzug genannt werden (12,28). Der normale Kontext für die Ausübung geistlicher Gaben ist also die Gemeinde mit anerkannten geistlichen Leitern, die auch das Praktizieren der Gaben beaufsichtigen.

Genau das aber sind Kinderlager, Sonntagschulen und Kinderbibelkreise nicht. Sie haben weder das Alters- und Erfahrungsspektrum, das Paulus in der Gemeinde voraussetzt, noch haben sie die nötige Reife. Sie haben ein anderes Ziel und eine andere Leitung als die Gemeinde. Wer sich für kindliche Zungenredner, Propheten und Heiler stark macht, muß auch für kindliche Apostel, Lehrer, Hirten, Verwalter usw. plädieren. Für Paulus läßt sich das nicht auseinanderreißen. Geistbegabung und Gemeindeleitung gehören für ihn zusammen. Aus den von Gottes Geist Begabten rekrutiert sich die Gemeindeleitung.

Theologisch steht die Ermutigung von Kindern, sich um die Charismen zu bemühen und sie zu praktizieren, also auf sehr schwachen Füßen. Sie wird im Neuen Testament kein einziges Mal erwähnt; ihr Fehlen in der einzigen systematischen Abhandlung zum Thema Gaben ist auffallend; sie widerspricht dem Wesen und Zweck der Gaben; sie mißachtet die Notwendigkeit einer Reife, die Kinder noch nicht erreicht haben können; sie läßt sich nicht ohne weiteres mit dem biblischen Gemeindeverständnis vereinbaren. Angesichts dieser Probleme lassen sich charismatische Erfahrungen für Kinder kaum überzeugend biblisch begründen.

Entwicklungspsychologische Bedenken

Alle entwicklungspsychologischen Modelle besagen übereinstimmend, daß erst gegen Ende der Adoleszenz die Erwachsenenreife beginnt. Was Paulus intuitiv begriff, können wir heute wissenschaftlich bestätigen: Kinder zu ermutigen oder gar zu drängen, geistliche Gaben zu erstreben und auszuüben, läßt sich nicht mit dem allgemeinen Wachstums- und Entwicklungsprozeß vereinbaren. Natürlich kann es Ausnahmen geben, wenn Gott in seiner Souveränität beschließt, ein Kind für eine besondere Aufgabe mit Gaben seines Geistes auszurüsten (z.B. das Kind Samuel im Alten Testament). Aber das bedeutet nicht, daß Gott dies im *allgemeinen* und mit allen Kindern vorhat. Entwicklungspsychologisch gesehen gibt es vier Einwände dagegen, Kinder zum Gebrauch geistlicher Gaben anzuhalten:

1. Magisches Verständnis

Wie leicht werden spektakuläre, übernatürliche Gaben aus der Hand Gottes mit magischen Fähigkeiten verwechselt! Das gilt besonders für Krankenheilungen, wo schnell einmal der Eindruck entsteht, *der Heiler* sei im Besitz geheimnisvoller Kräfte, die er nach eigenem Belieben aktivieren könne durch das Hersagen irgendeiner Formel, die verdächtig nach einer Beschwörungsformel klingt. Daß Wunder Gottes nicht von Zauberkunststücken unterschieden werden, ist, wie wir im Zusammenhang mit den biblischen Wundergeschichten gesehen haben, typisch für das Kindesalter (allerdings auch bei Erwachsenen nicht unbekannt). Kinder neigen dazu, jede geistliche Gabe magisch zu interpretieren, weil ihnen noch der intellektuelle, emotionale und geistliche Rahmen fehlt, in den sie sie einbetten und innerhalb dessen sie sie richtig verstehen können. Das Kind kann gar nicht anders als in magischen Kategorien denken. Ein Evangelist oder christlicher Kindermitarbeiter, der ein Kind dazu anhält, eine geistliche Gabe zu erstreben und auszuüben, muß sich also bewußt sein, daß er mit dem Feuer spielt! Er öffnet damit allen möglichen theologischen, geistlichen und psychologischen Problemen Tür und Tor, mit denen das Kind hoffnungslos überfordert ist.

2. Emotionale Störungen

Man kann behaupten, daß dies die größte der oben angedeuteten Gefahren ist. Die Kindheit und das Jugendalter sind Phasen des rapiden emotionalen Wachstums. Sie sind aber auch Phasen tiefgreifender Umwälzungen und eines quälenden Durcheinanders, in denen das Kind nach Sinn, Identität und Geborgenheit sucht. Wie leicht läßt sich diese Verwundbarkeit bewußt oder unbewußt ausnutzen, indem dem jungen Menschen charismatische Erfahrungen aufgedrängt werden. Natürlich üben sie einen enormen Reiz aus, haben sie doch etwas Dramatisches, Machtvolles, Übernatürliches zu bieten. Doch ohne entsprechende Reife können solche Erfahrungen eine stabile emotionale Entwicklung empfindlich stören. Schlimmstenfalls (besonders bei Massenversammlungen) können sie zur Manipulation mißbraucht werden. Kinder aufzufordern, »im Geist zu ruhen«, »unter die Kraft zu fallen« oder ähnliche sogenannte geistliche Erfahrungen zu machen, ist unverantwortlich und kann schlimme Folgen haben. Sollte so etwas irgendwo anders vorkommen, wären wir Christen die ersten, die das als Skandal bezeichnen würden. Wer solche Praktiken allen Gefahren zum Trotz befürwortet, könnte sich unter Umständen für viele spätere Entwicklungsstörungen zu verantworten haben.

Damit verbunden ist die Frage der Autorität und Verantwortlichkeit. In der Ortsgemeinde hat der Pfarrer/Prediger/Gemeindeleiter/Pastor eine von allen (oder zumindestens den meisten) Gemeindegliedern anerkannte Autorität. Er oder sie ist unter anderem wegen seiner/ihrer Weisheit und Reife gewählt worden. Als der anerkannte

Gemeindehirte besitzt er Autorität und damit auch die letzte Verantwortung für das, was in seiner Gemeinde geschieht. Vor allem aber wird er als guter Diener seiner Gemeinde die Gemeindeglieder (einschließlich der Kinder) gut kennen und wissen, was sie brauchen.

Völlig anders ist die Situation in einem Kinderlager, einer evangelistischen Kinderwoche usw. Dort wissen die Leiter normalerweise wenig über die Kinder, die sie vor sich haben, und können sich mit ziemlicher Sicherheit anschließend auch nicht konstant weiter um sie kümmern. Das kann zu der großen Versuchung führen, Dinge anzureißen und die Kinder zu etwas zu ermutigen, was sie in ihrem normalen Gemeindekontext niemals erleben und praktizieren würden. (Der betreffende Kindermitarbeiter handelt zwar nicht bewußt nach dem Motto: »Nach mir die Sintflut« – aber er hinterläßt unter Umständen tatsächlich sintflutartige Zustände.) Als Faustregel empfehle ich bei uns in England jedem Kindermitarbeiter des Bibellesebundes: Wenn du in einer Kirche eine Kinderwoche durchführst, dann rufe nur zu solchen Reaktionen und Konsequenzen auf, für die du und die gastgebende Gemeinde die Verantwortung übernehmen wollt und könnt und die du auch verantworten würdest, wenn du Glied dieser Gemeinde wärst. Unternimm nichts, was entweder du oder die Gemeinde nicht im Rahmen des normalen Dienstes tun würde(st)! – In einem Kinderlager wird das etwas komplizierter, weil die Kinder ja unter Umständen aus sehr unterschiedlichen Gemeinden kommen. Daher ist dort noch größere Vorsicht geboten.

3. Mangelndes intellektuelles Verständnis

Was wir heute über die intellektuelle Entwicklung von Kindern wissen, deutet darauf hin, daß von seltenen Ausnahmen abgesehen Kinder die Gaben des Geistes nicht verstehen und richtig (d.h. beherrscht) anwenden können.

»Mit Verstand beten«, »mit Verstand reden« – dazu gehört auch, eine Gabe in Bezug zur Wahrheit über Christus zu setzen; auf eine reife Art mit der Bibel umzugehen; anderen etwas sagen zu können, was diese stärkt, ermutigt und tröstet. Und noch einmal muß betont werden, daß alle Forscher sich einig sind: Diese Fähigkeiten haben sich erst zu Beginn des Erwachsenenalters entwickelt. Damit soll keinesfalls gesagt werden, daß die Geistesgaben nur etwas für Intellektuelle sind. Aber sie setzen grundsätzlich das Verständnis und die Reife von Erwachsenen voraus.

4. Erwachsenenmacht

Für ein Kind ist ein Erwachsener ein Halbgott. Sein Wort ist Befehl, und er kann alles. Der Erwachsene, der charismatische Erfahrungen propagiert, muß deshalb wissen, was er tut: Er, die allwissende und unfehlbare Autorität, gibt dem Kind indirekt oder direkt zu verstehen, daß es erst dann ein vollwertiger, ganzer, vollkommener Christ sein kann, wenn es sich um entsprechende »geistliche Erfahrungen« bemüht hat. Aber der Erwachsene signalisiert dem Kind noch etwas: daß *er*, der Leiter, will, daß das Kind nach geistlichen Gaben strebt. Das Kind wird das so verstehen: Wenn ich dem Erwachsenen gefallen will, wenn er mich gernhaben soll, muß ich tun, was er sagt.

Von da auch ist es nur ein kleiner Schritt zur eigenen Produktion des geforderten Phänomens. Es ist eine bekannte Tatsache (ich selbst habe das als Zuschauer miterlebt), daß Jugendliche Zungenreden oder andere Arten »geistlicher« Äußerungen produzieren können, um damit einem Jugendleiter oder Pastor einen Gefallen zu tun. Hüten wir uns vor Illusionen, und unterlassen wir es unbedingt, Kinder und Jugendliche so unter Druck zu setzen!

Es kommt noch etwas hinzu. Schulkinder und Teenager sind ja ungeheuer anfällig für Gruppendruck. Anpassung an die Werte und Erwartungen der Gleichaltrigen, Konformismus mit der Clique sind typische Kennzeichen dieser Entwicklungsphase (vgl. Westerhoffs »Glauben aus Zugehörigkeitsgefühl«). Wenn nun ein wichtiges Gruppenmitglied anscheinend eine Gabe bekommen hat, werden andere bald folgen. Unweigerlich. Und der Leiter? Der meint unter Umständen (und verkündet in »Zeugnissen«), in seinem Jugendkreis sei eine geistliche Erweckung ausgebrochen. Natürlich kann das stimmen, denn schließlich teilt der Geist Gottes seine Gaben aus, *wie er will* (1Kor 12,11). Doch in vielen Fällen handelt es sich hier nur um eine christliche Spielart des »Herdentriebs« und sollte als solche behandelt werden.

FOLGERUNGEN

Meine Überzeugung läßt sich auf die Kurzformel bringen: Geistliche Gaben, ja – aber es sollte nicht unter Kindern dafür geworben werden. Aus biblisch-theologischen wie aus entwicklungspsychologischen Gründen bin ich zu dem Schluß gelangt, daß nur Erwachsene richtig mit diesen Gaben umgehen können. Wenn ich dies behaupte, bin ich mir bewußt, daß es Christen geben wird, die erlebt haben, wie Kinder anscheinend charismatische Erfahrungen gemacht und charismatische Gaben ausgeübt haben, und die deshalb meine Argumente zurückweisen werden. Ihnen kann ich nur erwidern: (a) Ich schließe nicht aus, daß Kinder ausnahmsweise und unter ganz bestimmten Umständen Gaben des Geistes Gottes praktizieren können (der Geist Gottes gibt, wie *er* will); aber ich bezweifle, daß solche Erfahrungen je als normativ betrachtet werden dürfen. (b) Der biblische Befund spricht eindeutig dagegen, Kinder dazu zu ermutigen, sich um die Gaben des Geistes zu bemühen und sie auszuüben. (c) Selbst wenn sich die biblischen Daten anders interpretieren ließen, bliebe immer noch die entwicklungspsychologische Problematik. Kurz:

Die theologischen und entwicklungspsychologischen Probleme lassen sich nicht einfach wegwünschen, indem auf spektakuläre Erfahrungen verwiesen wird, für die es auch andere theologische und psychologische Erklärungen gibt.

ANMERKUNGEN ZU KAPITEL 9

1 *Theologisches Begriffslexikon zum Neuen Testament,* hrsg. von L. Coenen, E. Beyreuther und H. Bietenhard, Wuppertal (R. Brockhaus) 1979[2], S. 1241 (Art. »Vater«).
2 Kenneth Leech, *True God,* London (Sheldon Press) 1985, S. 236.
3 Francis A. Schaeffer, *The New Super-Spirituality,* London (Hodder & Stoughton) 1973, S. 20-21 (dt. Ausgabe vergriffen).
4 Zitiert bei Leech, *a.a.O.,* S. 242.
5 Leech, *a.a.O.,* S. 245.
6 C. K. Barrett, *The First Epistel to the Corinthians,* London (A. & C. Black) 1973, S. 279.
7 Barrett, *a.a.O.,* S. 281.
8 John Wimber, *Power Evangelism,* London (Hodder & Stoughton) 1985, S. 46 (dt. Ausgabe: *Vollmächtige Evangelisation.* Hochheim 1986).

Nachwort

Unser Buch ist zu Ende, unser Lernprozeß geht weiter. Im Verlauf unseres Dienstes an Kindern – sei es als Eltern, als Sonntagschullehrer oder als Kindermitarbeiter in Missionswerken – werden wir unter der Leitung des Geistes Gottes immer wieder Neues lernen und Altes revidieren müssen. Ich möchte abschließend drei Überzeugungen formulieren, die mir persönlich bei der Arbeit an diesem Buch immer wichtiger geworden sind:

1. Kinder sind in Gottes Augen unendlich wertvoll

Das ist keine sentimentale Phrase, die im modernen Kinderkult wurzelt. Nein, es ist eine theologische Tatsache. Der Sohn Gottes gab sein Leben für die Söhne und Töchter der Menschen dahin, damit sie Kinder Gottes werden könnten. Die Inkarnation Jesu als Kind und Erwachsener unterstreicht, daß Gott an allen Wachstums- und Entwicklungsphasen des Menschen interessiert ist und sich mit allen identifiziert hat. Jesus ist nicht als Erwachsener auf die Erde gekommen, sondern als Säugling!

2. Wir haben eine enorme Verantwortung und Aufgabe

Wenn Gott sich der Kinder in Liebe annahm, müssen auch wir das tun. Wir dürfen sie nie lediglich als Mini-Erwachsene betrachten und behandeln und auch nicht als Seelen, die es zu gewinnen gilt. Sie sind vollwertige Menschen, jedes von ihnen ein Original, jedes in Gottes Bild geschaffen. Das bedeutet nicht, daß wir naiv in Kindern »kleine Engel« sehen. Auch Kinder sind Teil der von der Sünde entstellten Menschheit. Aber unsere Aufgabe ist es, Kinder zu lieben, zu achten und für sie zu sorgen. Wir werden uns folglich davor hüten, ihre Aufnahmebereitschaft und Offenheit zu mißbrauchen und Kinder zu manipulieren, auch nicht aus den besten Motiven. Wir werden uns als Erwachsene ihrer Verwundbarkeit und unserer Macht bewußt sein. In unserer evangelistischen Praxis werden wir uns selbst immer wieder ins Bewußtsein rufen (und dann entsprechend handeln), daß wir nichts weiter als Diener des Evangeliums und Hirten der Herde Gottes sind. Wir sind keine Schäferhunde, die die Aufgabe haben, Kinder in einen bestimmten selbsterrichteten Pferch zu treiben. Damit hat Gott uns nicht beauftragt.

3. Gott hat uns unseren Verstand gegeben, damit wir ihn gebrauchen

Wir müssen bereit sein, uns mit den angerissenen biblisch-theologischen und entwicklungspsychologischen Fragen auseinanderzusetzen. Wie leicht wäre es, jetzt das Buch zur Seite zu legen und dann als Eltern, als Sonntagschullehrer oder Kindermitarbeiter weiterzumachen wie bisher. Ich möchte Sie statt dessen bitten, Ihre eigenen Erfahrungen in der Kinderarbeit (oder als Eltern) im Lichte der von der Entwicklungspsychologie aufgeworfenen Fragen zu betrachten und dann beides von der Bibel her zu durchdenken. Vielleicht öffnet Gott uns dann Herz und Verstand, so daß wir Neues denken und tun können. Wenn wir von vornherein wissen, daß wir gar nichts Neues zu lernen haben, wird Gott uns einfach gewähren und mit unseren Vorurteilen in Ruhe lassen. Wenn wir jedoch bereit sind, demütig und aufrichtig mit unseren Fragen zu ihm zu kommen, wird er uns Antworten geben, sobald er es für richtig und wichtig hält. Das ist die Überzeugung und Botschaft dieses Buches.

BLB-Verlag

Cecil Cupit

Lieber Gott, bist du mein Freund?
Tips für Leute, die Kinder mit Jesus
bekannt machen möchten

Tb., 128 S., s/w ill.,
Nr. 178.693, ISBN 3-87982-693-5

Dieses Buch thematisiert einfühlsam und fundiert Fragen:
Wie können wir Kinder zum Glauben einladen? Wie reden
wir mit Kindern, wenn sie dem Ruf Jesu antworten wollen? Wie begleiten wir sie in der Nachfolge? Für alle, die mit
Kindern unterwegs sind.

Bitte fragen Sie in Ihrer Buchhandlung nach diesem Buch!
Oder schreiben Sie an den Hänssler-Verlag,
D-71087 Holzgerlingen.